# Sylt

Zeit für das Beste

Highlights – Geheimtipps – Wohlfühladressen

»Diese Insel in ihrer erfrischenden Melancholie sagt uns herzlich zu. Das Meer rollt prächtig, die Möven schrein, und vor dem blauen Watt, auf der anderen Seite, liegt stimmungsvolle Erika-Heide.«

*(aus: Briefe von Thomas Mann an Josef Ponten, 28. Aug. 1927)*

# Sylt

## Zeit für das Beste

Axel Pinck
Michael Pasdzior

**Oben:** Im Hörnumer Leuchtturm im Süden von Sylt können Hochzeitspaare auch heiraten.
**Mitte:** Sylterinnen in traditioneller Inseltracht bei einem Dorffest.
**Unten:** Robben und Seehunde sonnen sich auf Sandbänken nicht weit von der Küste.

# INHALT



## WESTERLAND UND ZENTRUM



## DER NORDEN



## DER SÜDEN

**Oben:** Friesische Wohnidylle in Keitum.
**Mitte:** Vor allem im Inselosten werden Ausritte und Kutschenfahrten angeboten.
**Unten:** Rund 10 000 Strandkörbe stehen allein zwischen Westerland und Kampen.

# DIE TOP TEN

## WESTERLANDS STRANDPROMENADE (S. 36)

Zum mondänen Strandleben des weltbekannten Bades in Westerland gehört die Musikmuschel mit den Konzerten von Pop bis Klassik. Und auch wer nach Vorbildern zur Verbesserung der eigenen Windsurf- und Kite-Surf Performance sucht, muss nur zum World Surf Cup Ende September an den Brandenburger Strand von Westerland reisen.

## GRABHÜGEL DENGHOOG (S. 72)

Vor rund 5000 Jahren wuchteten Steinzeitmenschen bis zu 20 Tonnen schwere Steinbrocken aufeinander, um in dem so geschaffenen Ganggrab ihre Toten zu bestatten. Bis heute ist nicht klar, wie sie dies ohne moderne Bautechnik bewerkstelligen konnten. Grabbeigaben geben Aufschluss über Lebensweise und Kultur unserer Vorfahren.

## ROTES KLIFF (S. 94)

Genau 109 Stufen müssen Inselbesucher erklimmen, dann befinden sie sich auf der Uwe-Düne, dem höchsten natürlichen Punkt der Insel. Ein Spaziergang führt auf der 25 hohen Kliffkante von Kampen bis ins südliche Wenningstedt. Besonders beim Sonnenuntergang scheint das eisenhaltige Gestein im Steilufer rot aufzuglühen.

## VOGELKOJE (S. 104)

Knapp 700 000 Enten, die hier auf ihrem Flug eine Rast einlegten, ist in der Vogelfanganlage nördlich von Kampen bis 1921 der Hals umgedreht worden. Heute präsentiert sich die unter Naturschutz stehende Anlage als idyllisches Naturparadies. Die alte Fanganlage ist mit Teich, Wasserkanälen und Wärterhäuschen zur Anschauung rekonstruiert.

## ELLENBOGEN (S. 126)

Wie ein über den Kopf gebogener Arm knickt die Ellenbogen genannte Halbinsel nördlich von List nach Osten ab. Das private Land mit Dünen, Marschen und Stränden steht fast vollständig unter Naturschutz. Auto- und Fahrradfahrer zahlen Straßenmaut, für Strandwanderer zur nördlichen Spitze Deutschlands ist der Zugang kostenfrei.

## RANTUM (S. 136)

Eine der schönsten der fünf Strandsaunen Sylts liegt südlich von Rantum am Strand von Samoa. Nach dem Erfrischungsbad in der Nordsee laden das »Seepferdchen« oder die nicht weit entfernte »Sansibar« zu einem Imbiss ein. So lässt sich das Leben aushalten!

## HÖRNUM (S. 150)

Der früher eher abseits gelegene Ort im Inselsüden hat große Reize. In der Saison legen Ausflugsschiffe täglich von Hörnum ab und steuern die Sandbänke an, auf denen sich Seehunde und Kegelrobben die Sonne auf den Bauch scheinen lassen. Wanderungen durch Dünenlandschaften und um die Hörnumer Odde bieten ungewöhnliche Naturerlebnisse.

## KEITUM (S. 164)

Typische Friesenwälle umfassen in Keitum viele Grundstücke, in denen alte Kastanien stachlige Früchte tragen. Das Altfriesische Haus und das Heimatmuseum gehören zu den Kleinoden friesischer Kultur, denen Besucher auf ihrem Weg durch die Sträßchen und Wege des Ortes begegnen. Auch wer gern und gut einkauft oder einkehrt, dürfte in Keitum die richtigen Adressen finden.

## MORSUM-KLIFF (S. 192)

Eine Wanderung durch 10 Millionen Jahre Erdgeschichte – östlich von Morsum ist das möglich! Eiszeitliche Gletscher haben Erd- und Gesteinsschichten verschiedener Epochen hier zusammengeschoben, schwarzen Glimmer, roten Limonitsandstein, weißen Karolinsand. Der schöne Spazierweg zum Kliff führt durch eine weitläufige Heidelandschaft.

## WATTENMEER (S. 200)

Der schönste geführte Spaziergang über den Meeresboden führt – natürlich nur bei Ebbe – vom Naturschutzgebiet Amrum-Odde im Norden Amrums über trittfesten Sand und durch schmatzenden Schlick in Richtung Nordosten bis hinüber zur Nachbarinsel Föhr.

**Oben:** Die Flagge des Kreises Nordfriesland zieren drei Koggen.
**Unten:** Das Naturschutzgebiet bei Rantum ist von Weite und Wasser geprägt.

# Zwischen Wattenmeer und Nordseebrechern

**Sylt liegt im Trend – und das schon seit mehr als 100 Jahren. Rund 850 000 Besucher zieht es im Jahr auf die beliebteste deutsche Nordseeinsel: mit der Bahn, der Fähre oder per Flugzeug. Noch deutlich größer ist die Zahl der gefiederten Besucher. Im Frühjahr und im Herbst verdunkelt sich fast der Himmel, wenn gewaltige Schwärme von Zugvögeln auf dem Weg in arktische Regionen oder in den Süden hier eine Verschnaufpause einlegen oder dem Charme der Insel erliegen und gleich den Sommer oder Winter in Sylt verleben. Auch aus der Luft erscheint das lang gezogene Eiland vor der deutschen Nordseeküste offenbar ungewöhnlich attraktiv und vielfältig.**

Lange, häufig breite Sandstrände entlang der Westküste werden gesäumt von einer imposanten Dünenlandschaft. Zu einem Drittel ist die Insel von Sand bedeckt, mit der Uwe-Düne bei Kampen hat der Wind den mit 52,50 Metern höchsten Punkt von Sylt zusammengeweht. Drei Wanderdünen besitzt Sylt noch. Die restlichen sind durch großflächige Bepflanzung mit Dünengras gezähmt. Auf der anschließenden Geest, ein Erbe mehrerer zurückliegender Eiszeiten, haben sich große Heideflächen herausgebildet. Die Marschen noch weiter im Osten – Anschwemmungen und Meeresablagerungen – liegen inzwischen mehrheitlich hinter Küstendeichen geschützt. Anders die oft nahen Salzwiesen, die regelmäßig vom Meer überflutet werden und an das Watt grenzen. Einzigartig: An einigen Orten auf Sylt, wie bei Wenningstedt-Braderup, sind diese unterschiedlichen Landschafts-

# Steckbrief Sylt

**Lage:** Sylt liegt zwischen 9 und 16 km vor der Küste von Nordfriesland, mit dem Festland durch den 11 km langen Hindenburgdamm verbunden. Sylts Norden ist vom Süden der Insel 38 km entfernt. Das dänische Rømø nördlich von Sylt ist 2,8 km Luftlinie weit weg, die Entfernung nach Amrum im Süden misst 9 km Luftlinie, zur Insel Föhr im Südosten sind es 8 km.

**Geografie:** Die Uwe-Düne in Kampen ragt mit 52,50 m als höchste natürliche Erhebung in den Himmel. Wind und Meer verändern die Küstenlinie vor allem an der Süd- und der Nordspitze. Dort und entlang der Westküste erstreckt sich ein 40 km langer Sandstrand. An der Ostküste liegt das Wattenmeer, das bei Ebbe trockenfällt.

**Fläche:** 99,14 km², damit nach Rügen, Usedom und Fehmarn viertgrößte deutsche Insel und gleichzeitig größte deutsche Nordseeinsel.

**Verwaltung/Einwohner:** Die Gemeinde Sylt wurde 2009 gegründet. Sie besteht aus den Ortsteilen Archsum, Keitum, Morsum, Munkmarsch, Rantum, Tinnum sowie Westerland mit insgesamt 15 125 Einwohnern (Stand: Dez. 2011). Hinzu kommen die Gemeinden Hörnum mit 1015, Kampen mit 609, List mit 2599 und Wenningstedt-Braderup mit 1463 Einwohnern. Zudem gibt es etwa 10 000 Zweitwohnungsbesitzer auf der Insel.

**Inselflagge:** Dreifarbig mit waagrechten Streifen in den Farben Gelb-Gold, Rot und Blau-Violett. In der Mitte erscheinen zuweilen ein Hering, der Inselumriss oder der Schriftzug »Rüm Hart, klar Kimming«.

**Klima:** Sylt verzeichnet im Jahr stolze 1899 Sonnenstunden, mit 17 Grad Celsius Durchschnittstemperatur in den Sommermonaten. Im Winter sind es 2 Grad Celsius.

**Wirtschaft und Tourismus:** Die Wirtschaft der Insel ist in hohem Maß vom Tourismus – mit über 850 000 Besuchern pro Jahr – bestimmt. Landwirtschaft und Seefahrt spielen nur noch eine untergeordnete Rolle. Rund 3000 Beschäftige pendeln täglich vom Festland zur Arbeit auf die Insel.

Auch in der Nebensaison locken lange Strandspaziergänge entlang der Westküste.

typen zusammen in einer Distanz von nur wenigen 100 Metern komprimiert.

In seiner Mitte zwischen Westerland und Morsum geht Sylt in die Breite, misst in Ost-West-Richtung vom Brandenburger Strand bis zum Hindenburgdamm knapp 13 Kilometer. Wenig weiter im Süden, bei den Reetdachhäusern von Rantum, befindet sich Sylts »Wespentaille«: Hier liegen Nordsee- und Wattküste nur knapp 500 Meter voneinander entfernt.

## Der Traum vom Strand

Wer Sylt besucht, liebt die Strände – zum Spazierengehen, zum Sonnen, Entspannen, Lesen, Ballspielen – auch zum prickelnden Brandungsbaden in der Nordsee. Rund 40 Kilometer zieht sich der Sandstrand die Küste entlang, vom Ellenbogen bei List im Norden der Insel bis zur Hörnumer Odde ganz in ihrem Süden. Rund 10 000 Strandkörbe gruppieren sich an den Brennpunkten des Strandlebens, bei Westerland, Wenningstedt und Kampen, aber auch an den Stränden bei den Dünenpassagen und Strandsaunen wie bei Samoa oder nahe von Restaurants und Cafés wie bei Wonnemeyer oder Gosch in Wenningstedt. Früher standen die Strandkörbe nicht selten prominent inmitten von Strandburgen. Die sehr deutsche Tradition des Burgenbaus reicht auch auf Sylt schon mehr als 100 Jahre zurück. Mit Muscheln und anderem Strandgut dekoriert, dazu oft beflaggt, waren sie der ganze Stolz ihrer Besitzer. Inzwischen ist der Burgenbau, vor allem aus Gründen des Strand- und Kliffschutzes (offiziell) nicht mehr erlaubt. Die Versuche, an den Nordseestränden mit Buhnen oder wuchtigen Tetraedern aus Beton das Abtragen des Sandes aufzuhalten, haben allesamt nicht gefruchtet. Inzwischen ist man dazu übergegangen, den jährlichen Sandverlust von rund einer Million

**Oben:** Romantische Stimmung kommt auf, wenn abends die Sonne im Meer versinkt.
**Unten:** Im Hafen von List liegen viele Freizeitboote und ein Seenotrettungskreuzer.

Kubikmetern mithilfe von Spezialschiffen wieder auszugleichen. Die »Hopperbagger« saugen weiter westlich in der Nordsee Sand vom Meeresboden in ihren Laderaum und spülen ihn später an die ausgedünnten Strandabschnitte. Bei der geschützten Ostküste von Sylt ist dieses aufwendige und kostspielige Verfahren nicht nötig. Sie grenzt ans Wattenmeer und ist nur vereinzelt mit Stränden gesegnet. Da im Windschatten auch Wellengang und Brandung deutlich geringer ausfallen, können Anfänger gut Segeln oder Windsurfen erlernen, fühlen sich Familien mit kleinen Kindern hier besonders wohl. Den Schiffen geht das ähnlich, schließlich befinden sich mit List, Hörnum, Munkmarsch und Rantum alle vier Häfen von Sylt entlang der geschützten Ostküste, erreichbar durch kanalähnliche Tiefs im Watt. Die beiden ersteren Häfen sind zudem Ausgangspunkt für Fährverbindungen und Ausflugsdampfer, die beiden Letzteren bleiben als Marinas Freizeitkapitänen vorbehalten.

## Die wilde Nordsee

Die Sylter Strände sind allerdings nicht nur Freizeitparadiese. Sie grenzen direkt an die Nordsee, einen Ausläufer des Atlantischen Ozeans, dessen Wogen in stürmischer See schon oft Schiffe in Schwierigkeiten und sogar zum Kentern brachten. Schiffswracks oder über Bord gespülte Ladung waren in Sylt, wie an allen Küsten der Welt, begehrte Beute für die Anwohner. Das Strandrecht regelte auf der Insel die Aufteilung des Strandguts. Strandvögte und Düneninspektoren wachten darüber, dass die Ansprüche der jeweiligen Obrigkeit durchgesetzt wurden und klagten Verstöße dagegen als Strandräuberei an. Trotzdem versuchte die Bevölkerung vor allem in Notzeiten, sich einen möglichst großen Teil des Strandguts zu sichern, sei es nun Treibholz oder wertvolle Ladung.

**Oben:** Das alte Leuchtfeuer bei Kampen ist ein Wahrzeichen, aber schon im Ruhestand.
**Mitte:** Auch die Ostküste bietet schöne Strände, hier Mellhörn bei List.
**Unten:** Die wuchtigen Tetrapoden haben sich als ungeeignet für den Strandschutz erwiesen.

**Oben:** Das legendäre Rote Kliff ist in der Frontalansicht sehr imposant.
**Unten:** Die auch Kartoffelrose genannte Wildrose aus Asien ist auch auf Sylt zu Hause.

Wer dabei erwischt wurde, riskierte eine Bestrafung. Der Versuch, mit falschen Seezeichen oder Signalen Schiffe vorsätzlich auf eine Sandbank zu leiten, um das leckgeschlagene Schiff auszuplündern, konnte sogar ein unschönes Ende am Galgen bedeuten.

Schon lange vor den Katastrophen im Indischen Ozean 2004 und vor der japanischen Ostküste 2011, als die Bedeutung des Wortes Tsunami auch in Europa bekannt wurde, waren Riesenwellen auf Sylt bekannt. Mitte des 19. Jahrhunderts sind drei gewaltige Wellenberge dokumentiert, außerdem rollten 1964, 1969 und 2002 meterhohe, »Seebären« genannte Wogen gegen Strände und Klippen. Die Wissenschaft nennt dieses Phänomen Meteotsunami, da nicht Erd- oder Seebeben, sondern plötzliche Luftdruckschwankungen, Schwingungen in der Atmosphäre, die Ursache der gewaltigen Wellen darstellen. Springfluten wiederum sind etwas anderes. Die regelmäßig bis zu 40 Zentimeter höhere Flut etwa alle zwei Wochen resultiert aus erhöhter Gravitationskraft, wenn die Sonne mit dem Mond und der Erde bei Vollmond oder Neumond in einer Linie steht.

# Wattenmeer und Nordseebrecher

## Sylt – ein Naturparadies

Sylts unterschiedliche Landschaften beherbergen zahlreiche Tierarten. Allein 600 verschiedene Schmetterlinge flattern hier im Sommer von Blüte zu Blüte. Und die Zahl der Zugvögel, die regelmäßig in den Marschen und auf den Salzwiesen ihren anstrengenden Flug für eine erholsame Pause unterbrechen, geht in die 100 000. Mehr als 300 Arten verleben hier einen Vogelurlaub von einigen Tagen bis zu mehreren Wochen, manche bleiben gar den ganzen Sommer. Das geschützte Rantumbecken mit der nahen offenen Nordsee im Westen und dem nährstoffreichen Watt gleich im Osten bietet geradezu ideale Rastbedingungen. Und die Vogelinsel Uthörn in der zum Watt offenen Bucht Königshafen hoch im Norden von List darf von Menschen nicht einmal betreten werden. Was liegt für Vögel näher, als hier gleich Eier zu legen und den Nachwuchs aufzuziehen.

Die Lüfte regiert die Silbermöwe mit ihrer Flügelspannweite von bis zu 140 Zentimetern. Der weitverbreitete Raubvogel mit weißem Gefieder und silbergrauen Schwingen ernährt sich von Jungvögeln anderer Gattungen oder von Aas. Doch auch Lach-, Sturm-, Mantel- oder Heringsmöwen leisten der Silbermöwe an den Stränden und in den Häfen Gesellschaft.

Die meisten Zugvögel müssen nach einem langen Flug von ihrem Winterquartier in Südeuropa oder Afrika ihre Energiereserven dringend auftanken. Der Wattboden bietet ausreichend Nahrung für alle: Pfuhlschnepfen, die mehr als 11 000 Kilometer ohne Zwischenlandung zurücklegen können, Knutt, ein rasanter Strandläufer, Austernfischer mit ihren knallroten Beinen und Sterntaucher, Basstölpel und Säbelschnäbler mit eigenwillig nach oben gebogenem Schnabel, Nonnen- oder Ringelgänse.

**Oben:** Die meisten Inselschafe findet man im Osten, hier auf der Nösse-Halbinsel.
**Mitte:** Kutsch- und Reitpferde grasen auf den saftigen Weiden im Osten der Insel.
**Unten:** Robben fühlen sich auf den vielen Nordseesandbänken wohl.

**Oben:** Genau 109 Stufen muss man bis zum »Gipfel« der Uwe-Düne erklimmen.
**Mitte:** Im flachen Wasser der Blidselbucht gedeihen die Austern Sylter Royal.
**Unten:** Badespaß in der Brandung für Kinder – aber bitte mit Aufsicht!



Denn das Watt, das Sylt mit Ausnahme der Westküste umgibt, ist keine öde Schlickwüste. Diese Wunderwelt steckt voller Leben: mit Fischen und Krebsen, Muscheln, Schnecken und Würmern. Insgesamt sind es mehrere 1000, teils winzige Lebewesen pro Quadratmeter. Um den Meeresboden zu betrachten, benötigt man anderswo mindestens Schnorchel und Taucherbrille. Doch zwischen Sylt und dem Festland reicht es, den Gezeitenkalender zu studieren. Das flache Meer zwischen Insel und Festland fällt bei Ebbe trocken. Dieses einmalige Biotop steht von Dänemark bis zu den Niederlanden unter Naturschutz. Sylt umgibt der Nationalpark Schleswig-Holsteinisches Wattenmeer, wenngleich die Insel bis auf kleine Ausnahmen selbst nicht dazugehört. Fast 10 000 Quadratkilometer dieser Naturlandschaft zählt die UNESCO zum Welterbe der Menschheit.

Sylts einzigartige Landschaften sind empfindlich gegen Attacken von Wind und Wellen, aber auch gegenüber den Menschen und die sich ausbreitende Zivilisation. Daher stehen auf der Insel elf Gebiete mit einer Fläche von mehr als 30 Quadratkilometern und damit über ein Drittel von Sylt unter Naturschutz. Schutzgebiete reichen auch weiter in die Nordsee hinaus. Die Zwölf-Meilen-Zone vor Sylt wurde 1999 zum ersten Walschutzgebiet von Europa, in dem Hochgeschwindigkeitsboote und Stellnetzfischerei verbannt sind. Es geht dabei um die kleinste aller Walarten, um die nur bis zu 1,80 Meter großen Schweinswale. Bis zu 6000 Jungtiere pro Jahr wachsen allein im Seegebiet westlich von Sylt und Amrum heran, von der Geburt im Frühsommer bis zum Ende der achtmonatigen Säugezeit. Mit etwas Glück können Sommerurlauber die delfinähnlichen Meeresbewohner gelegentlich sogar vom Strand aus beobachten, wenn sie Heringen und Makrelen nachstellen.

## Wattenmeer und Nordseebrecher

Zu den größeren Meeresbewohnern gehören auch die Seehunde, die bis zu knapp zwei Meter groß werden können. Die Gliedmaßen dieser Meeressäuger sind wie Flossen ausgebildet, im Wasser sind die stromlinienförmigen Tiere daher äußerst gewandt. Sie können fast eine halbe Stunde lang tauchen, ohne Luft zu holen. An Land dagegen geben sie sich eher plump. Ausflugsboote von Hörnum oder List steuern regelmäßig Sandbänke, wie die Knobsände zwischen Sylt und Amrum oder den Jordsand südlich von Rømø an, auf denen sich die Seehunde oft zu Dutzenden sonnen. Allzu lange dürfen die Meeressäuger hier jedoch keine Pausen einlegen, denn immerhin benötigt ein ausgewachsenes Tier bis zu sieben Kilogramm Nahrung pro Tag, überwiegend Fische, um zu überleben.

Auf den Sandbänken werden im Juni auch die Jungtiere geboren. Sie können sofort schwimmen und werden von der Mutter alle drei Stunden mit äußerst fetthaltiger Milch gesäugt. Heuler nennt man sie, wegen ihres klagenden Rufs, sobald sie vom Muttertier getrennt sind. Auf rund 20 000 Tiere schätzt man den Seehundbestand entlang der gesamten Wattküste, mehr als ein Drittel davon werden in Schleswig-Holstein gezählt.

In den Jahren 1988 und 2002 kam es erst in der westlichen Ostsee und dann auch in der Nordsee zu einem großen Seehundsterben mit zahlreichen Fehlgeburten. Als Ursache wurden das Staupevirus sowie das durch Giftstoffe belastete Wasser vermutet. Rund die Hälfte der Seehunde kam ums Leben. Inzwischen hat sich der Bestand wieder stabilisiert. Anders als in früheren Zeiten werden Seehunde seit 1973 offiziell nicht mehr gejagt. Eigens bestellte Seehundjäger kümmern sich um ihren Bestand, um verlassene Heuler und verletzte oder kranke Tiere.

**Oben:** Wanderdünen begruben früher ganze Ortschaften unter den Sandmassen.
**Unten:** Dünenteiche und Feuchtgebiete im Rantumer Becken.

**Oben:** In der Wintersaison werden die Segelboote und Schiffskutter an Land gebracht und überholt.
**Unten:** Brandungsbaden – entlang der Westküste Sylts schon immer ein besonderes Vergnügen.

## Sagen und Inselgeschichte

Es gibt den ganz eigenen Kosmos einer Sylter Sagenwelt, der von Riesen, Zwergen, Untoten und Naturgöttern bevölkert ist. Prähistorische Grabhügel, Überreste von Siedlungen und Befestigungsanlagen haben zu deren Entstehen beigetragen, ebenso wie unerklärliche Naturphänomene. Der Sylter Chronist Christian Peter Hansen (1803–1879), der in Keitum als Schulmeister, Küster und Heimatchronist lebte, hat viel dazu beigetragen, die Sagen und Geschichten zu sammeln und als *Chronik der Friesischen Uthlande* in lesbare Form zu bringen. Mit Kreativität und Fantasie begabt, schmückte er aus, wo es ihm sinnvoll erschien oder erfand kraftvolle Gestalten wie den Volkshelden »Pidder Lüng«, einen friesischen Hörnumer Fischer, der angeblich den arroganten Sohn des dänischen Statthalters in einem Topf mit heißem Grünkohl erstickt haben soll.

Tatsächlich wurde die Region vor rund 2500 v. Chr. in der Jungsteinzeit, dem Neolithikum, erstmals besiedelt. In dieser Zeit muss auch das Hünengrab Denghoog bei Wenningstedt angelegt worden sein. Zuvor waren Jäger und Sammler als Nomaden auf der Suche nach Nahrung durch das Gebiet gezogen. Aus der Eisenzeit zwischen 1600 und 450 v. Chr. sind mit fast 1000 Grabstätten und deren Beigaben besondere Schätze gefunden worden. Schmuckstücke aus Bronze und Waffen deuten auf stabile Gemeinschaften, aber auch auf Fernhandelsbeziehungen bis in den Mittelmeerraum hin. Später wanderten Jüten, Angeln und Sachsen in das Gebiet entlang der Nordseeküste ein. Die Tinnumburg östlich von Westerland dürfte um Christi Geburt eine germanische Kultstätte geschützt haben, rund 1000 Jahre später während der Wikingerzeit wurde sie erneut, dieses Mal als Fluchtburg genutzt. Um 450 n. Chr. sollen Angeln und Sachsen vor der Küste bei Wenningstedt Segel gesetzt haben, um auf die Britischen Inseln überzusetzen.

Um 700 n. Chr. zogen Friesen aus dem Mündungsgebiet des Rheins in den heutigen Niederlanden in die norddeutsche Küstenregion. Nicht lange darauf kam das Christentum auf die Insel, im ideologischen Gepäck schottischer Mönche. Doch so richtig Fuß fassen konnte der Glaube lange nicht. Der Einfluss der nordischen Gottheiten um Thor, Wotan und Frigga war stark, und die Friesen zeigten, dass sie sehr dickköpfig sein können. Erst der dänische König Knut der Große ließ um das Jahr 1100 erste Kirchen auf Sylt dauerhaft errichten und erleichterte deren Konstruktion durch die Spende des Baumaterials. Uthlande nannte man Sylt und die anderen Nordfriesischen Inseln damals wegen ihrer Abgeschiedenheit. Nach der Reformation im 16. Jahrhundert setzte sich der christliche Glaube dann endgültig durch. Die Frauen der seefahrenden Männer fanden im Bild des leidenden Jesus mehr Hoffnung und Trost als in der eher rustikalen Glaubenswelt des nordischen Göttermhimmels.

**Oben:** Das Sylter Teekontor führt auch hochprozentige Leckereien. **Unten:** Schmucke Eingangstüren zieren die Kaufmannhäuser im dänischen Tønder, unweit von Sylt.

# Geschichte im Überblick

**8000 v. Chr.** Das Gebiet von Sylt wird vom Festland getrennt und zu einer Insel.

**2500–450 v. Chr.** Siedlungsspuren und Grabstätten belegen, dass die Insel schon in der Jungsteinzeit und der Bronzezeit besiedelt war.

**2. Jh.** Angeln und Jüten wandern ein, ziehen aber im 5. Jh. weiter auf die britische Insel.

**7. Jh.** Friesen besiedeln Geestinseln wie Sylt und Föhr. Sie nennen die Region erst Kleinfriesland, dann Nordfriesland.

**um 900** Auf Sylt beginnt die Christianisierung.

**um 1000** Erste Deichbauten sollen vor den Meeresfluten schützen.

**1141** Sylt wird erstmals urkundlich erwähnt.

**14. Jh.** Riesige Heringsschwärme tauchen in der Nordsee auf und führen zu einem Aufblühen der Heringsfischerei. Anfang des 17. Jh. wandern die Heringe in andere Meeresregionen ab.

**1362** Die als »Grote Mandränke« bekannte Marcellusflut soll entlang der Nordseeküste rund 100 000 Menschenleben gekostet haben.

**1426** Mit der Siebenhardenbeliebung erarbeiten die Ratsmänner der friesischen Uthlande eine Aufstellung von Rechten und übergeben sie der Obrigkeit.

**1435** Der Frieden von Vordingborg teilt Sylt. Der Norden wird reichsdänisch, der Rest kommt zum Herzogtum Schleswig, das mit Dänemark verbunden ist.

**1436** Die Allerheiligenflut sucht die ganze Nordseeküste heim. Das schon mehrfach wieder aufgebaute Kirchdorf Eidum wird endgültig zerstört.

**1536** Dänemark – und damit auch Sylt – bekennt sich zur Reformation.

**1634** Die zweite »Grote Mandränke« oder Buchardiflut fordert rund 10 000 Menschenleben in Nordfriesland.

**1642** Die Brüder Bunde und Tam Petersen aus Tinnum werden als erste Sylter Walfangkapitäne. Bis Mitte des 18. Jh. verdienen viele Männer aus Inselfamilien ihr Geld an Bord vor allem niederländischer, Bremer oder Hamburger Schiffe.

**1644** Dänische Kriegsschiffe unter Führung von König Christian IV. blockieren erfolgreich eine holländisch-schwedische Flotte von 26 Kriegsschiffen im Lister Tief. Die Bucht im Norden von Sylt trägt seither den Namen Königshafen.

**1769** Man zählt 2814 Inselbewohner.

**1855** Westerland wird Seebad.

**1864** Schon länger schwelende Konflikte um deutsche Interessen und dänische Oberhoheit über Schleswig-Holstein rufen Preußen und Österreich auf den Plan. Auch auf Sylt eskalieren die Auseinandersetzungen. Der Sieg der preußisch-habsburgischen Armeen im Deutsch-Dänischen Krieg beendet die Verbindung mit dem dänischen Königreich. Eine Jägereinheit aus der Steiermark besetzt Sylt. Die Nordfriesischen Inseln gehören nun zum Deutschen Bund.

**1866/67** Preußen siegt im Krieg gegen den Deutschen Bund unter Führung von Österreich. Ganz Schleswig-Holstein und damit auch Sylt gehören nun zu Preußen.

**1888** Die erste Inselbahn verkehrt zwischen dem Hafen in Munkmarsch und Westerland. Bald kommen Strecken bis nach Hörnum und List hinzu.

**1913** Am 19. Juli landet das erste Flugzeug auf dem Gelände bei Tinnum.

**1914** Mit Ausbruch des Ersten Weltkriegs müssen alle Urlaubsgäste die Insel verlassen. Soldaten kommen, Bunker und Signalstationen werden gebaut.

**1920** Volksabstimmungen gemäß dem Versailler Vertrag rücken die dänische Grenze dicht an Sylt heran. Nordschleswig mit Tønder und Høyer votieren für Dänemark. Die Abstimmung in Mittelschleswig mit Sylt ergibt eine deutliche Mehrheit für den Verbleib in Deutschland.

**1927** Eröffnung des Hindenburgdamms.

**1939** Mit Beginn des Zweiten Weltkriegs wird die Insel für den Tourismus gesperrt und zur Festung ausgebaut. Der zivile Flugplatz wird zum Fliegerhorst der Luftwaffe. Mehrere 1000 europäische Zwangsarbeiter werden auf Bauernhöfen, in Gewerbebetrieben und beim Bau militärischer Anlagen eingesetzt. In List, Rantum und Hörnum entstehen Fliegerhorste, dazu mehrere Dutzend Kasernen, Bunkeranlagen, Artillerie- und Flakstellungen. Auf der ganzen Insel sind bis zu 12 000 Soldaten stationiert.

**1945** Nach Kapitulation der deutschen Wehrmacht und der Abtrennung der Ostgebiete kommen fast 14 000 Flüchtlinge auf die Insel. Sie werden in Auffanglagern und den Gemeinden untergebracht und stellen für einige Jahre die Mehrheit der Bevölkerung.

**1950** Die Deutsche Bundesbahn betreibt einen Autozug nach Westerland.

**1970** Die Inselbahn zwischen List und Hörnum stellt ihren Dienst ein, ihre Trasse wird zur Fahrradstrecke umgebaut.

**1985** Das Wattenmeer wird Nationalpark.

**1993** Entdeckung einer Mineralwasserquelle bei Rantum, die zur Sylt-Quelle ausgebaut wird.

**2009** Die UNESCO erklärt das Wattenmeer zum Weltnaturerbe. Die Gemeinde Sylt aus Westerland, Rantum und den Ostdörfern entsteht.

**2011** Die Insel zählt 850 477 Besucher mit 6 711 640 Übernachtungen – eine Steigerung um mehr als 60 Prozent im Vergleich zu 1990.

**Oben:** Eine kleine lokale Berühmtheit: der Zitronenhai im Sylt Aquarium.
**Unten:** Ein Plankenweg führt durch den »Urwald« der Vogelkoje nördlich von Kampen.

Heute setzt sich mit der »Söl'ring Foriining« der größte Heimatverein Schleswig-Holsteins vor allem für die Bewahrung und Entwicklung der friesischen Kultur ein. Vor mehr als 100 Jahren gegründet, engagieren sich über 2500 Sylter in der Vereinigung, die auch das Altfriesische Haus und das benachbarte Sylter Heimatmuseum in Keitum, den Denghoog in Wenningstedt und die Vogelkoje in Kampen betreut. Langjährige Vorsitzende ist Maike Ossenbrüggen, die zudem seit zwei Jahrzehnten Friesischkurse anbietet. Der friesische Wahlspruch »Rüm Hart, klaar Kimming!« taucht sogar im Briefwechsel zwischen Karl Marx und Friedrich Engels auf, als Letzterer – beeindruckt vom »langjährigen Freiheitskampf der deutschen Bevölkerung der Herzogtümer Schleswig, Holstein und Lauenburg« – seinem Freund Karl über selbigen berichtete. Der übersetzte in einem Brief vom 4. November 1864 an »Dear Frederick« das deutsch-friesische Motto mit »open heart, clear horizon«, also »weites Herz, klarer Horizont«.

## Prominente Inselbesucher

Illustre Zeitgenossen dekorieren bis heute Sylts Gästeliste. Thomas Mann weilte 1927 und 1928 in Kampen im Haus Kliffende und verarbeitete beeindruckt das »Brüllen des erschütternden Meeres« in seinem Roman *Der Zauberberg*. Hans Fallada wurde auf Sylt neu entdeckt. Von seiner Morphiumsucht geheilt und aus dem Gefängnis entlassen, traf er 1929 als Anzeigenvertreter eines Neumünster Blattes den Verleger Ernst Rowohlt in den Dünen von Kampen. Der ermutigte Fallada, das Anzeigengeschäft sausen zu lassen und wieder zu schreiben. Ein guter Rat, wie die Bestseller *Bauern, Bonzen und Bomben, Kleiner Mann, was nun* und *Wer einmal aus dem Blechnapf fraß* in den nächsten Jahren bewiesen. Marlene Dietrich

Über 40 Kilometer Strand gehören zu den besonderen Attraktionen von Sylt.

**Oben:** Die St.-Christophorus-Kirche in Westerland ist wie ein Schiffsbug geschnitten.
**Unten:** Der Altar in der St.-Niels-Kirche von Westerland stammt aus dem 15. Jahrhundert.

verlebte in den 1920er-Jahren mehrfach ihren Urlaub in Westerland und war auch in der legendären Nachtbar »Trocadero« zu Gast. Den Naziführer Hermann Göring wird sie nicht mehr getroffen haben. Der wohnte 1933 im Haus Kliffende und ließ sich später ein Reetdachhaus in Wenningstedt bauen.

Für den Schweizer Schriftsteller Max Frisch, der in den Nachkriegsjahren häufig im Haus seines Verlegers Peter Suhrkamp in Kampen zu Gast war, war das hüllenlose Bad einfach »herrlich«. Marcel Reich-Ranicki hingegen fühlte sich eher unwohl. Er habe trotz eines Quadratkilometers Schamhaar nur Literatur im Auge gehabt. Im Übrigen gefalle ihm an der Insel schon die Enge nicht, die ihn wie auf einer Kreuzfahrt bedränge.

Die FKK-Bewegung ist zwar nicht auf Sylt erfunden worden, hat aber sicher dazu beigetragen, die Insel überregional bekannt zu machen. Schon die Jugend- und Wandervogelbewegung um die Wende zum 20. Jahrhundert propagierte natürliche Nacktheit in freier Natur. Im Jahr 1904 wurde in Westerland das erste Luft- und Sonnenbad hinter einem Bretterzaun eröffnet, später durften Naturisten in Klappholttal hüllenlos in der Nordsee baden. In den 1950er- und Folgejahren waren Strandabschnitte wie Abessinien oder Buhne 16 mit Klatschgeschichten über Prominente nicht mehr aus den Gazetten der Yellow Press wegzudenken. Heute kann das Nacktbaden keinen mehr richtig aufregen, wenn sich selbst zum Weihnachtsschwimmen in Westerland abgehärtete Zeitgenossen im Badeanzug, in lustigen Verkleidungen oder ganz hüllenlos einträchtig in die eisigen Fluten stürzen. Natürlich kann Sylt auch heute mit hoher Promidichte aufwarten, die von TV-Quizmastern bis zu Schlagersängern, von Industrieerben bis zu Spitzensportlern reicht.

## Von Pannfisch bis Foie Gras

Wo sich die Sylter vor 150 Jahren noch mit Schweinskopfsülze und einem Krug Warmbier begnügen mussten, gehört die nordfriesische Insel heute zu den gastronomischen Leuchttürmen der Republik. Allein sechs Sterneköche zaubern heute zwischen List und Hörnum an Sylter Töpfen und Pfannen. Dazu kommen Dutzende ausgezeichneter Restaurants aller Geschmacksrichtungen, um die Sylt auch von vielen größeren Städten beneidet werden dürfte. Fischrestaurants mit Pannfisch, Scholle und anderen herzhaften Gerichten sind darunter, aber auch leichtere Interpretationen traditioneller norddeutscher Rezepte. Mit dem gastronomischen Gosch-Imperium hat Sylt zudem eine einzigartige Erfolgsgeschichte vorzuweisen. Jürgen Gosch, der es von einem mobilen Verkaufswagen für Krabben zur riesigen »nördlichsten Fischbude Deutschlands« sowie zu einem halben Dutzend weiterer Restaurantimbisse und sogar auf ein Kreuzfahrtschiff geschafft hat, stammt aus dem nordfriesischen Tönning. Trotz der kometenhaften Entwicklung der Sylter Gastronomie haben sich einige nordfriesische Nationalgetränke und -speisen erhalten, wie z. B. der Teepunsch – der aus heißem dünnem Tee mit Zucker und einer guten Portion Köm, also Kümmelschnaps, oder Aquavit, gemischt wird –, die Friesentorte – eine Kalorienbombe aus Blätterteig, Sahne und Pflaumenmus – oder Futjes – krapfenähnliche süße Bällchen aus Rührteig, gern auch mit Rosinen, die in einer speziellen Futjespfanne zubereitet werden.

## Insel mit Alltagsleben

Auch wenn im Zusammenhang mit Sylt immer wieder von der Insel der Reichen und Schönen, von Nobelkarossen, Millionenherbergen und Promi-Treffpunkten die Rede ist, hat das Eiland sein ganz normales Alltagsleben. Dazu gehört auch

**Oben:** Das dänische Ribe, einst Hafenstadt, ist durch ein Flüsschen mit der See verbunden.
**Mitte:** Auch architektonisch hat Sylt einige Juwelen zu bieten.
**Unten:** Inselfriesische Bauernhäuser mit Reetdach liegen oft nicht weit von der Wattküste entfernt.

**Oben:** Spaziergänge an der klaren Meeresluft gehören zu den beliebtesten Freizeitaktivitäten auf Sylt. **Mitte:** Einige Fischkutter laufen noch aus den Häfen der Insel aus. **Unten:** Traditionelle Inselhäuser gibt es auch ohne Reetdach, hier ein altes Exemplar in Tinnum.

das Problem, bei den geradezu explodierenden Immobilienpreisen ausreichend bezahlbaren Wohnraum für die Bevölkerung zur Verfügung zu stellen. Eine wachsende Zahl von gegenwärtig mehr als 3000 Beschäftigten pendelt täglich vom Festland auf die Insel, um hier beispielsweise als Lehrer, Büroangestellter oder Servicekraft in Hotel oder Restaurant zu arbeiten.

Zum Alltag gehören ebenso die Schattenseiten des Lebens mit einer eigenen kleinen Drogenszene, auch mit Menschen, die froh sind, dass eine Sylter Tafel in Supermärkten, Bäckereien und Restaurants Lebensmittel sammelt, um sie zweimal pro Woche an bis zu 100 Bedürftige zu verteilen. Und wer Sylt nur als Nobelort sieht, vergisst, dass die Insel auch ein traditionelles Erholungsziel für Kinder und Jugendliche ist. In Puan Klent südlich von Rantum, in Klappholttal oder in Keitum haben viele 10 000 Schulkinder aus Hamburg und anderen Orten vor allem aus Norddeutschland schon seit bald 100 Jahren erlebnisreiche Wochen verbracht und »ihre« Insel entdeckt.

## Jede Saison hat ihre Reize

Sylt kennt eigentlich nur zwei Jahreszeiten: Saison und Nicht-Saison. Die erstere reicht von Ostern bis zum Herbst, mit Enklaven zwischen Weihnachten und Neujahr sowie rund um Biike am 21. Februar jeden Jahres. Während der restlichen Jahreszeit geht das Leben einen ruhigeren Gang, trifft man in den Gourmetrestaurants – sofern sie geöffnet haben – auch einheimische Sylter. Strandspaziergänge sind dann besonders schön. Selbst am Brandenburger Strand in Westerland bleibt die Zahl menschlicher Strandläufer überschaubar. In der Friedrich- und der Strandstraße ist zwar Betrieb, aber der steife Westwind, der zuweilen von der Nordsee durch die beiden

Fußgängerpassagen zieht, trifft auf nicht allzu viele, allesamt in wärmende Kleidung gehüllte Passanten.

In der Sommersaison sind die Herbergen aller Kategorien voll belegt und natürlich genauso die Strandkörbe. Für Köche und Servicekräfte in den Restaurants verdoppelt sich das Arbeitspensum mit Belegung der Tische in mindestens zwei Schichten. Mit Konzerten von Pop bis Klassik, auch täglich in der Westerländer Musikmuschel, mit Meerkabarett, Aufführungen von Tourneetheatern und Dichterlesungen präsentiert Sylt dann ein Kulturprogramm, das mit dem mittelgroßer Städte mühelos mithalten kann. Mit Manfred Degen leistet sich Sylt sogar einen eigenen Kabarettisten. Der gelernte Bundesbahnbeamte ist zwar in Lüneburg geboren, konnte aber nach einem berufsbedingten Aufenthalt nicht mehr von der Insel lassen. Längst wird er auf Sylt und anderswo als Insulaner betrachtet, dem das Leben auf seiner »Goldstaubinsel« genügend Anregungen bietet, mit seinen pointierten Beobachtungen die Säle auch auf dem Festland zu füllen.

**Oben:** Zu Inselfesten werden, vor allem im Osten, alte Tänze in Sylter Tracht aufgeführt.
**Unten:** Die untergehende Sonne spiegelt sich in der ruhigen See.

# WESTERLAND UND ZENTRUM

**S. 26/27:** Bester Blick: der Kampener Leuchtturm vom Green des Golfclubs Sylt aus.
**Oben:** In der blauen Stunde sind die Strände Westerlands noch einsam.
**Unten:** Westerland leistet sich sehr dekorative Gullydeckel, die das Ortswappen zieren.



# 1 Westerland

## Seebad und Inselmetropole

**Die Inselmetropole liegt ziemlich genau in Sylts Mitte. Nach Hörnum im Süden sind es 17 Kilometer, nach List im Norden rund 15, zum Hindenburgdamm ganz im Osten knapp 14 Kilometer. Nur der Nordseestrand liegt direkt vor der Haustür. Und darüber beschwert sich keiner, denn der lange Strand, an den die Nordseewellen schlagen, hat schließlich entscheidend zum Aufstieg des Seebads beigetragen.**

Wer am Bahnhof von Westerland aus dem (Autoreise-)Zug steigt, hat es nicht weit zum Strand, der sich endlos nach Norden und Süden erstreckt. Zwei Fußgängerpassagen mit schicken Geschäften, Restaurants und Cafés streben direkt zur Strandpromenade. Hotels, Appartementanlagen und Privatunterkünfte nehmen die vielen Badegäste auf. Westerland verzeichnet heute über drei Millionen Übernachtungen im Jahr, der Rest der Insel muss sich die weiteren drei Millionen Urlauber teilen.

### MAL EHRLICH

**BETONZEITALTER**

Die Bausünden der 1960er-Jahre trüben noch immer das Bild im Zentrum der Inselmetropole. In dieser Zeit mussten zahlreiche in friesischem Stil errichtete Bauten gesichtslosen Betonklötzen weichen. Glücklicherweise konnte eine inselweite Bürgerinitiative den Bau des Atlantis genannten, 28 Stockwerke hohen Touristenturms mit Kurzentrum stoppen: Entgegen einem positiven Beschluss der Stadtvertretung verweigerte die Landesregierung im Jahr 1972 die Baugenehmigung.

Viele Urlauber erreichen Westerland mit dem Autoreisezug von Niebüll aus.

## Am Anfang war die Flut

Westerlands Vorläufer, das Kirchdorf Eidum, lag noch mehrere Hundert Meter westlich vom heutigen Westerland. Doch im Lauf der Jahrhunderte wurde es bei steigendem Meerwasserspiegel und durch Stürme und Sturmfluten immer wieder zerstört und musste etwas weiter westlich erneut aufgebaut werden. Die Allerheiligenflut 1436 gab dem Ort schließlich den Rest. Überlebende gründeten in der Heidelandschaft westlich von Tinnum eine Siedlung, die sie 1462 »Westerlant« nannten. Altäre, Glocke und allerlei Gerätschaften der Alt-Eytum-Kirche fanden in der St.-Niels-Kirche von Westerland einen neuen Platz.

Möglicherweise hat beim Untergang von Eidum Ekke Nekkepenn seine Hand im Spiel gehabt. Der nordfriesische Meeresgott und seine Frau Ran lebten einst in der Nordsee. Ran mahlte Salz auf dem Meeresgrund – kein Wunder, dass die See so salzig ist – während Ekke gelegentlich jungen Inselschönheiten nachstellte. Um das Götterpaar günstig zu stimmen, benannten die Sylter die Dörfer Eidum und Rantum nach ihnen. Ein folgenschwerer Fehler, Ekke holte sich Eidum in der Allerheiligenflut von 1436, Ran begrub Alt-Rantum kurz darauf unter dem Sand einer Wanderdüne.

AUTORENTIPP!

### ST.-NICOLAI-KIRCHE

Gut 100 Jahre alt ist die große, aus Backstein erbaute Kirche, die sich zwischen Trift und Maybachstraße im Zentrum Westerlands erhebt. Nachdem die Inselmetropole zwischen 1885 und 1895 ihre Einwohnerzahl in nur zehn Jahren auf knapp 2000 verdoppelt hatte und parallel dazu auch der Fremdenverkehr boomte, war die Zeit reif für ein zweites protestantisches Gotteshaus neben der alten St.-Niels-Kirche. Das älteste Interieur der im Jahr 1908 eingeweihten St.-Nicolai-Kirche ist ein rund 900 Jahre alter Taufstein, der vermutlich noch aus der untergegangenen Eidumer Kirche stammt. Im Inneren der schlichten Kirche fällt ein in kräftigen Farben leuchtendes Band mit Motiven aus der Passion Christi ins Auge, ebenso die geschmackvoll ausgearbeitete Dekoration an den Emporen sowie die Buntglasfenster an den Seiten mit Motiven aus dem Neuen Testament.

AUTORENTIPP!

**GRÜNE RIESEN**

Wer das erste Mal aus dem Westerländer Bahnhof tritt, bleibt erstaunt stehen. Eine voluminöse Gruppe giftgrüner Riesen mit Tasche und Koffer in der Hand steht mit großen, unbeschuhten Füßen auf dem Bahnhofsvorplatz, von einem scharfen, imaginären Westwind in eine schiefe Haltung gedrückt. »Reisende Riesen im Wind« heißt das unübersehbare, etwas rätselhafte Ensemble des Kieler Künstlers Martin Wolke, das seit 2001 Besucher und Bewohner der Insel zu Kommentaren provoziert. Zwischen zwei und vier Meter hoch sind die grünen Plastiken aus mit Glasfaser verstärktem Kunststoff, zwei Erwachsene und ihre beiden Kinder. Eingerahmt werden sie von ebenfalls windschief aufgestellten, grünen Laternen. Auf dem Platz verteilte Koffer (natürlich auch grün) werden gern von Wartenden als Sitzgelegenheiten benutzt.

## Ein Seebad wird gegründet

Mitte des 19. Jahrhunderts wurde das Seebad Westerland gegründet. Im Jahr 1857 eröffnete das erste Hotel »Dünenhalle«. Schon vorher hatten Seebäder im mecklenburgischen Heiligendamm, auf dem ostfriesischen Norderney oder in Wyk auf Föhr einem wachsenden Bedürfnis von wohlhabenden Urlaubern Rechnung getragen. Um Badekarren oder Umkleidezelte nutzen zu können, mussten sich Badegäste eine Eintrittskarte kaufen.

Mit der Zahl von Badegästen stieg die der Hotelgründungen, zunächst noch unter dänischer Regie, besonders nachdem König Friedrich VII. dem Seebad Westerland einen Besuch abgestattet hatte. Nach der Annektierung Schleswig-Holsteins durch Preußen hießen die Hotelgründungen dann auch »Zum Deutschen Kaiser«, »Reichshof« oder »Hohenzollern«. Weitere Hotels wie das »Strandhotel« und das »Hotel Stadt Hamburg« entstanden, nachdem eine steigende Zahl von Urlaubern von der wohltuenden Wirkung des Seeklimas und des Badens im offenen Meer bei Arthritis, Haut- oder Atemwegserkrankungen überzeugt war. Mit dem »Miramar« eröffnete 1903 das erste im Jugendstil erbaute Hotel direkt am Strand, das auch Prominenz anzog: etwa Gerhard Hauptmann, Gustav Gründgens, Max Schmeling oder Emil Nolde und heute Udo Lindenberg oder die Surflegende Robby Naish.

Um die Jahrhundertwende erreichte Sylt mit einem Fernsprechkabel und Stromanschluss vom Festland der technische Fortschritt. Bald begann in Westerland der organisierte Badebetrieb mit auswärtigen Gästen. Zunächst streng getrennt nach Geschlechtern – die Herren im Norden, die Damen im Süden –, begab man sich, gehüllt in lustige Ganzkörperbadeanzüge, über eine Treppe aus ans Wasser gerollten Badekarren in die Fluten. Die mit Bank, Tisch und Decke ausgerüsteten Kar-

# Lageplan

**A Miramar Hotel** – Hier steigen schon lange prominente Gäste ab, von Filmschauspielern bis zu Profisportlern. Das Jugendstilhotel liegt direkt an der Strandpromenade.

**B St.-Nicolai-Kirche** – Die größte Kirche Sylts. Ihr Neubau vor 100 Jahren war wegen des stark angewachsenen Fremdenverkehrs nötig geworden.

**C Bahnhof** – Die grellbunten Plastiken vor dem Gebäude sind nicht zu übersehen.

**D Musikmuschel** – In der nostalgischen Musikmuschel gibt es im Sommer beinahe täglich Konzerte zu hören, von Auftritten des Sylter Shantychors bis zu stimmgewaltigen Tenören.

**E Syltness Center** – Syltness Center nennt sich das Wellness-Zentrum von Westerland, das praktisch keine Wünsche offen lässt. Selbst klassische Kuranwendungen sind hier möglich.

**F Spielbank Sylt** – Die Spielbank im Herzen von Westerland hat eine lange Tradition. Doch wo früher Dinnerjacket und das »kleine Schwarze« obligatorisch waren, geht es heute viel legerer zu.

**G Wilhelmine** – Die sorgt für gute Laune! Zufrieden sitzt der korpulente bronzene Nackedei nicht weit von der Friedrichstraße und erfreut die vielen Passanten.

**H Dänische Kirche** – Eine dänische Kirche sorgt sich um die südschleswigsche Gemeinde auf Sylt, die immerhin einige Hundert Schäfchen zählt. Natürlich darf man aber auch vorbeikommen, wenn man nicht fließend Dänisch spricht.

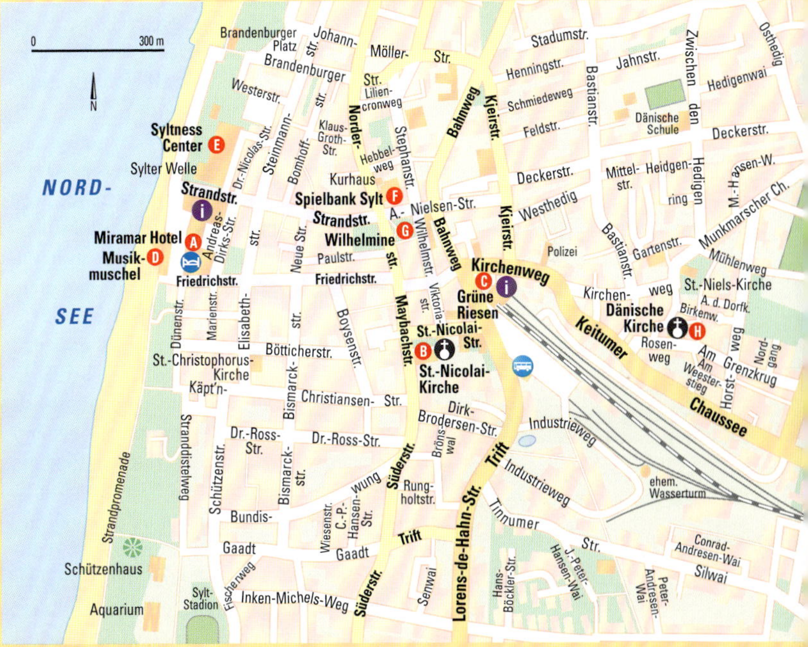

**Oben:** Auch in Westerland sind noch einige alte Friesenhäuser erhalten.
**Unten:** Das »Hotel Niedersachsen« fällt ins Auge wegen seiner modernen Gestaltung mit Glas, Beton und Stahl.



ren dienten zudem als Umkleidekabinen. Zwischen den beiden Badestränden, an denen man zunächst nur vormittags zwischen 6 und 12 Uhr ins Wasser durfte, boten Liegestühle, Strandkörbe und Sandburgen Entspannung und Zerstreuung. An einem 1902 als Familienbad deklarierten Strand durften dann erstmals Männer und Frauen gemeinsam baden. Die öffentliche Moral hielt dieser Attacke mühelos stand, schließlich sollte es noch ein halbes Jahrhundert bis zum ersten FKK-Strand in Westerland dauern. Allein die Zahl der Verlobungen schnellte damals rasant in die Höhe.

## Kriege und Wirtschaftskrise

Schon 1912 landete das erste Flugzeug auf einer noch unbefestigten Landebahn östlich von Westerland, 1913 verzeichnete man bereits schwindelerregende 30 000 Badegäste, doch schon ein Jahr später war die Party vorbei: Der Erste Weltkrieg hatte begonnen, die Insel galt als Front zur Nordsee, auf der britische Kriegsschiffe kreuzten.

Nach dem großen Krieg kamen Fremdenverkehr und Badebetrieb nur schleppend voran. Die Weltwirtschaftskrise, Arbeitslosigkeit und sinkende Einkommen machten eine Syltreise für viele unmöglich. Trotz Hindenburgdamm und Flughafen erreichte die Zahl der Urlauber in Westerland nicht das Vorkriegsniveau. Und mit den erneuten Kriegsvorbereitungen nach Übernahme der Berliner Regierungsgewalt durch die Nationalsozialisten kam der langsam wachsende Zustrom an Sommerurlaubern erneut zum Erliegen. Trotzdem stieg die Einwohnerzahl Westerlands bis 1940 weiter an auf knapp 8000. Verantwortlich dafür waren Baumaßnahmen, denn die Insel war erneut ein vorgeschobener militärischer Posten, der mit Bunkeranlagen und Kasernen gepflastert wurde. In der Zeit nach dem Zweiten Weltkrieg wurden viele

Flüchtlinge und Aussiedler aus ehemals deutschen Gebieten östlich der Oder zunächst in Schleswig-Holstein und ebenso in Westerland einquartiert.

Auch Sylt hat seine Anteile an dem dunkelsten Kapitel der deutschen Geschichte. Und in Westerland reichten dessen Schatten noch bis weit in die Nachkriegszeit. Schließlich regierte hier ab 1951 der in Posen geborene Heinz Reinefahrt, ein hochbelasteter Altnazi, der einst stolz die Uniform eines SS-Obergruppenführers und Generalleutnants der Polizei trug, als Bürgermeister, getragen von allen Parteien in der Stadtvertretung. Erst 1962 musste er u.a. wegen seiner Rolle bei der brutalen Niederschlagung des Warschauer Aufstands sein Amt in Westerland räumen.

## Bäderarchitektur – eine Mischung mit Luft nach oben

Schon 1948 wurde der Sylter Metropole der Titel »Nordseeheilbad« verliehen. Doch die von Weitem sichtbare Skyline der Stadt mit rund 10 000 festen Bewohnern und knapp 5000 Zweitwohnungsbesitzern entstand erst ab den 1960er-Jahren. Kurzentrum, das Appartementhaus Metropol und andere Wohnriegel wurden hochgezogen. Schlimmeres, wie den schon projektierten Atlantis-Hochhausturm, konnten eine Initiative Sylter Bürger und die Landesregierung in Kiel gerade noch verhindern.

Doch es gibt noch diverse ältere Häuser in der Stadt, aus unterschiedlichen Bauepochen. Die Gassen um die Kirche St. Niels und das Hotel »Miramar« an der Strandpromenade gehören dazu, das »Hotel Stadt Hamburg« an der Ecke Strand- und Norderstraße und sicherlich auch das Westerländer Restaurant »Alte Friesenstube«, das in einem Reetdachhaus von 1648 untergebracht und mit Fundstücken aus Alt-Eidumer Gebäuden errichtet wurde.

AUTORENTIPP!

**BIIKEBRENNEN**

Biiken werden auf Sylt, den Nachbarinseln Amrum und Föhr, auf den Halligen und in verschiedenen küstennahen Orten des Festlands angezündet. Auch auf Rømø wird mit Feuer gefeiert – nur heißt es hier »Pers Awten«. Auf Sylt lodern neun Feuer aus sorgsam aufgeschichteten Holzstapeln. Das größte Biike-Feuer der Insel prasselt im Süden Westerlands, direkt in den Dünen.

Der Brauch stammt aus vorkirchlicher Zeit, die bösen Geister des Winters sollten so vertrieben werden. Möglicherweise versuchte man auch den germanischen Gott Odin gnädig zu stimmen. Bis heute lodern die Feuer am Vorabend des 22. Februar auf, dem Petritag oder Piddersdai, an dem Petrus als Bischof von Rom ins Amt eingeführt worden sein soll. Zum Biikebrennen gehört traditionell ein deftiges Grünkohlessen.

Heute füllt dieses Fest des alten friesischen Brauchtums in der kalten Jahreszeit ein paar Tage lang zahlreiche Gästebetten auf der Insel.

Das Jugendstilhotel »Miramar« liegt an der Strandpromenade.

# Infos und Adressen

## ESSEN UND TRINKEN

**Jörg Müller.** Exzellentes Gourmetrestaurant des Altmeisters mit dem imposanten Schnauzer. Auch Küchenklassiker wie Kaisergranat oder Seezungenfilets werden immer wieder neu aufs Delikateste variiert. Die Weinkarte sucht mit über 1000 Angeboten ihresgleichen, ebenso der tadellose Service unter Barbara Müller. Mit angenehmem Hotel im Bäderstil und mit kleinem Spa-Angebot. Mi–Mo 18–22 Uhr, Süderstr. 8, 25980 Westerland, Tel. 04651/27788, www.hotel-joerg-mueller.de

Jörg Müller gehört mit seinen beiden Restaurants zu den Spitzenköchen auf Sylt.

**IVO & CO. Restaurant und Weine.** Kleines Restaurant, kleine Karte. Unter anderem beste US-Beef-Steaks. Dazu eine Weinkarte mit einigen Hundert Positionen. Mi–Mo 17–22 Uhr, Gaadt 7, 25980 Westerland, Tel. 04651/23111, www.ivoundco.de

**Pesel.** Alternative zum Gourmeterlebnis, aber ebenfalls unter der Regie von Jörg Müller. Hier können besonders Fisch- und Lammfans zu moderaten Preisen schwelgen. Do–So 12–14 und 18–22 Uhr, Mo und Mi 18–22 Uhr, Süderstr. 8, 25980 Westerland, Tel. 04651/27788, www.hotel-joerg-mueller.de

**Restaurant Ingo Willms.** Gepflegte Atmosphäre im repräsentativen Gebäude auf halbem Wege zwischen Strand- und Friedrichstraße. Auf den Teller kommen verfeinerte rustikale Gerichte wie Lammhaxe auf Portweinjus oder Seezungen mit Pinienkernbutter. Mo–Sa 12–14.30 und 17.30–22 Uhr, Elisabethstr. 4, 25980 Westerland, Tel. 04651/995282, www.wilms-sylt.de

**Strandoase.** Die Sonnenterrasse in den Dünen gleich südlich von Westerland ist beliebt, vor allem wenn die Sonne scheint. Dann gibt es auch draußen die auf Sylt unvermeidliche Currywurst, aber genauso Wiener Schnitzel, Schweinebraten oder im Ofen gebackene Ente. Der Kiosk serviert Strandnahrung wie Eis, Pommes oder Kaffee zum Mitnehmen. Tgl. 10–22 Uhr, Rantumer Str. 333, 25980 Westerland, Tel. 04651/4464696, www.strand-oase.de

**Web-Christel.** Das gemütliche Restaurant mit vielen Stammgästen und bester Atmosphäre hat nichts mit dem »World Wide Web«, sondern mit einer Weberin zu tun, die einst hier ihre Werkstatt besaß. Die Küche kann gedünsteten Angeldorsch auf Blattspinat mit Dijonsenfsauce ebenso gut wie Lammnüsschen unter Basilikumpesto mit Ratatouille und Kartoffelgratin. Do–Di ab 17 Uhr, Süderstr. 11, 29850 Westerland, Tel. 04651/22900, www.webchristel.de

## ÜBERNACHTEN

**Hotel Niedersachsen.** Modernes Hotel in nordischem Stil mit 24 geschmackvoll eingerichteten Zimmern und Suiten. Margarethenstr. 5, 25980 Westerland, Tel. 04651/92220, www.hotel-niedersachsen.de

**Haus Noge.** Kleine sympathische Hotel-Pension mit acht Zimmern und maritimer Atmosphäre im Herzen von Westerland. Dr.-Ross-Str. 31, 25980 Westerland, Tel. 04651/92860, www.haus-noge-sylt.de

**Sylter Appartementservice.** Mehr als 300 Häuser und Appartements in unterschiedlichen Kategorien, die meisten in Wenningstedt und in Westerland. Berthin-Bleeg-Str. 4, 25996 Westerland, Tel. 04651/41062 oder 0800/7277958, www.sas-sylt.de

**DJH Jugendherberge »Dikjen Deel«.** Übernachtung in 2- bis 8-Bett-Zimmern oder auf dem Sommercampingplatz. Der Strand ist vor der Haustür, Sylt liegt vier Kilometer im Norden. Fischerweg 36–40, 25980 Westerland, Tel. 04651/8357825, westerland.jugendherberge.de

## AUSGEHEN

**American Bistro Sylt.** Abends US-Klassiker wie Steaks, Rippchen oder Burger, später Lounge, Bar und Club mit guten Cocktails. Mi–Mo 18–6 Uhr, Paulstr. 3, 25980 Westerland, Tel. 04651/927050, www.american-bistro-sylt.de

**Kleist Casino.** Angesagteste Gay-Disco in Westerland, Hauscombo Domino & Régine. **Tgl. ab 22 Uhr,** Elisabethstr. 1a, 25980 Westerland, www.kc-sylt.de

## EINKAUFEN

**Bäckerei Abeling.** Den Traditionsbäcker auf Sylt gibt es schon mehr als 125 Jahre. Sonnenkliffkruste, Sylter Algenbrot, Mühlenbrot und 40 Brötchensorten, außerdem Bio-Qualität – einfach

Im »Hotel Niedersachsen« wohnt man stilvoll und komfortabel.

Nostalgisch: der Frühstücksraum im »Haus Noge«

köstlich. Mo–Fr 6.30–18 Uhr, So 7–11 Uhr, Maybachstr. 15, 25980 Westerland, Tel. 04651/22540

**Weinhaus Schachner.** Exzellentes Angebot, fachkundige Beratung, dazu edle Feinkost, Pasta, Öle und mehr. In der Vinothek werden 150 Tropfen glasweise ausgeschenkt und Leckereien serviert, darunter eine steirische Brettljause. Mo–Sa 10 bis 21 Uhr, Bismarckstr. 12, 25980 Westerland, Tel. 04651/26519, www.weinhaus-schachner.de

## AKTIVITÄTEN

**Charly's Radverleih.** Direkt gegenüber dem Bahnhof. Kirchenweg 7, 25980 Westerland, Tel. 0170/8337604

**M&M Fahrradverleih.** Auch E-Bikes und Roller. Am Bahnhof neben Gleis 1, Norderstr. 106, Strandstr. 17, Bismarckstr. 46, 25980 Westerland, Tel. 04651/35777 (für alle), www.sylter-fahrradverleih.com

## INFORMATION

**Touristinformation Westerland.** Mo–Fr 10–16 Uhr, Sa 10–14 Uhr, Friedrichstr. 44, 25980 Westerland, Tel. 04651/9980; Mo–Do 9–17 Uhr, Fr 9–13 Uhr, Strandstr. 35, 25980 Westerland, www.insel-sylt.de, www.westerland.de

**Touristinformation im Pavillon am Bahnhof Westerland.** Mo–So 10–16 Uhr

# 2 Strandpromenade

## Flaniermeile mit Musik und Kunst

**Der acht Kilometer lange und bis zu hundert Meter breite Strand von Westerland wirkt wie ein Magnet auf Sylturlauber. Die leicht erhöhte Strandpromenade begleitet ihn über weite Strecken – und wird zur beliebten Flanierstrecke. In der legendären Musikmuschel spielen im Sommer wechselnde Gruppen »Musik am Meer«. Etwas Kunst ist auch präsent, mit einigen Skulpturen aus verschiedenen Epochen. Und die unvermeidlichen Kontrollhäuschen stehen hier, für den Blick auf die Gästekarte oder das Kassieren der Kurtaxe.**

Der Strand entlang der sechs Kilometer langen Promenade hat seinen eigenen Charakter, 15 Abschnitte haben Strandexperten gezählt. Am Hauptstrand gleich bei der Treppe ist der Andrang am größten und die Strandkorbdichte am höchsten. Etwas weiter nördlich, am Brandenburger Strand, kommen Sportliche auf ihre Kosten, abends herrscht Trubel mit Partystimmung. Noch weiter im Norden wird nicht mehr auf so hohen Touren gedreht. Im Süden geht es ebenfalls entspannter zu, dazu mag auch der schöne, hier recht breite Strand beitragen. Nicht weit vom Aquarium erreichen Badeurlauber Meer und Strand über die »Himmelsleiter«, eine Treppe aus hölzernen Bohlen, die sich auf in Sylt sonst unerreichten Höhen von 26 Metern über die Dünen schwingt.

Nicht immer ging es auf der Strandpromenade so schick zu wie heute. Doch für frierende Badegäste sorgten auch früher schon »Giftbuden«, die Vorläufer der heute angesagten Strandbars, für Hilfe in

**Oben:** »Save our Seas« heißt die bronzene Plastik auf der Strandpromenade.
**Unten:** Munteres Bade- und Strandleben am Meer vor Westerland.

der Not und schenkten einen schlicht »Gift« genannten Kümmelschnaps aus.

DLRG-Rettungsschwimmer wachen über die Sicherheit der Badenden. Ziehen sie einen roten Ball am Mast auf, ist das Meeresbad nur an markierten Strandabschnitten erlaubt, bei zwei roten Bällen ist es komplett verboten. An einigen Stellen können Unterströmungen des zurückfließenden Wassers zu einer Gefahr werden. »Trecker« nennt man die tückischen Strömungen, gegen die oft auch geübte Schwimmer keine Chance haben. Wer von einer derartigen Strömung Richtung Meer getragen wird, kann versuchen, quer zur Strömung zu schwimmen und damit aus ihrem Einfluss zu kommen oder sich etwas von ihr hinaustragen zu lassen, bis sie an Kraft verliert, um dann in einem Bogen Richtung Strand zurückzugelangen.

## Promenadenkunst

Beim Kurzentrum greift eine junge Frau aus Bronze in die Luft. Eine Möwe steht mit ausgebreiteten Schwingen zu ihren Füßen, eine Robbe schaut zu ihr hoch. »S.O.S. Save Our Seas«, Rettet unsere Meere, lautet ihr Hilferuf und der Titel des 1990 platzierten realistischen Figurenensembles des in München lebenden französischen Bildhauers Serge D. Mangin. Es soll, so der Künstler, ein Symbol für den Umweltschutz darstellen.

Älteren Datums sind zwei eher monumental anmutende Skulpturen aus der griechischen Mythologie nahe der Musikmuschel. »Europa auf dem Stier« und »Triton auf dem Hippokamen« stammen aus der Werkstatt des Bildhauers Ludwig Manzel, einem Freund von Kaiser Wilhelm II. und Schöpfer zahlreicher Kaiserstatuen. Immerhin konnte Westerland seine Gemeindekasse schonen, ein vermögender Berliner Kurgast hatte sie 1913 gestiftet.

AUTORENTIPP!

**MUSIKMUSCHEL**
Ein Potpourri eingängiger Popmusik erklingt aus der Musikmuschel, dem nostalgischen Mittelpunkt der Strandpromenade. Es spielt das Ensemble des Westerländer Musikvereins, der schon 1889 aus Mitgliedern der munteren Amateurmusikertruppe des Westerländer Dilettanten-Vereins hervorgegangen war. Die Musikmuschel ist nur zehn Jahre älter, allerdings nicht die heutige, die gibt es erst seit 1949. »Musik am Meer« heißt das Programm von Klassik bis Rock mit den »Romada Singers«, der »Camerata Budapest« und vielen unterschiedlichen Interpreten, auf das sich viele Westerländer und Inselbesucher von Mai bis Oktober freuen. Dazu gehören der Sylter Shanty-Chor genauso wie Opernstars, die vor der grandiosen Nordseekulisse »Arien am Meer« schmettern. Nettes Bonbon: Für Urlauber mit Gästekarte sind die fast täglich stattfindenden Konzerte kostenlos.

**Oben:** Unterhalb der »Skyline« Westerlands erstreckt sich ein breiter Sandstrand.
**Mitte:** In Westerland findet man viele Restaurants mit Strandblick.
**Unten:** In der Hochsaison empfiehlt es sich, einen Strandkorb im Voraus zu reservieren.

»Kaatje« ist nicht nur ein friesischer Frauenname. So heißt auch das frühere Beiboot des Seenotrettungskreuzers »Eiswette«. Der sieben Meter lange Kahn ist seit 2002 auf der Strandpromenade von Westerland ausgestellt und erinnert an die Historie der Seenotrettung. Diese Geschichte ist zugleich die Geschichte von Schiffsunglücken, von gestrandeten und leckgeschlagenen Schiffen. Die Rettung Schiffbrüchiger und der Schiffsladungen hat sich vom hilflosen Beobachten der Schiffskatastrophen vom Strand aus bis zur modernen Rettung mit Seenotrettungskreuzern und speziell konstruierten Hubschraubern entwickelt.

## Badetage gibt es auch im Winter

Am 26. Dezember jeden Jahres ist für die ganz Mutigen ein besonderer Tag: Vor der Westerländer Promenade geht es zum Weihnachtsbaden in die rund 2 Grad Celsius kalte Nordsee. Rund 150 »Walrösser« sind es, die sich in Badeanzug, lustigen Verkleidungen oder ganz ohne Textilien in die eiskalten Fluten stürzen, gut bewacht von Feuerwehr und Rettungsdiensten. Die Zahl der Schaulustigen am Strand ist mit rund 3000 Syltern und Inselbesuchern jedoch deutlich größer. Zum Abschluss singt traditionell der Sylter Shanty-Chor in der Musikmuschel einige herzerwärmende Lieder.

# Infos und Adressen

## ESSEN UND TRINKEN

**Badezeit Strandrestaurant.** Geschmackvoll in nordischem Dekor eingerichtet und mit einem fantastischen Blick über Strand und Meer werden nachmittags Kaffee und Kuchen sowie abends Seezunge aus dem Ofen mit Limonenbutter und andere schmackhafte Gerichte serviert. Tgl. ab 11 Uhr, Dünenstr. 3, 25980 Westerland, Tel. 04651/83 40 20, www.badezeit.de

**Beach House Seeblick.** Nette Terrasse im Süden der Strandpromenade. Inselsnacks wie Apfel-Matjes-Tartar oder Scampipfännchen in Knoblauch-Olivenöl gibt es hier, vieles auch mit Bratkartoffeln. Gute Auswahl an deutschen Weinen. Tgl. ab 11.30 Uhr, Käpt'n-Christiansen-Str. 42, 25980 Westerland, Tel. 04651/288 78, www.seeblick-sylt.de

**Seenot.** Im Café und Restaurant am Nordende der Strandpromenade gibt es Labskaus, aber auch krosse Lammhaxen auf Ratatouille-Rosmarin-Gemüse (auf Vorbestellung). Die süßen Sachen sind beliebt, etwa Blaubeerpfannkuchen mit Vanillesauce oder der »Kalte Italiener« (doppelter Espresso mit Vanilleeis). Tgl. ab 11.30 Uhr, Lornsenstr. 31, 25980 Westerland, Tel. 04651/92 98 38, www.restaurant-seenot.de

Entspannte Atmosphäre am späten Nachmittag auf der Strandpromenade.

## ÜBERNACHTEN

**Dorinth Strandhotel.** Gleich bei der Himmelsleiter zum Strand, Strandresort mit 77 Appartements, Innenpool und mehreren Saunen. Wellness, auch Medical Wellness, wird hier großgeschrieben, mit Meridianausgleichsmassagen nach der Chinesischen Medizin. Kinderclubangebote, z. B. Kinderkochkurs. Ebbe & Food Restaurant mit saisonalen Angeboten und viel Fisch. Schützenstr. 20–24, 25996 Westerland, Tel. 04651/85 00, www.hotel-sylt-westerland.dorint.com

## AKTIVITÄTEN

**Surfschule Westerland.** Tradition seit 1987, inzwischen mit Windsurfen, Wellenreiten, Stand-up-Paddling, Kanufahren oder Bananenreiten, Wakeboarden und Wasserskifahren am Brandenburger Strand. Brandenburger Str. 15, 25980 Westerland, Tel. 04651/271 72, www.sunsetbeach.de

Der Westwind zeichnet abstrakte Strukturen in den feinen Sandstrand.

**Oben:** Familienspaß im Wellenbad: Gleich kommt die Riesenwelle! **Unten:** Im Whirlpool der Sylter Welle lässt es sich wunderbar entspannen.





# 3 Sylter Welle

## Badespaß auch an Schlechtwettertagen

**Das 1994 eröffnete Gebäude des Erlebnis- und Familienbads Sylter Welle ähnelt einem Schiffsrumpf, birgt jedoch in seinen drei zusammen 1000 Quadratmeter großen Becken mehr Wasser als ein Schiff vertragen würde. Die gewundenen, farbigen Röhren der drei Riesenrutschen ragen aus dem Gebäude in die Dünenlandschaft hinein.**

Das in die Dünenlandschaft eingepasste Außenbecken hat auch in der kalten Jahreszeit angenehme 26 Grad Wassertemperatur, was den Panoramablick auf Strand und Meer noch schöner macht. Und das Meerwasser hier soll bei Neurodermitis und rheumatischen Beschwerden helfen.

## Die perfekte Welle

Mit gut 33 Metern Länge ist das Wellenbecken noch größer als das Außenbecken. Alle 30 Minuten sorgt eine Wellenmaschine zehn Minuten lang für eine »raue See«, in die man sich hineinwerfen lassen kann. Wasserspiele wie Wasserpilz, Geysire, Bodenbrodler, Nackenduschen und Gegenströmer sorgen für Unterhaltung in den Pausen.

In der benachbarten Kinderwelt liegt ein gestrandetes Wikingerschiff. Wer es geentert hat, kann über eine Rutsche ins flache Wasser gleiten. Nichtschwimmer sind im 32 Grad warmen Wasser des Planschbeckens bestens aufgehoben. Im genauso warmen Whirlpool sprudelt das Wasser in den Nacken, durch den Sitz, von der Seite, eigentlich von überall her. Große Panoramafenster geben den Blick auf die Nordsee frei.

Etwas Besonderes sind die drei Rutschen. Die 110 Meter lange X-Tube ist so breit, dass bis zu drei Personen auf einem riesigen Gummireifen auf ihr hinunterschießen können. Die Turbo-Rutsche hingegen ist »nur« 45 Meter lang, aber ihr extremes Gefälle ermöglicht eine rasante Beschleunigung. Und auch das »Black Hole« hat es in sich: Durch die Dunkelheit und bei verschiedenen Lichteffekten geht es 120 Meter lang rasant hinunter ins Auffangbecken. Die Rutschzeit wird gespeichert, um einen Highscore zu ermitteln – eine tolle Herausforderung zum Wettrutschen!

## Entspannende Saunalandschaft

In der Saunawelt geht es etwas ruhiger zu. Die »Wikingersauna«, eine finnische Sauna mit niedriger Luftfeuchtigkeit, aber mit bis zu 95 Grad Hitze, bringt entspannt ins Schwitzen, während die Blockhaussauna mit aromatischen Aufgüssen Abwechslung bietet. Und bei der mit ätherischen Ölen angereicherten Aromensauna werden Früchte oder Blütenblätter in den Kessel mit verdampfendem Wasser gegeben. Dazu werden Früchte zur Erfrischung gereicht. Nebulös geht es im Dampfbad zu, mit bis zu 100 Prozent Luftfeuchtigkeit und nur bis zu 50 Grad warmem Dampf. Wer hier nicht entspannt, ist selber schuld. Ähnlich wirkt das Osmanische Dampfbad, nur dass hier Eukalyptusaromen die Atemwege streicheln. In der Kristallsauna dagegen sollen bei Temperaturen von bis zu 60 Grad und 40 Prozent Luftfeuchtigkeit unterschiedliche Lichtfolgen mit roten, blauen, gelben und grünen Farbtönen helfen, innere Unruhe und Verkrampfungen aufzulösen.

Und wird das 33 Grad warme Therapiebecken des benachbarten Syltness Center nicht gerade für Anwendungen genutzt, bietet es sich geradezu für eine Totalentspannung nach dem Saunagang an.

**Oben:** Drei Rutschen zwischen 45 und 120 Meter Länge sorgen für Adrenalinschübe.
**Unten:** Kleine Abenteurer rutschen vom Piratenschiff ins warme Wasser.

## Infos und Adressen

**INFORMATION**

**Sylter Welle.** Mo, Mi, Fr, So 10–22 Uhr, Di, Do, Sa 7–22 Uhr, Strandstr. 32, 25980 Westerland, Tel. 04651/99 81 11, www.sylterwelle.de

Im nachgebauten Korallenriff fühlen sich tropische Fische zu Hause.



# 4 Sylt Aquarium
## Die Welt der Ozeane

**Unter dem Motto »Eine Welt – zwei Ozeane« zeigt das Aquarium die Unterwasserwelt der Nordsee und der Tropen. In 25 Meerwasserbecken sind die Lebensbedingungen der Tiere und Pflanzen nachgebildet. Durch die beiden größten Becken, »Helgoland« und »Korallenwelt«, führt ein Acryltunnel hindurch – ein tolles Erlebnis, nicht nur für Kinder!**

Südlich der 26 Meter hohen Himmelsleiter, der längsten hölzernen Strandtreppe der Insel, und in Nachbarschaft zum Südwäldchen, liegt das moderne Aquarium. Rund 2000 Meeresbewohner bevölkern die gut zwei Dutzend Schaubecken, die die Ökosysteme der Tropen und des Nordatlantik mit der Nordsee nachbilden. In den Acryltunneln, die unter den beiden Großbassins hindurchführen, gleiten Haie und andere Fische um die Besucher herum durch das Wasser – man fühlt sich wie bei einem Spaziergang auf dem Meeresgrund!

## Nordsee und Nordatlantik

Der Nordatlantik ist ein unwirtlicher Lebensraum. Die Wassertemperaturen schwanken zwischen 3 und 20 Grad, je nach Lage und Jahreszeit. Im Wattenmeer kommen noch die Gezeiten hinzu. Dennoch gibt es hier erstaunlich viel Leben. Verschiedene Rochen, Lippfische, Goldbrassen, Dorsche, Wolfsbarsche, Meeraale, Seezungen, Schollen, Flundern, Petermännchen, Hummer, Krebse, Seespinnen und Muscheln beherbergen die insgesamt 18 Wasserschaubecken des Aquariums, deren Wassertemperatur zwischen 11 und 14 Grad pendelt. Das größte Becken fasst gut 170 000 Liter

Wasser. Die auffälligen Katzenhaie mit ihren schlanken, gefleckten Körpern und den länglichen Augen sind nur für kleine Fische, Krebse und Weichtiere gefährlich.

## Tropisches Korallenriff

Die Tropen kennen keine großen Schwankungen in der Wassertemperatur, die Lebensbedingungen sind hier relativ konstant. Ein künstliches tropisches Korallenriff ist in einem 500 000 Liter fassenden Meerwasserbassin nachgebildet, dessen Wassertemperatur konstant bei 24 Grad gehalten wird. Jüngere Besucher lieben neben dem knallblauen Napoleonfisch, dem Sägefisch und dem Zitronenhai besonders die bunten Clownfische. Doch auch Doktorfische, Muränen, Schwarzspitzen-Riffhaie und Anemonenfische faszinieren hier. Die Scheiben gehen übrigens fast bis zum Fußboden, sodass auch kleine Kinder das Geschehen im Bassin gut beobachten können.

## Gefiltert und passend temperiert

Das Wasser für die Becken kommt über eine unterirdische Pipeline direkt aus der Nordsee, wird aufwendig gefiltert und auf die jeweils richtige Temperatur gebracht. Die direkte Anbindung des Meeres an den Wasserkreislauf des Aquariums ist der Clou und gleichzeitig der Unterschied zu vielen anderen Aquarien, die das Meersalzwasser für ihre Bassins künstlich herstellen.

Regelmäßige Führungen erläutern, wie Tiere für Aquarien gezüchtet werden, wie geholfen wird, wenn Fische erkranken, oder geben einen Einblick in die Technologie des Aquariums, und kurze Filme im Vorführraum und an Terminals klären über die unterschiedlichen Lebensbedingungen der Meeresbewohner auf.

Das moderne Aquarium zeigt Meeresbewohner in zwei Dutzend Meerwasserbecken.

## Infos und Adressen

**INFORMATION**

**Sylt Aquarium.** 2000 Meeresbewohner des Nordatlantik und tropischer Korallenriffe in 25 Meerwasserbecken. Ungewöhnlich: Neben Eintrittspreisen zwischen 10 bis 13 Euro für Erwachsene, Kinder und Jugendliche werden auch Tickets für Hunde (1,50 Euro) ausgewiesen.
Im Museumsshop bekommt man Plüschtiere vieler Aquariumsbewohner, Bücher, DVDs sowie allerlei maritimen Schnickschnack und »Syltiges«.
Das Bistro »Kombüse« hat zwar bullaugenähnliche Fenster, aber mit Currywurst, Fischstäbchen oder Nudeln mit Tomatensauce nicht wirklich Aufregendes zu bieten. 10–18 Uhr, Gaadt 33, 25980 Westerland, Tel. 04651/836 25 22, www.syltaquarium.de

**Oben:** Im Alten Kurhaus sind Gemeindeverwaltung und Spielkasino untergebracht.
**Unten:** Auch die »Hof Galerie« ist von Morsum ins Alte Kurhaus umgezogen.



# 5 Altes Kurhaus und Alte Post

## Politik und Glücksspiel unter einem Dach

**Die beiden Gebäude aus der Zeit um die Wende zum 20. Jahrhundert sind durch den Rathauspark verbunden, auf dem mittwochs und samstags vormittags der Wochenmarkt von Westerland Einheimische und Inselbesucher anzieht. Deutschlands nördlichstes und kleinstes Spielkasino teilt sich ein Gebäude mit der Stadtverwaltung und der Bürgermeisterin.**

Das Alte Kurhaus (1897) wurde errichtet, nachdem 1893 das 15 Jahre zuvor eingeweihte erste Kurhaus einem Brand anheimgefallen war. Nach dem Ersten Weltkrieg fanden Bars und Spielsäle hier ein geeignetes Zuhause. In den 1930er-Jahren zog die Stadtverwaltung in das repräsentative Gebäude mit Krüppelwalmdach und turmartigen Vorsprüngen. Der Kursaal diente als Stadthalle. Nach dem Zweiten Weltkrieg mischte man beides, die Gemeindeverwaltung und ab 1949 die nördlichste Spielbank Deutschlands übten sich in friedlicher Koexistenz.

Im Trauzimmer des Rathauses (oder an einem anderen originellen Ort auf der Insel, etwa dem Hörnumer Leuchtturm oder in den Dünen) können auch Urlauber heiraten, und im Alten Kursaal finden regelmäßig erstklassige Theaterdarbietungen, Konzerte und Kabarettabende statt.

## Doppelte Kunst am Rathausplatz

Seit Kurzem ist zudem die »Hof Galerie Sylt« von Morsum nach Westerland in das Alte Kurhaus umgezogen, und ein Boutiquehotel steht kurz vor

In der dekorativen Alten Post befindet sich auch die Tourismuszentrale der Insel.

der Eröffnung. In den neuen Ausstellungsräumen in Westerland wird überwiegend zeitgenössische und Szene-Kunst geboten. Mit Ausnahmen wie den Exponaten in der »Lindenberg Lounge«, in denen der Sänger mit diversen »Likörellen« und allerlei Devotionalien präsent ist, steht das Ausgestellte zum Verkauf.

Die Stadtgalerie im früheren Gebäude der »Alten Post« zeigt Ausstellungen mit Werken meist zeitgenössischer Künstler. Sie werden abwechselnd vom Verein der Sylter Kunstfreunde, der seit mehr als 30 Jahren die lokale Kunstszene unterstützt, und der Gemeinde Sylt getragen.

Das aus dunkel gebranntem Backstein errichtete Gebäude stammt von 1892 und befand sich lange im Besitz der Post. Als diese es nach einem Umzug an die Stadt Westerland verkaufte, sollte es 1981 für ein Parkhaus niedergerissen werden. Nicht zum ersten Mal war es in Westerland eine Bürgerinitiative, die den Kahlschlag zu Gunsten eines gesichtslosen Neubaus verhinderte. Nach einer Komplettrenovierung können nun alle zufrieden sein. In dem schmucken Bau haben die Stadtbücherei »Sylt-Bibliothek«, das Sylter Archiv, die Volkshochschule und das Sylt Marketing eine Heimat gefunden.

## Infos und Adressen

### SEHENSWÜRDIGKEITEN

**Hof Galerie Sylt.** Objekte, Gemälde und Möbel, Ausstellung und Verkauf. Mo–Fr 11–18 Uhr, Sa 11–14 Uhr, Andreas-Nielsen-Str. 1, 25980 Westerland, Tel. 04651/89 17 62, www.hof-galerie-sylt.de

**Stadtgalerie Alte Post.** Wechselnde Ausstellungen und Öffnungszeiten. Stephanstr. 4, 25980 Westerland, Tel. 04651/85 10

### INFORMATION

**Gemeinde Sylt Inselverwaltung-Rathaus.** Mit dem Sitz der Bürgermeisterin Petra Reiber und dem Standesamt. Andreas-Nielsen-Str. 1, 25980 Westerland, Tel. 04651/85 10, www.gemeinde-sylt.de

**Sylt Marketing.** Alles über die Insel, auch Vermittlung von Unterkünften. Mo–Fr 9–17 Uhr, Stephanstr. 6, 25980 Westerland, Tel. 04651/820 20, www.sylt.de

**Sylter Kunstfreunde.** Der Förderverein unterstützt aktive Künstlerinnen und Künstler. www.sylter-kunstfreunde.de

# 6 Strandstraße
## Einkaufs- und Flaniermeile

**Einst war die Strandstraße der direkte Weg von der Endstation der Inselbahn vom Fährhafen Munkmarsch zum Nordseestrand und seinen Hotels. Heute verbindet die parallele Friedrichstraße den Westerländer Bahnhof mit der Westküste. Seit 1986 ist der Autoverkehr aus der Strandstraße verbannt. Sie gehört – vor allem in der Hauptsaison – zu den beliebten Flanieradressen Westerlands.**

Im »Trocadero« in der Strandstraße gaben sich einst Prominente die Klinke in die Hand. Marlene Dietrich verkehrte hier, auch die französische Sängerin und Tänzerin Josephine Baker wurde auf der Bühne gesehen, ebenso wie die Showorchesterlegende Teddy Staufer oder der »Zaubergeiger« Helmut Zacharias. Der »blonde Hans« Albers, der Boxer Max Schmeling oder der Verleger Axel Springer standen auf der langen Gästeliste. Doch durchtanzte Nächte oder Misswahlen gehören längst der Vergangenheit an. Schon 1958 ersetzte ein Kino das legendäre »Troc«, und auch das wurde schon vor fast 40 Jahren abgerissen. Was bleibt, ist die Erinnerung. Immerhin gibt es mit der Kinowelt zumindest wieder ein modernes Filmtheater, das in vier Kinosälen mit 65 bis 265 Sitzplätzen die neuesten Streifen zeigt. Für Nachtschwärmer markiert die Paulstraße zwischen beiden Fußgängerpassagen auch heute die »Partymeile« von Westerland mit zahlreichen Clubs und Bars. Selbst wenn nachts der Hunger kommt, kann hier Abhilfe geschaffen werden. Zumindest hat »Habibi« in der Sommersaison geöffnet, bis der Morgen graut, und serviert gut gelaunt Gyros Pita, Currywurst oder Pommes rot-weiß.

**Oben:** Auch Harley-Biker fühlen sich auf Sylt und in Westerland wohl.
**Unten:** Die Paulstraße im Zentrum säumen zahlreiche Restaurants und Bars.

## Tee en détail und en gros

In der Strandstraße buhlen gleich drei Fachgeschäfte für Tee um die Gunst der Urlauber. Das »Tee-Handels-Kontor Bremen« (Strandstr. 7) offeriert in einem kleinen, ganz in Friesischblau gehaltenem Laden edle Teemischungen, Zubehör und ein breites Glas- und Porzellanangebot, dazu Kandis und Brotaufstriche. Auf der anderen Straßenseite präsentiert sich die »Sylter Tee Company« als Teefachhandel, Manufaktur und Versand. Die älteste Bio-Tee-Manufaktur auf Sylt stellt selbst 300 Teemischungen her. Und das »Teehaus Ernst Janssen« bietet einen regelmäßigen Newsletter rund um den Teegenuss und in seinem Laden kurz vor der Ecke zur Doktor-Nicolas-Straße jeden Montag Teeseminare.

Wer hingegen einen aufmunternden Kaffee benötigt, bekommt bei »Miner's Coffee« nicht nur frisch gebrühten Latte Macchiato, sondern in den Sommermonaten auch so erfrischende Sachen wie Iced Caffe Latte oder Orange Cream. Das passende Gebäck dazu liefert die Filiale des Morsumer Spitzenbäckers »Jürgen Ingwersen« in Form ofenfrischer Smutjes aus Weizensauerteig, Wellenreiter mit Kürbiskernen oder Dinkel oder leckere Friesenkekse (passen auch zum Tee). Für eine längere Pause bietet sich die Terrasse des »Café Wien« an. Im dazugehörigen »Kleinen Laden« entstand die Sylter Schokoladenmanufaktur, deren Produktion inzwischen nach Tinnum umgezogen ist. Auch hier gibt es Schokolade, Tee, Kaffee und andere süße Mitbringsel.

## »Shop 'til you drop«

Shoppen gehört zu den beliebtesten Urlaubsaktivitäten auf Sylt. Kein Wunder, dass Strand- und Friedrichstraße in der Hochsaison proppenvoll sind. Im »CLOSED« Shop findet sich legere Damen- und

AUTORENTIPP!

**SPIELBANK SYLT**

Genau seit Juni 1949 rollt die Kugel in der Spielbank. Damit war dies, nach dem in Travemünde, das zweite Kasino in Schleswig-Holstein. Lange war Insulanern das Kasinospiel verboten, erst seit 1977 sind Einwohner und Besucher dahingehend gleichberechtigt. Blackjack, Ultimate Texas Hold'em, American Roulette und natürlich eine Galerie von mehreren Dutzend Spielautomaten sollen Gästen ebenso Zerstreuung bieten wie die coole Bar. Doch die traditionellen Spielbanken agieren in schwierigen Zeiten, daher wird fleißig an neuen Konzepten gebastelt. In Westerland gibt es mittwochs zum »Ladys Day« für weibliche Besucher ein Glas Sekt und einen Jeton geschenkt, Pokerturniere für alle starten donnerstags.

**Spielbank Sylt Lounge.** Automatenspiel tgl. ab 11 Uhr, Tischspiele ab 19.30 Uhr, Mo und Di Ruhetag für Tischspiele in der Nebensaison, Andreas-Nielsen-Str. 1, 25980 Westerland, Tel. 04651/23 04 50, www.spielbank-sh.de

Zahlreiche Brunnen und Plastiken zieren Westerlands Zentrum.

AUTORENTIPP!

**SURFEN MIT WIND UND WELLEN**

Die Wellen vor dem Brandenburger Strand sind immer wieder Schauplatz hochkarätiger Wasser- und Strandsportwettkämpfe. Benannt ist dieser Strandabschnitt nach einer Herberge um die Wende zum 20. Jahrhundert. Zum Windsurf World Cup Sylt, dem größten Windsurfevent der Welt, treffen hier Ende September die besten Windsurfer aus rund 30 Ländern aufeinander, bejubelt von insgesamt über 200 000 Zuschauern. Ab fünf Windstärken geht es zum Wellenreiten »Wave«, bei dem Sprünge und Dauer des Ritts bewertet werden. Beim Freestyle zählen allein Artistik und Originalität der Sprünge. Beim Slalom wird im Wettbewerb mit je acht Teilnehmern nach dem K.-o.-Prinzip ein fester Kurs abgefahren.

**Windsurf World Cup.** Ende Sept. bis Anf. Okt., www.windsurfworldcup.de

Für Fans süßer Köstlichkeiten ist ein Besuch der »Schokoladenmanufaktur« ein Muss.

Frischen Fisch zum Kauf und direkten Verzehr gibt es in den Filialen von Fisch Blum.

Herrenmode in knalligen Farben, während im »Outback Roots«, einem Laden für Surferwearn, das Publikum jünger ist. Und die ganz jungen Kunden gehen (natürlich nur mit Mami) zu »Ernsting's family«. Wer bei »Camargue« hineinschaut, erfährt, welche Jeans gerade angesagt sind, »Elisabeth Nadolski« spricht eine ältere Klientel an. Und das »Linnhus«, zur kleinen Kette »Elfenreiche« gehörig, hat verspieltere Mode und Naturtextilien.

Auch Outdoorfans kommen auf ihre Kosten im »Jack Wolfskin Store« und bei »Carpe Diem and more«. Schöne Erinnerungen an den Urlaub produziert »Foto Mager«; über das Hauptgeschäft in Tinnum können auch Kameras, Zubehör oder Bilderrahmen besorgt werden. Schön, dass mit dem »Bücherwurm« (Strandstr. 13) noch eine Buchhandlung zwischen Mode und Gastronomie existieren kann. Auch wer sein Bares beim Einkauf komplett drangegeben hat, muss die Strandstraße nicht verlassen. Schließlich spuckt der Geldautomat der Commerzbank (Strandstr. 18) gegen Gebühr auch Bargeld aus, Kontodeckung vorausgesetzt.

# Infos und Adressen

## ESSEN UND TRINKEN

**Bistro Stadt Hamburg.** Sonniges Dekor mit beschwingter Bistroküche und freundlichem Service. Kleine gut zusammengestellte Karte von der Küche des renommierten Hotels Stadt Hamburg. Tgl. 18 bis 22 Uhr, Strandstr. 2, 25980 Westerland, Tel. 04651/85 80, www.hotelstadthamburg.com

**Café Wien.** Altmodisches Blumendekor mit vielen Stammgästen und leckeren Torten; wurde im Jahr 2013 nochmals ausgebaut. Tipp: die Schoko-Kochkurse in der angeschlossenen Schokoladenmanufaktur. Tgl. 9–19 Uhr, Strandstr. 13, 25980 Westerland, Tel. 04651/53 35, www.cafe-wien-sylt.de

**Stadt Hamburg.** Gourmetklassiker im Ortszentrum mit norddeutsch-mediterraner Küche, etwa Seeteufel in schwarzem Olivenöl mit Ziegenquark-Cannelloni. Vorbildlicher Service, der Wünsche errät. Tgl. 18–22 Uhr, Strandstr. 2, 25980 Westerland, Tel. 04651/85 80, www.hotelstadthamburg.com

**Salat Kogge.** Das Paradies für Fisch- und andere Salate stellt inzwischen mehr als 60 köstliche Variationen her. Auch die hausgemachte Fischsuppe ist köstlich, und mit 2,50 Euro für Sylt unglaublich günstig. Mo–Fr 9–19 Uhr, Sa 9–18 Uhr, So 11–18 Uhr, Strandstr. 28, 25980 Westerland, Tel. 04651/ 235 59, www.salatkogge.de

Im Verkaufsladen der »Schokoladenmanufaktur« gibt es 300 Sorten Schokolade zu kaufen.

## ÜBERNACHTEN

**Stadt Hamburg.** Inhabergeführtes Traditionshotel mit spannendem Innenleben. Wohnbereich mit 70 Zimmern und Suiten in britischem Country-House-Stil. »Qiara Spa« in fernöstlichem Kolonialambiente. Mit dem »Stadt Hamburg« und dem »Bistro« zwei ausgezeichnete Restaurants. Strandstr. 2, 25980 Westerland, Tel. 04651/85 80, www.hotelstadt hamburg.com

Das erste Haus am Platz besitzt auch zwei empfehlenswerte Restaurants.

## AUSGEHEN

**Classic Club Sylt.** Gepflegte Dance Music der 70er und 80er sowie aktuelle Charts. Im Winter Do, Fr, Sa ab 21 Uhr, Strandstr. 3–5, 25980 Westerland, Tel. 04651/995 89 43, www.classic-club-sylt.de

**Black & White.** Party-, Event- und Cocktailbar. Ab 21 Uhr, Strandstr. 6–8, 25980 Westerland, Tel. 04651/338 29 25, www.blackandwhite-sylt.de

## INFORMATION

**Insel Sylt Tourismusservice.** Strandstr. 35, 25980 Westerland, Tel. 04651/99 80, www.westerland.de

Autofrei: In der Friedrichstraße lässt es sich gut bummeln und shoppen.



# 7 Friedrichstraße
## Zwischen Bahnhof und Mee(h)r

**Wer Westerland mit dem Zug erreicht und an den Strand will, muss immer nur geradeaus gehen, die Friedrichstraße entlang. Die wichtigste Route der Tagesurlauber ist mit der parallel verlaufenden Strandstraße zusammen auch die bedeutendste Einkaufs- und Flanierpassage der Stadt. Beide Straßen sind seit 1968 Fußgängerzone.**

In der Hochsaison kann es schon eng werden. Dann ist die Friedrichstraße ebenso dicht mit Flaneuren bepackt wie die Kaufingerstraße in München, der Kurfürstendamm in Berlin oder die Mönckebergstraße in Hamburg. Sehr lang ist die Sylter Flaniermeile jedoch nicht. Von der Ecke zur Maybachstraße, wo sich das Inselkaufhaus Jensen ausbreitet, bis zum »Hotel Miramar«, das an die Strandpromenade grenzt, sind es knapp 500 Meter. Die jedoch sind dicht belegt mit Geschäften aller Art. Eine Szenerie, die sich in den angrenzenden Seiten- und Parallelstraßen fortsetzt. In regelmäßigen Abständen auf dem Trottoir verankerte, gläserne Schaukästen informieren über das Angebot in den Läden. Ihren Namen hat die Friedrichstraße von Kaufmann Friedrich Wünschmann sowie von Kapitän Friedrich Erichsen. Die hatten für den Bau der neuen Passage zum Nordseestrand 1888 jeweils Teile ihrer Grundstücke kostenlos der Gemeinde zur Verfügung gestellt. Zum Dank benannte man die neue Flanierstraße nach den Vornamen der edlen Spender.

### Food von »fast« bis angesagt

Diverse Fast-Food-Imbisse, auch in den Seitenstraßen, befriedigen schnell ein aufkommendes

Hungergefühl, einige Café-Bistros verdanken ihren Umsatz vor allem ihrer Lage und der Laufkundschaft. Andere bieten ordentliche bis sehr gute Qualität zu akzeptablen Preisen. Das »Café extrablatt«, gleich vis-à-vis der Promenade, mit Kaffee und kleinen Speisen, gehört zur Systemgastronomie, ähnliche Filialen mit demselben Angebot kann man in verschiedenen deutschen Städten finden. Anders das »Café Orth«, ein Unikat, das bei frischen Temperaturen auf der Terrasse die Gäste mit flauschigen Vliesdecken vom Bleiben überzeugt. Das »Caffé Fellini«, das ab Mitte April bis 22 Uhr öffnet, bietet – keine Überraschung – diverse Kaffeespezialitäten, italienisches Eis und kleine Gerichte an.

Die Osnabrücker Schokoladenmanufaktur Leysieffer ist in verschiedenen Städten Deutschlands präsent. Im Bistro Leysieffer an der Ecke mit dem lustigen Türmchen (Friedrichstr. 38, www.leysieffer.de) und gegenüber in der Confiserie können alle Gerichte den ganzen Tag über frisch genossen werden – vom Frühstück über wechselnde Tagesgerichte bis hin zu frisch gebackenem Kuchen oder der beliebten Sylter Roten Grütze.

Gosch ist nicht nur im Norden der Insel ein besonderes Kapitel. Im »Fisch Bistro Anna Gosch« ist eigentlich immer etwas los, ähnlich wie am Hafen von List. Egal, wie sich das Wetter gibt, unter den roten Riesenschirmen und erwärmt durch Heizstrahler werden Lachs und Scampi, Kartoffel- und leckere Fischsalate verspeist. Dazu schlürft man gerne ein Gläschen Weißwein und schaut vom Barhocker dem bunten Treiben auf der Friedrichstraße zu. Das »Schlemmereck«, gleich nebenan, packt alles ein für die Mahlzeit in der eigenen Ferienwohnung. Fischbrötchen gibt es natürlich auch »auf die Hand«. Kaum zu glauben, aber neben dem »Schlemmereck« liegt noch ein dritter Gosch, die

AUTORENTIPP!

**WILHELMINE**

Lebensfroh und in sich ruhend, diesen Eindruck vermittelt die üppig gebaute »Wilhelmine von Westerland«. Und so erfreut sie Sylter und Inseltouristen gleichermaßen, die gar nicht anders können, als regelmäßig an ihr vorbeizulaufen. Zentral gelegen, planscht sie ganz nackig in ihrem eigenen Brunnen, der seit 1980 an der Ecke von Wilhelm- und Stephan- sowie Viktoriastraße in Westerlands Zentrum plätschert. Die Bildhauerin Ursula Hensel-Krüger, die ab 1963 in Westerland lebte und arbeitete, hat an vielen Orten vor allem in Norddeutschland witzige und intelligente Zeugnisse ihres Schaffens hinterlassen. »Ich möchte den Menschen die Freude wiedergeben. (…) Lächelt mit ihr«, erklärte die Künstlerin zur Enthüllung der 175 Kilogramm schweren Bronzefigur. Ihr Wunsch geht jeden Tag in Erfüllung.

AUTORENTIPP!

**SYLTER SHANTY-CHOR**

In den Liedern geht es um das harte Leben an Bord, die Romantik der Segelschifffahrt, die Trennung von den Lieben daheim. Sie wecken die Sehnsucht nach fernen Kontinenten und Kulturen, beschwören das Gemeinschaftsgefühl auf See. Gitarre und »Quetschkommode« begleiten den Chor, der sich immer wieder mit einem Solo-Part abwechselt. Der 1977 gegründete Sylter Shanty-Chor, schick in weißen Hosen und blauen Takelblusen, ist mit seinem kräftigen rauen Männergesang über die Insel hinaus bekannt. Auf Sylt kann man ihn beim Eröffnungskonzert der Open-Air-Saison erleben, bei den Auftritten in der Musikmuschel an der Promenade Westerland, im Kursaal von Rantum, auf dem Kapellenplatz der Friesenkapelle von Wenningstedt, in den Inselkirchen oder beim Hafenfest in Hörnum. Hier kann man auch eine der CDs erstehen, die der Chor inzwischen veröffentlicht hat.

**Sylter Shanty Chor.**
www.sylter-shanty-chor.de

»Kneipe«, in der man in aller Ruhe einen Wein oder ein Bier bestellen und trinken kann und dazu keinen Pannfisch bestellen »muss«. Und da aller guten Dinge hier vier sind, ist noch einige Meter weiter auf der gegenüberliegenden Straßenseite der »Kleine Gosch«, der eigentlich gar nicht so klein ist und mit leicht mediterranem Touch auf der Angebotskarte daherkommt. Ohne Fischbrötchen läuft jedoch auch hier nichts.

## Von schlicht bis nobel

Das unauffällige »Hotel Clausen garni« punktet vor allem mit seiner Nähe zu Strand und Kurmittelhaus. Das »Hotel Gutenberg« ist zwar in einem schmucken Logier- und Geschäftshaus von 1895 untergebracht, kommt aber recht konventionell daher. Das innen geschmackvoll dekorierte und von außen eher unscheinbare »Hotel von Stephan« (Friedrichstr. 25, www.hvs-sylt.de), bietet einen Shuttle-Service zum Flughafen und Garagenplätze direkt am Haus an. Das 1903 im Jugendstil erbaute »Hotel Miramar« ist da schon von anderem Kaliber, mit seiner geschmackvoll verspielten Einrichtung, einem netten Innenpool, Saunen, Beautybehandlungen und einer herrlichen Terrasse zum Meer. An der Ecke zur Andreas-Dirks-Straße bietet die »Seeburg« schräg gegenüber gut und modern ausgestattete Appartements zwischen 40 und 65 Quadratmetern in einem Bau aus rotem Klinker.

## Einkaufen von Tee bis Kunst

Das »Sylter Teekontor« in der kleinen, parallel verlaufenden Paulstraße mit einem ausgezeichneten Angebot und die »TeeManufaktur Sylt« in der Friedrichstraße mit ihren natürlichen Teespezialitäten werfen die Frage auf, wie es möglich ist, dass in Westerland eine derartige Dichte von Teeläden existieren kann. Das kann man sich

Auch in Westerland sind noch einige ältere Häuser im Bäderkulturstil erhalten.

»Leysieffer« ist eine gute Adresse für Leckermäuler, vor allem für Fans von Süßem.

**Oben:** Brieftasche festhalten! Die Friedrichstraße verführt zum Geldausgeben.
**Unten:** An Cafés und Restaurants herrscht in der Friedrichstraße kein Mangel.

natürlich auch bei Modegeschäften fragen, von denen auch die Friedrichstraße ein gerüttelt Maß abbekommen hat, u.a. einen Tommy Hilfiger Store. Hinzu kommt ja noch das ausgezeichnet sortierte und gar nicht so kleine Kaufhaus H. B. Jensen mit einer Modeabteilung, in der viele trendige Marken mit ihren Kollektionen vertreten sind und einem Technik- und Sporthaus. In der Friedrichstraße findet sich an zentraler Stelle auch der »Sansibar Store« mit der einschlägigen Textilkollektion, mit Ölen, Gewürzen und Weinen. Interessant und mit einem speziellen Angebot wendet sich die »Drachenhöhle-Sylt« an die spielfreudigen und sportlichen Inselbesucher, für die Kiten kein Fremdwort ist. Das recht spezielle Angebot ist gleichzeitig enorm und reicht vom Kitesurfing bis zum Snowkiting.

Wem das alles zu wild ist, der kann sich an einem Riesenangebot verschiedener Windspiele erfreuen. Die Kunstgalerie Mensing, ein Kunsthaus mit Niederlassungen in verschiedenen großen deutschen Städten, verkauft auch in Westerland Lithografien und Unikate von Künstlern der klassischen Moderne und der Pop-Art, von Picasso bis Chagall. Dazu gibt es auf Sylt eine Auswahl von Insel- und Meermotiven. Schön ist es, dass ähnlich wie in der Strandstraße mit der »Badebuchhandlung« ein Buchladen mit gut sortierter Urlaubslektüre, Syltinfos, Zeitungen und Zeitschriften sowie Postkarten existiert.

# Infos und Adressen

## ESSEN UND TRINKEN

**Café Orth.** Wer draußen sitzt, kommt in den wärmenden Genuss von Heizstrahlern und erhält bei Bedarf auch eine Decke. Der Mohnkuchen ist besonders lecker. Tgl. ab 9 Uhr, Friedrichstr. 30, 25980 Westerland, Tel. 04651/1778, www.cafe-orth-sylt.de

**Bistro Leysieffer.** An der farbenfrohen Kuchentheke fällt die Entscheidung schwer. Die leckeren Obst- und anderen Stücke kann man auf einem Barhocker gleich zu einem Kaffee vertilgen oder sich einpacken lassen und mitnehmen. Mittags gibt es kleine Speisen wie friesische Kartoffelsuppe mit Shrimps. Tgl. 10–24 Uhr, Friedrichstr. 38, 25980 Westerland, Tel. 04651/823820, www.leysieffer.de

**Fisch Blum.** Der zweite Fischmatador neben Gosch hat seinen Stammsitz in Tinnum, ist aber an fünf Orten auf der Insel vertreten. Große Auswahl, günstiger Mittagstisch. Mo–Sa 9–21 Uhr, So 11–21 Uhr, Neue Str. 2, 25980 Westerland, Tel. 04651/835014, www.fisch-blum-sylt.de

## ÜBERNACHTEN

**Hotel Miramar.** An dem Traditionshotel mit 64 Zimmern und Suiten trifft die Friedrichstraße auf die Strandpromenade. In der Jugendstilherberge (1903) waren schon Walter Stresemann, Emil Nolde und Max Schmeling zu Gast, in jüngerer Zeit auch Politiker wie Hans-Jürgen Wischnewski oder Musiker wie

Angenehm: Die Terrasse des »Café Orth« ist bei kalten Temperaturen beheizt.

Bei 300 Teesorten im »Sylter Teekontor« hilft nur eine gute Beratung.

Udo Lindenberg. Friedrichstr. 43, 25980 Westerland, Tel. 04651/8550, www.hotel-miramar.de

**Raffelhüschen Sylthotel.** Modernes Garni-Hotel mit 19 Zimmern und Suiten. Die Friedrichstraße ist gleich um die Ecke. Reichhaltiges Frühstücksbuffet mit Brötchen aus der Hausbäckerei in Tinnum. Boysenstr. 8, 25980 Westerland, Tel. 04651/836210, www.sylthotel-raffelhueschen.de

## AUSGEHEN

**Die Wunderbar.** Die »Huldigungsstätte des deutschen Schlagers« hat eine große Fangemeinde. Gratis Erdnüsse gibt es auch. Tgl. ab 21 Uhr, Paulstr. 6, 25980 Westerland, Tel. 04651/21701, www.wunderbar-sylt.eu

## EINKAUFEN

**Sylter Teekontor.** Hier kann die Auswahl zur Qual werden: mehr als 300 Teesorten, diverse aromatisierte und Bio-Tees. Natürlich gibt es hier auch Kandis aus eigener Herstellung, Kannen, Becher und Siebe. Der Onlineshop liefert den Lieblingstee nach Hause. Mo–Fr 10–18 Uhr, Sa 10–14 Uhr, Paulstr. 15, 25980 Westerland, Tel. 04207/9888980 (Bestellhotline), www.teekontor.de

## INFORMATION

**Touristinformation Westerland.** Mo–Fr 9–18 Uhr, Sa 10–17 Uhr, So 11–17 Uhr, Friedrichstr. 44, 25980 Westerland, Tel. 04651/9980, www.westerland.de/tourist-informationen.html

**Oben:** Das Innere der St.-Niels-Kirche schmücken einige Kleinoden aus dem 15. bis 18. Jahrhundert. **Unten:** Türgriff mit Symbolkraft: Inselfischfang und Jesus als Menschenfischer.





# 8 St.-Niels-Kirche
## Westerlands ältestes Gebäude

**Rund 200 Jahre, nachdem die Eidumer von den Meeresfluten aus ihrem Dorf vertrieben worden waren, stürzte auch ihr baufälliges Gotteshaus ein. Das neue wurde Nikolaus, Bischof von Myra und Schutzheiliger der Seefahrer, gewidmet, im Friesischen besser bekannt als Niels. 1637 wurde die »Dorfkirche« geweiht.**

Leicht fiel den Bewohnern der Feldmark Westerlon der Neubau am östlichen Ortsrand nicht. Die Gemeinde war arm, zudem verweigerten die Rantumer und die Wenningstedter Gemeinden, die auch zum Kirchspiel Westerland gehörten, den rechtmäßigen Beitrag. Lange riefen Glocken aus einem freistehenden hölzernen Glockenstapel die Gläubigen zum Gottesdienst, erst Mitte des 19. Jahrhunderts ersetzte ein gemauerter Turm die durch Wind und Wetter in Mitleidenschaft gezogene Holzkonstruktion. 30 Jahre später schließlich wurde ein steinerner Glockenturm direkt ans Kirchengebäude gesetzt. Dadurch entstand Raum für eine Orgel, die, mehrfach erweitert und restauriert, heute wegen ihres schönen Klangs gelobt wird. Die Kirche selbst wurde 1701 und 1789 restauriert.

## Wenig bekanntes Inselkleinod

Schmuckstück im Inneren ist ein Flügelaltar, der die Krönung der Jungfrau Maria zeigt. Die zwölf Apostel schauen von den Seitenflügeln aus zu. Das spätgotische Werk (15. Jh.) war viele Jahre des 19. Jahrhunderts hier nicht zu sehen, denn die streng neu-testamentarische Kirchenlehre sah keinen Marienkult vor. Stattdessen zeigte ein Bild Jesus auf dem Wasser und den untergehenden Petrus.

## St.-Niels-Kirche

Die Kirchenapsis birgt den ältesten Kirchenschatz, ein Passionskreuz (13./14. Jh.), das wohl aus der alten Eidumer Kirche gerettet worden war. Die beiden Kronleuchter, einer mit 14 Lichtarmen, einer mit acht, wurden im 17. Jahrhundert geschaffen. Die hölzerne Kanzel stammt von 1751, das aus Holz gearbeitete Taufbecken (1750) ist eine Dauerleihgabe aus der früheren Halligkirche von Neugalmsbüll auf dem Festland. Das in einer Glasvitrine schön anzusehende Votivschiff des Dreimasters »Phönix« erinnert, von seinen Brüdern gestiftet, an den früh verstorbenen Kapitän des Schiffs. Eine Marmortafel gedenkt des britischen Kaufmannssohns und Passagiers der vor Terschelling untergegangenen Fregatte »Lutine«, Daniel Wienholt. Dessen Leichnam war 1799 bei Westerland angeschwemmt worden. Die später gefundene Schiffsglocke des Frachtschiffs wurde lange im »Underwriting Room« des Versicherungsunternehmens Lloyd's in London geläutet, wenn ein Schiff untergegangen ist oder wiederaufgefunden wurde. Eine Sonnenuhr an der Südfront der Kirche aus dem Jahr 1789 gibt den Breitengrad Sylts mit 54°50 und den von Jerusalem mit 32°40 an.

## Im alten Zentrum Westerlands

Auf dem Friedhof der Kirche stehen vereinzelte alte Bäume und an der Südmauer historische Grabsteine, die vom Leben alter Sylter Familien erzählen. Im beschaulichen Alt-Westerland, nicht weit vom heutigen Ortszentrum entfernt, führt ein Spaziergang vorbei an geduckten Friesenhäusern mit von altem Baumbestand gesäumten Gärten. Hier, rund um die St.-Niels-Kirche, war einst das Zentrum Westerlands, weit genug entfernt von der Nordsee, um von ihren Stürmen und Fluten verschont zu bleiben. Unentdeckt ist Alt-Westerland leider nicht mehr, zunehmend wird mit seinem Charme für Ferienwohnungen geworben.

Die Gassen um die Dorfkirche St. Niels gehören zum ältesten Viertel von Westerland.

## Infos und Adressen

### SEHENSWÜRDIGKEITEN

**St.-Niels-Kirche.** Do–Di 9–16 Uhr, Kirchenweg 37, 25980 Westerland, Tel. 04651/22263, www.kirche-westerland.de

### ÜBERNACHTEN

**Alter Konsumverein.** Restauriertes und renoviertes Reetdachhaus mit sechs Appartements sowie ein saniertes Stadthaus von 1879 mit großer Ferienwohnung über mehrere Etagen. Nicht weit von der St.-Niels-Kirche entfernt. Zugänge über Geschwister-Scholl-Weg und Rosenweg. Vermietung über Alter Konsumverein, Ulrich Apel, Keitumer Chaussee 9, 25980 Westerland, Tel. 04651/29402

Die katholische St.-Christophorus-Kirche beeindruckt mit moderner Architektur.



# 9 St.-Christophorus-Kirche
## Nördlichste Pfarrei Deutschlands

**Die moderne katholische Kirche von Westerland wurde erst im Jahr 2000 geweiht, nachdem ein baufälliger Vorgängerbau abgerissen werden musste. Lange Jahrzehnte fühlten sich katholische Gläubige im evangelischen Norden in der Diaspora. Die Betreuung katholischer Badegäste brachte schließlich den Umschwung: Kurz vor der Wende zum 20. Jahrhundert erhielt Westerland eine katholische Kapelle.**

Wie der zweigeschossige Rumpf einer Arche ragen die vier geschwungenen, halbovalen Backsteinschalen des Kirchenraums in die Höhe. Das moderne, neue Gebäude aus gelbem Klinker nimmt auch in seiner Architektur das Seefahrtsthema auf. Im dreieckigen Glockenturm, dem »Mast«, erklingen vier Glocken, im kreuzförmigen, in den Boden eingelassenen Taufbecken kann bei Taufen der ganze Körper ins Wasser getaucht werden. Das lebendige katholische Gemeindeleben auf der Insel umfasst noch die Filialkirche St. Raphael in List.

Einst leitete ein »Strandpfarrer« die katholischen Messen in der Herz-Jesu-Kapelle in Westerland. Nachdem die Gemeinde nach dem Zweiten Weltkrieg durch den Zustrom von Flüchtlingen rasant gewachsen war, wurde ein festangestellter Pfarrer für die Insel bestellt. Zehn Jahre später wurde ein neues, größeres Gotteshaus erbaut, die St.-Christophorus-Kirche, denn auch unter den zahlreicher werdenden Urlaubern gab es viele Katholiken. Nach weiteren 40 Jahren war eine Runderneuerung der Kirche fällig. Das wegen diverser Baumängel marode Gotteshaus wurde 1997 abgerissen, die heutige Kirche im Jahr 2000 eingeweiht.

## Friedhof für Heimatlose

Auf der anderen Straßenseite, an der Ecke zur Käpt'n-Christiansen-Straße, liegen die Überreste von 53 unbekannten, zwischen 1855 und 1905 am Nordseestrand angespülten Toten auf dem von einem Steinwall eingefassten Friedhof, der »Heimatstätte für Heimatlose«. Der damalige Strandvogt Wulf Hansen Decker hatte Mitte des 19. Jahrhunderts durchgesetzt, die nicht identifizierten Toten christlich zu bestatten. Schlichte Holzkreuze tragen allein das Datum und den Namen des Strandes, an dem der Ertrunkene gefunden wurde. Nur ein 1890 an den Strand getriebener Seemann konnte später als Harm Müsker identifiziert und mit einer namentlichen Gedenktafel geehrt werden.

Zuvor hatte man die Angeschwemmten meist in den Dünen begraben, später wurden sie wegen Platzmangels auf dem Neuen Friedhof in Westerland und auf den Friedhöfen in Keitum und List beigesetzt. Die Elisabethstraße ist nach der rumänischen Königin Elisabeth (1843–1916), einer gebürtigen Prinzessin Elisabeth zu Wied, benannt. Die regelmäßige Inselbesucherin stiftete 1888 einen Gedenkstein für den Friedhof. Unter ihrem Pseudonym »Carmen Sylva« verfasste sie Gedichte und Prosastücke. Der letzte Vers eines ihrer Gedichte ist auf dem Stein am Kopfende des Friedhofs zu lesen.

**Oben:** Auf dem Friedhof für Heimatlose erinnert eine Verszeile an dessen Stifterin.
**Unten:** 53 anonyme Tote aus dem Meer sind auf dem schlichten Friedhof bestattet.

## Infos und Adressen

INFORMATION

**Pfarrei St. Christophorus.** Di und Do 9–12 Uhr, Elisabethstr. 23, 25980 Westerland, Tel. 04651/22683, www.katholische-kirche-sylt.blogspot.de

# 10 Tinnum
## Gewerbe, Geschichte und Kultur

**Wer von Westerland auf der Keitumer Landstraße nach Osten unterwegs ist, befindet sich bereits nach wenigen Minuten in Tinnum. Nur vier Kilometer misst die Distanz vom Zentrum Westerlands bis zum früheren Dorf an seinem Stadtrand. Der erste Eindruck – mit einem Gewerbegebiet beiderseits der Durchgangsstraße – täuscht ein wenig. Tinnum bietet auch viel Natur, nette Wohngebiete und mit der Tinnumburg und dem Inselzoo eigene Sehenswürdigkeiten.**

Tinnum hat einen eigenen Charakter. Die großen Bau- und Supermärkte, Autohäuser und Werkstätten sind in dieser Konzentration nicht in anderen Inselorten zu finden. Und die Bahnstrecke zum Festland führt mitten durch den Ort. Auch der Flughafen liegt zu großen Teilen auf Tinnumer Gebiet. Klar, dass die Unterkünfte hier preisgünstiger sind als in Westerland oder Kampen. Aber Tinnum hat vor allem rund um den alten Ortskern südlich von Durchgangsstraße und Schienentrasse Friesenhäuser mit netten Vorgärten sowie die – leider nur von außen zu besichtigende – Alte Landvogtei. Gleich südlich davon, bei der Tinnumburg, beginnen Felder und Wiesen, durch die sich Reit- und Fahrradwege ziehen.

Ein Eintrag im Zinsbuch des Bischofs von Schleswig, das die abgabepflichtigen Untertanen erfasste, verweist 1462 auf eine Sylter Gemeinde mit dem Namen »Tynnum«. Bei den »Thinghügel« genannten Grabhügeln nordwestlich des Orts soll der Überlieferung nach einst im Frühjahr und Herbst das »Dinggericht« getagt und Recht gesprochen haben.

**Oben:** Ältere, im Inselstil erbaute Wohnhäuser sind auch in Tinnum zu finden.
**Unten:** Der 1000 Jahre alte Ringwall der Tinnumburg ist von Gräsern überwuchert.

Auch in den vom Sylter Chronist C. P. Hansen aufgezeichneten und teilweise erdachten Sagen spielen die Thinghügel in der Tinnumer Heide als Schauplatz eines Kampfs zwischen Riesen und Zwergen eine Rolle. Heute geht man eher davon aus, dass sich der Name Thinghügel deshalb eingebürgert hat, weil der Weg zum Keitumer Gericht hier entlangführte. Beim Bau des Flugplatzes ließen die Nazis 1939 erkennen, dass ihnen die Aufrüstung wichtiger war als das beschworene germanische Erbe, sodass heute von den einst 14 Hügeln nur noch zwei auszumachen sind.

## Dänische Landvögte

Auch Tinnumer Seeleute sind dem gefahrvollen Beruf des Walfängers nachgegangen. Die Brüder Bunde und Tam Petersen sollen im Jahr 1642 sogar die ersten Sylter gewesen sein, die als Kommandeure niederländischer Schiffe zum Walfang auf den Atlantik ausliefen. Seit dem Jahr 1600 war Tinnum bereits Sitz der Sylter Landvögte. Das heutzutage als Sylter Landvogtei bekannte Gebäude stammt von 1649, nachdem sein Vorgängerbau wegen Hochwassergefahr geräumt werden musste.

Mitte des 18. Jahrhunderts ließ der damalige Landvogt Matthias Matthießen eine neue Landvogtei errichten. Im später umgebauten und erweiterten Anwesen wurde auch Recht gesprochen. Der dänische Monarch Friedrich VI. war 1825 bei einem Sylt-Besuch in der Landvogtei zu Gast. Der Landvogt war als Vertreter der dänischen Krone in der Verwaltungshierarchie dem Amtmann von Tønder unterstellt. Er selbst kontrollierte die Arbeit der Sylter Räte, der Strandvögte und die durch Bauernvögte repräsentierte bäuerliche Selbstverwaltung. Überregional bekannt wurde der 1830 berufene Landvogt Uwe Jens

AUTORENTIPP!

**SYLTER LANDVOGTEI**

Sylter Landvögte vertraten bis 1866 rund 400 Jahre lang die dänische Krone auf der Insel. Von der Mitte des 16. Jahrhunderts an hatten sie ihren Sitz in Tinnum. Verwaltung, Einleitung rechtlicher Verfahren, Steuererhebung und Polizeigewalt konzentrierten sich in ihren Händen. Die Landvogtei, Wohnort und Amtssitz des jeweiligen Landvogts, musste von ihm erworben werden. Das prächtige, mehrfach um- und ausgebaute Reetdachhaus in der Straße Kampende stammt von 1649. Es ist das älteste erhaltene Gebäude in Tinnum und war Sitz des Sylter Landvogts Peter Taken, der dieses Amt von 1634 an 50 Jahre lang innehatte. Nach dem verlorenen Deutsch-Dänischen Krieg 1866 endete auch die Amtszeit der Landvögte. Als Verwaltungsspitze fungierte nun ein Sylter Amtsvorsteher, für die Rechtsprechung war ein Amtsgericht zuständig. Heute ist die Alte Landvogtei ein Privatgebäude und kann nur von außen besichtigt werden.

**Oben:** Viele friesische Reetdachhäuser sind zu Ferienwohnungen umgebaut.
**Unten:** Die Tinnumburg erreicht man trockenen Fußes auf einem Plankenweg.

Lornsen, der wegen einer als aufrührerisch verstandenen Schrift über eine Verfassung des von ihm als Einheit verstandenen »Schleswigholsteins« nach nur zehn Tagen Regentschaft abgesetzt und verhaftet wurde. Bis zu seinem Umzug nach Westerland im Jahr 1904 war in Tinnum auch unter späterer preußischer Herrschaft das Sylter Amtsgericht zu Hause.

## Moderne Kunst

Auch die zeitgenössische Kultur hat in Tinnum ein Zuhause gefunden. Der im Jahr 1971 in Westerland geborene Künstler Peter Klint, der mit seiner figurativen Malerei großen Erfolg hat, kehrte 2010 auf die Insel zurück und betreibt in Tinnum mit dem »Atelier Klint« einen Veranstaltungs- und Ausstellungsraum, ein Treffpunkt zum Gedankenaustausch auch für internationale Künstler. Sehr beliebt sind die Einstrichzeichnungen von Klint bei Ausstellungseröffnungen, die er live anfertigt und sich dabei von Zurufen aus dem Publikum leiten lässt. Nicht selten werden die Ergebnisse dieser Performance anschließend für einen guten Zweck versteigert.

## Infos und Adressen

### SEHENSWÜRDIGKEITEN

**Atelier Klint.** Betrieben von dem 1971 in Westerland geborenen Künstler Peter Klint. Tgl., Ringweg 10, 25980 Tinnum, Tel. 04651/889 79 04, www.atelierklint.de

### ESSEN UND TRINKEN

**Bodendorf's.** Kreative Gourmetküche, zelebriert vom Patron des Hauses. Überdurchschnittlich gute Weinkarte. Di–Sa, Boy-Nielsen-Str. 10, 25980 Tinnum, Tel. 04651/889 90, www.landhaus-stricker.de

**siebzehn84.** Rustikaler als das Bodendorf's, aber unter gleicher Regie. Regionale Gerichte, frisch und leicht zubereitet, serviert in modernem Ambiente. Mo–Sa ab 17 Uhr, Boy-Nielsen-Str. 10, 25980 Tinnum, Tel. 04651/889 90, www.landhaus-stricker.de

### ÜBERNACHTEN

**Landhaus Stricker.** Entspannt-elegante Atmosphäre. 38 Zimmer und Suiten, dazu großer Wellnessbereich mit Pool, ausgezeichnetes Frühstück, auch für Langschläfer. Spitzengastronomie. Boy-Nielsen-Str. 10, 25980 Tinnum, Tel. 04651/889 90, www.landhaus-stricker.de

### EINKAUFEN

**Sylter Schokoladenmanufaktur.** Im Tinnumer Gewerbegebiet werden die Leckereien produziert, die im Westerländer Café Wien und anderswo verkauft werden. Mit Bistro, Shop und Einblick in die Produktionshalle. Tgl. 9–19 Uhr, Zum Fliegerhorst 15, 25980 Tinnum, Tel. 04651/53 35, www.sylter-schokoladenmanufaktur.de

**Heiliger Weinhandel.** Der zweite große Weinhändler (der andere ist Schachner in Westerland) beliefert und berät auch viele Inselrestaurants. Neben einer immensen Weinauswahl treffen sich hier Whiskyfreunde, um aus dem Riesenangebot von Single Malts zu wählen. Mo–Fr 9–12 und 14–18 Uhr, Sa 9–12 Uhr, Zum Fliegerhorst 22, 25980 Tinnum, Tel. 04651/92 70 24, www.weinheiliger.de

**Imkerei Dollichon.** Hans-Werner Dollichon ist zur Raps- und Heideblüte besonders aktiv, die Bienen aus seinen 18 Stöcken sowieso. Trotzdem ist der überaus leckere Honig stets schon im Herbst ausverkauft. Auf Anfrage, Friedhofsweg 4, 25980 Tinnum, Tel. 04651/297 09

**Raffelhüschen.** Trotz der etwas versteckten Lage stehen Sylter und Eingeweihte hier schon morgens für Kliffkante, Küstenknuste und andere leckere Brötchen an. Auch das gleichnamige Garni-Hotel in Westerland wird in aller Frühe beliefert. Mo–Fr 5.30–18 Uhr, Sa 5.30–13 Uhr, So 7–11 Uhr, Zum Fliegerhorst 20, 25980 Tinnum, Tel. 04651/223 78

**Vino Vin.** Wein spielt eine wichtige, aber längst nicht mehr die Hauptrolle. Gewürzfans finden zwölf Pfeffersorten und diverse extravagante Mischungen, dazu Essige, Öle, exquisite Pasta und mehr. Mo–Fr 10–18 Uhr, Sa 10–14 Uhr, Mittelweg 5, 25980 Tinnum, Tel. 04651/936 54 84, www.vinovin-sylt.de

### INFORMATION

**Touristinformation Tinnum.** Mo–Fr 10–13 Uhr, Dirksstr. 11, 25980 Tinnum, Tel. 04651/98 37 11

In der Galerie Klint verkauft der Künstler seine Bilder zuweilen selbst.

# 11 Wenningstedt
## Beliebt bei Familien

**Das Familienbad zwischen Westerland und Kampen hat eine eigene Atmosphäre. Zu der tragen die breiten Strände mit Logenplätzen für Sonnenuntergänge bei, der Inselzirkus im Sommer, ein idyllischer Dorfteich nicht weit vom prähistorischen Hünengrab, eine Friesenkapelle und viel Natur. Eine Golfanlage ist auch in der Nähe, ebenso ein Minigolfplatz.**

Wenningstedt ist familiär. Ein exzessives Nachtleben wie in Westerland oder Kampen sucht man hier vergebens, dafür schätzen seine Gäste die unaufgeregte Atmosphäre und den breiten Hauptstrand mit seinen vielen Strandkörben. Nördlich und weiter gen Süden findet sich für Herrchen und Frauchen mit ihren Vierbeinern jeweils eine Extra-Auslauffläche. Und zu Füßen von »Wonnemeyer«, in Abessinien – oder am so benannten Strand – sind FKK-Badende willkommen.

## Geschichte und Geschichten

Das frühere »Winningstädt« lag weiter im Westen, dort, wo sich schon lange die Wogen der Nordsee auftürmen. Nach einer Sage sollen im 5. Jahrhundert, zur Zeit der europäischen Völkerwanderung, die Angeln und Sachsen von Wenningstedt aus auf die britische Insel übergesetzt haben, um dort das Königreich Kent zu gründen. Auch zu Wikingerzeiten wird der Ort erwähnt, der damals möglicherweise einen eigenen Hafen besaß. Vor allem die verheerenden Sturmfluten des 14. Jahrhunderts, allen voran die »Grote Mandränke« genannte zweite Marcellusflut am 16. Januar 1362, zerstörten den Ort rund drei Kilometer nördlich

**Oben:** Traditionelle Inselarchitektur im Ortszentrum von Wenningstedt. **Unten:** Jürgen Gosch betreibt auch am Kliff von Wenningstedt ein Fischrestaurant.

von Eidum, dem heutigen Westerland. Damals ertranken rund 100 000 Menschen im mörderischen Hochwasser.

Noch vor 300 Jahren war Wenningstedt das kleinste der sogenannten Norddörfer, mit nur sechs Steuer zahlenden Männern. Das benachbarte Braderup galt zu dieser Zeit als wichtigster Ort, gefolgt von Kampen. Viele Männer heuerten auf Walfangschiffen an, was, anders als die karge Landwirtschaft, auskömmliche Erträge einbrachte. Allerdings mit erheblichem Risiko: Viele Seeleute kehrten nicht nach Hause zurück. Kapitänshäuser wie das Haus Bundis des Kommandeurs Jürgen Hans Teunis (18. Jh.) am Dorfteich sind Zeugen dieser Epoche. Als das Haus 1923 nach einem Blitzeinschlag abbrannte, konnte immerhin die prunkvolle Eingangstür gerettet werden.

## Badebetrieb mit 20 Gästen

1859 setzten die Wenningstedter mit der Gründung eines Seebads inklusive Badebetrieb zum Sprung in die Neuzeit an. Stolz wurden im gleichen Jahr 20 Gäste gezählt. 30 Jahre später waren es so viele, dass das »Hotel Central« mit zwei Stockwerken errichtet werden konnte. Bis zur Jahrhundertwende, als auch die Inselbahn Kampen mit Westerland verband (ab 1903), folgten weitere Hotels. Immer wieder, zuletzt 1962, machte die Abbruchkante der Steilküste Probleme, die den Ort so dicht ans Meer rückte, dass Gebäude wie das nur 70 Meter von der Steilküste errichtete Hotel »Zum Kronprinzen« von 1902 schon wenige Jahrzehnte später wieder aufgegeben werden musste. Ein weiteres repräsentatives Gebäude aus dieser Zeit, das 1907 erbaute Kaiserliche Postamt, hat in größerem Abstand vom Meer Zeit, Stürme und Fluten überstanden. In ihm residieren heute der Bürgermeister und seine Mitarbeiter.

AUTORENTIPP!

**WENNINGSTEDTER FRIESENKAPELLE**

Das kleine 1914 erbaute Kirchlein liegt gleich nördlich von Wenningstedt am Dorfteich und in unmittelbarer Nähe zum Grabhügel Denghoog. Die 14 Meter lange und knapp zwölf Meter breite Kapelle hat neben dem Eingang an der Ostseite noch einen weiteren an der Westseite. Beim Eintreten nimmt das farbige Deckengemälde mit Sternen und Motiven aus der Bibel des schwedischen Künstlers Zetterstrand gefangen. Das Bild schließt ein Spruchband mit dem Vaterunser in Söl'ring, der inselfriesischen Sprache, mit ein: »Üüs Helmets Vaader, let Din Noom bi üüs uur heilig …« Die Altarwand schmücken dekorative Delfter Kacheln, wie in der guten Stube, den »Peseln« friesischer Wohnhäuser. Von der Decke hängt ein dekorativer Kronleuchter, ein Votivschiff betont die Verbindung zur Seefahrt. Die Friesenkapelle der Norddörfer finanziert sich zu einem erheblichen Teil durch Erträge der Stiftung Üüs Serk, »Unsere Kirche«, und durch Spenden.

**Friesenkapelle.** Bi Kiar 3, 25996 Wenningstedt-Braderup, Tel. 04651/ 836 29 64, www.kirche-auf-sylt.de

AUTORENTIPP!

**TINNUMBURG**
Wie in einem Dornröschenschlaf liegt die alte Tinnumburg mit einem acht Meter hohen und an seiner Basis 20 Meter breiten Ringwall gleich am südwestlichen Rand von Tinnum. Spuren menschlicher Besiedlung lassen sich aus der Zeit um Christi Geburt nachweisen. Weitere Spuren einiger Gebäude aus Grassoden und Feuerstellen hat man bei einer archäologischen Grabung in den 1970er-Jahren entdeckt. Möglicherweise wurden im Innenraum alten Gottheiten Opfer dargeboten. Später mag die Anlage wie eine Warft Schutz bei Sturmfluten geboten oder als Befestigung gedient haben. Der Durchmesser des Wallrings beträgt 120, sein Umfang rund 400 Meter. Über den Borigwai im Süden von Tinnum haben Spaziergänger freien Zugang zur Anlage. Ihre einstige Bestimmung gibt noch immer Rätsel auf, ebenso die Frage, warum das 2000 Jahre alte Bauwerk unbeachtet verwildert.

Dorfteichidylle mit Steg im Zentrum von Wenningstedt.

Aktuell zählt Wenningstedt gut 1,2 Millionen Übernachtungen im Jahr, ein knappes Fünftel aller Inselübernachtungen. Auch wenn in Kampen häufiger »Promialarm« herrscht als in Wenningstedt, haben mit der Sozialistin Rosa Luxemburg, dem Maler Wassily Kandinsky und dem 1999 auf dem Friedhof der Friesenkapelle bestatteten Schauspieler Heinz Schubert doch einige Persönlichkeiten dem Ort einen Besuch abgestattet.

## Dorfteich und Zentrum

Rund um den Dorfteich, auf Friesisch »Kiar«, liegt das alte Dorfzentrum. Hier wurden das Vieh getränkt und die Wäsche gewaschen. Zum 100-jährigen Jubiläum von Wenningstedt schenkten die Anrainer der Gemeinde das Gewässer mit der Auflage, es als gepflegte Parkanlage öffentlich zugänglich zu machen. Heute teilen sich Einheimische und Urlauber den von Erlen und Weiden gesäumten Dorfteich mit vielen Wasservögeln. Zum jährlichen Dorfteichfest Ende Juli mit Flohmarkt, gastronomischen Ständen, Kunsthandwerk, Live-Bands und großem Kinderprogramm kommen viele Hundert Gäste. Begeisterte Kinder nehmen am Inselzirkus in Wenningstedt teil, der jedes Jahr zwei Monate lang seine Zelte an der Kampener Straße aufschlägt. Die mit professionellen Trainern einstudierten Kunststücke werden in einer großen Gala mit Kostümen und Musik vor den klatschenden Eltern aufgeführt.

Nördlich von Wenningstedt, in Richtung Kampen, fasziniert das hoch aufragende Rote Kliff vor allem im Licht der untergehenden Sonne. Und im Osten, zwischen der Wenningstedter Hauptstraße und der Braderuper Heide, erfreut ein anspruchsvoller 18-Loch-Par-72-Platz mit Wasserhindernissen, naturbelassenen Roughs und einem Heidebiotop leidenschaftliche Golfer.

## Lageplan

**Ⓐ Dorfteich** – Der hübsche Dorfteich wurde früher einmal als Viehtränke und als Waschstelle genutzt. Heute zeigt er sich als beschauliches Idyll, gesäumt von einigen der ältesten Häuser Wenningstedts.

**Ⓑ Friesenkapelle** – Die Wenningstedter sind stolz auf ihre kleine Friesenkapelle, schließlich wird sie – samt Gemeindepastor – fast ausschließlich aus Spenden finanziert.

**Ⓒ Golf-Club Sylt** – Der landschaftlich reizvolle Golf-Club Sylt am östlichen Rand des Ortes hat sich auf die Fahnen geschrieben, dass das Spiel auf dem grünen Rasen mit dem weißen Ball im Mittelpunkt des Interesses bleibt, und nicht die kommerzielle Gewinnerzielung.

Gleich unterhalb des Dünensaums beginnt der breite Strand von Wenningstedt.

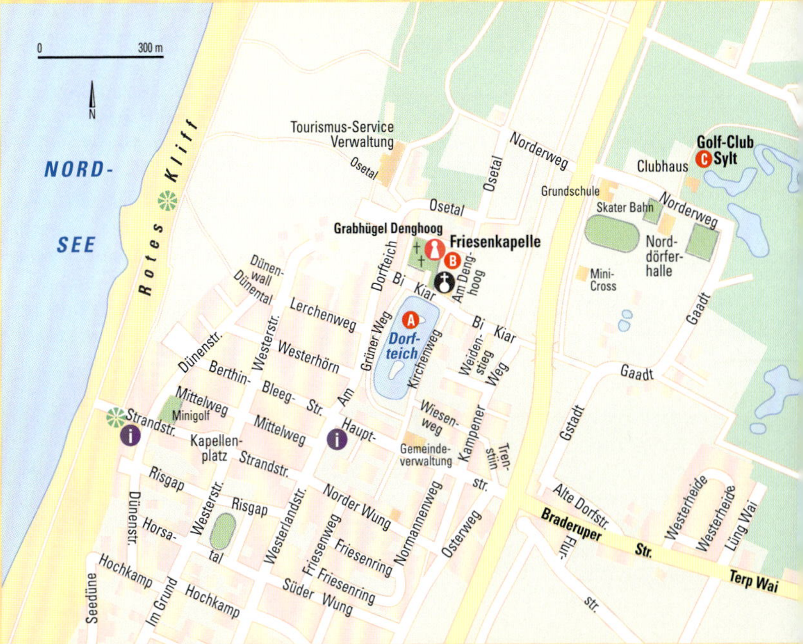

# Infos und Adressen

## ESSEN UND TRINKEN

**Fitschen am Dorfteich.** Schwäbische Nationalspeisen mit Nordseetouch im Zentrum von Wenningstedt. Mittags mit Lammwürstchen vom Grill, nachmittags mit frisch gebackenen Waffeln und Kuchen, abends schwäbische Flädlesuppe oder Nordseedorsch mit Kräuterkruste an Rieslingsauce. Tgl. ab 12 Uhr, Am Dorfteich 2, 25996 Wenningstedt, Tel. 04651/321 20, www.fitschen-am-dorfteich.de

Bei »Gosch am Kliff« in Wenningstedt herrscht meist Hochbetrieb.

**Ivo & Co. Bistro und Weine.** Dem früheren strandnahen Imbiss geht es in seinem zweiten Leben richtig gut. Zu (leckerer) Currywurst und guten Burgern gibt es eine exzellente Weinauswahl zu vernünftigen Preisen. Tgl. 12–22 Uhr, Seestr. 29, 25995 Wenningstedt, Tel. 04651/995 67 69, www.ivoundco.de

**Wonnemeyer am Strand.** Die beliebte Strandbude bietet abends lecker feinheimisch-regionale Küche. Tagsüber spielen Latte Macchiato und Cocktails zum Sonnenuntergang die Hauptrolle. Tgl. ab 11 Uhr, Am Strand Nr. 1, 25996 Wenningstedt, Tel. 04651/452 99, www.wonnemeyer.de

**Gosch am Kliff.** Unter das wie eine Welle oder Düne geformte Dach sowie auf die Terrasse strömen seit der Eröffnung 2012 Tausende Restaurantgäste und genießen die Gosch-Fischspezialitäten und den Panoramablick am Kliff. Tgl. ab 10 Uhr, Dünenstr. 17a, 25996 Wenningstedt, Tel. 04651/456 88, www.gosch.de

## ÜBERNACHTEN

**Gartenhotel Wenningstedt.** Charmante Herberge in blühendem Garten mit zwölf gemütlichen Zimmern. Kleiner Wellnessbereich mit Minipool. Delikates Frühstück mit hausgemachten Marmeladen und Salaten. Nachmittags frisch gebackener Kuchen vom Blech, abends Saisonküche. Keine Kreditkarten. Lerchenweg 10, 25996 Wenningstedt, Tel. 04651/946 20, www.gartenhotel.de

**Lindner Windrose.** Das komfortable Hotel mit 99 Zimmern und geräumigen Studios nicht weit vom Strand ist bei Familien beliebt. Ordentliches Frühstück in Bioqualität, das Restaurant »Admirals Stuben« bietet gute Regionalküche. Freizeit- und Wellnessbereich mit Schwimmbad sowie Wellness- und Beauty-Angeboten. Strandstr. 19, 25996 Wenningstedt, Tel. 04651/94 00, www.lindner.de

**Wenningstedt Camp.** 232 Stellplätze für Wohnwagen und Reisemobile wenige Gehminuten vom Strand entfernt. Osetal 3, 25996 Wenningstedt, Tel. 04651/94 40 06, www.campingplatz.wenningstedt.de

## VERANSTALTUNGEN

**Kliffmeile Wenningstedt.** Winterspektakel am Kapellenplatz. Silvesterzirkus auf der Kliffmeile mit Programm unterm Zirkuszelt, Trommelworkshop, Kinderdisco, Feuerwerk und Mitternachtsparty. Morgens startet dann das traditionelle Neujahrsbaden. 28. Dez.–1. Jan., www.kliffmeile.de

**Inselzirkus.** Kindervergnügen und Mitmachzirkus an der Kampener Straße. Ende Juni–Ende Aug., www.circus-mignon.de/insel_circus

## AKTIVITÄTEN

**Camp One Sylt.** Surfschule für Jung und Alt, auch Kiteboarding, Wellenreiten und Stand-up-Paddling. Mai–Okt., Dünenstr. 333, 25996 Wenningstedt, Tel. 04651/433 75, www.surfschule-wenningstedt.de

## INFORMATION

**Tourismusservice Wenningstedt-Braderup.** Mo–Fr 9–18 Uhr, Sa 10–14 Uhr, Dünenstr. 17, 25996 Wenningstedt-Braderup, Tel. 04651/44 70, www.wenningstedt.de

In der warmen Jahreszeit servieren viele Restaurants und Cafés auf der Terrasse.

**Zimmervermittlung Touristinformation Wenningstedt-Braderup,** Westerlandstr. 1, 25996 Wenningstedt-Braderup, Tel. 04651/989 00

Das »Hotel Strandhörn« gehört zu den gepflegten Familienhotels.

In der Vor- und Nachsaison gibt es am breiten Wenningstedter Strand kein Gedränge.

# 12 Grabhügel Denghoog

## Begehbares Steinzeitgrab

**Allein der mittlere Deckstein wiegt rund 20 Tonnen. Ohne Hydraulikkran und statische Berechnungen erbaut, steht das begehbare Steinzeitgrab seit gut 5000 Jahren an dieser Stelle – und ist bis heute wasserdicht. Das beeindruckende Beispiel für Bautechniken längst vergangener Zeiten gibt Aufschluss über Kultur und Bestattungsriten unserer Vorfahren.**

**Oben:** Unter einem Erdhügel verbirgt sich das Steinzeitgrab Denghoog.
**Unten:** Vom Eingang führt ein nur ein Meter hoher Gang in die Grabkammer.

Das steinzeitliche Großgrab nahe Dorfteich und Friesenkapelle gehört zu Sylts bedeutendsten archäologischen Sehenswürdigkeiten. Der Grabhügel misst gut 3,50 Meter in der Höhe, sein Durchmesser beträgt 32 Meter. Zwölf wuchtige Steine tragen die drei bis zu 20 Tonnen schweren Decksteine, in die ellipsenförmige Kammer führt ein sechs Meter langer, nur rund ein Meter hoher Gang. Die großen Steine sind Findlinge, die Gletscher in den Eiszeiten aus dem Norden hierher getragen haben. Die Lücken der seitlichen Tragsteine wurden von »Zwickelsteinen«, sorgfältig aufeinander geschichteten Steinfliesen, ausgefüllt. Die Decksteine wurden mit einer Mischung aus Wattschlick und Steintrümmern abgedichtet, die auch noch nach 5000 Jahren das Eindringen von Wasser nahezu verhindert. Einige Steinblöcke am Fuß des Hügels legen nahe, dass die Anlage einst von einem Steinkranz umgeben war.

## Grab- und Versammlungsplatz

Die Bedeutung des Namens wird unterschiedlich angegeben. *Hoog* bedeutet Hügel oder Grabhügel, soweit herrscht Einigkeit. Aber in *Deng* sehen einige das althochdeutsche Wort *Tung* für unterirdische Unterkünfte in Erdhöhlen oder das altisländische *Dyngja*, »Frauengemach«. Andere sehen den Ursprung im syltfriesischen Wort *Ingi*, das dem dänischen *Eng* entspricht und »Wiese« bedeutet, sodass Denghoog »Hügel auf einer Wiese« heißen könnte. Und wieder andere meinen, dass dies ein »Thinghügel« war, ein Versammlungsplatz unter freiem Himmel.

Die Erhebung hatte 1868 der spätere Direktor des Chemischen Staatslaboratoriums in Hamburg, Ferdinand Wibel, mit vier Arbeitern aufgegraben; sie hatten sich durch eine Humus- und eine Sandschicht vorgearbeitet und waren nach rund 1,20 Metern auf einen Hohlraum gestoßen. Offensichtlich war der Grabraum nie vorher geöffnet worden, sodass Wibel auf einer etwa 20 Zentimeter dicken Sandschicht neben den Überresten menschlicher Skelette Grabbeigaben wie Trinkbecher, Bernsteinschmuck, Tongefäße, Beile und Meißel aus Feuerstein sowie eine Keule aus grünlichem Porphyr fand. Das vulkanische Porphyr mag wie die Findlinge vor einigen Tausend Jahren aus Skandinavien angespült worden sein. Einige Grabbeigaben sind als Abgüsse im Keitumer Heimatmuseum zu besichtigen, die Originale liegen im Schleswig-Holsteinischen Landesmuseum von Schloss Gottorf bei Schleswig. Wahrscheinlich wurden hier über mehrere Generationen hinweg Hochrangige einer Sippe bestattet.

Insgesamt wurden auf Sylt Überreste von 47 großen Steingräbern aus der jüngeren Steinzeit zwischen 4000 und 1700 v. Chr. gefunden oder lokalisiert, die oft für Mehrfachbestattungen genutzt wurden. Mehrere Hundert kleinere Grabhügel stammen aus der Bronze- (1700–500 v. Chr.) und der Eisenzeit (500 v. Chr.–ca. 600 n. Chr.). Wegen Landwirtschaft und Bautätigkeit sind viele historische Grabstätten eingeebnet worden.

Die große Grabkammer von Denghoog wurde auch von oben zugänglich gemacht.

## Infos und Adressen

### INFORMATION

**Denghoog.** April–Ende Nov. Mo–Fr 10–17 Uhr, Sa, So 11–17 Uhr, Nov. bis Ostern geschl. Führungen April–Okt. tgl. 10–16 Uhr, Anmeldung unter Tel. 04651/5769. Söl'ring Foriining, Tel. 04651/32805, www.soelring-foriining.de

# 13 Braderup

## Direkt am Weißen Kliff

**»Dorf am Abhang«, auf Friesisch eben »Br rerep«, heißt die fast 500 Jahre alte Siedlung östlich von Wenningstedt. Kein unpassender Name, schließlich begrenzt das Weiße Kliff am Ufer zum Wattenmeer den Ort nach Osten hin. Im Norden erstreckt sich das Naturschutzgebiet der Braderuper Heide, im Süden blockiert eine ehemalige Kiesgrube die weitere Ausbreitung des Ortes.**

Eigentlich gehört Braderup zu Wenningstedt, schon im Jahr 1927 wurden die beiden Gemeinden zusammengelegt. Wer sich auf der Braderuper Straße vom Wenningstedter Dorfteich in östlicher Richtung bewegt, findet sich schon nach 1,5 Kilometern im Zentrum von Braderup wieder. Zu den rund 120 ständigen Einwohnern kommt noch eine größere Zahl gelegentlicher Zweitwohnungsbesitzer. Deren Reetdachanwesen im Friesenstil sind nicht selten über Monate hinweg verwaist.

Es ist fraglich, ob diese Situation Nis Puk gefällt, einem mit Zipfelmütze, Jacke und roten Strümpfen bekleideten und nicht gerade als hübsch zu bezeichnenden Kobold, der sich schon immer in der Gegend um Braderup herumgetrieben haben soll. Wenn man ihn gut behandelt, ihm vielleicht abends ein Glas Milch oder einen Teller Grütze hinstellt, darf man auf seine Gunst hoffen und ein wenig Glück im Leben erwarten. Wer ihn hingegen missachtet, muss sich auf ein großes Durcheinander gefasst machen und darauf, dass Nis Puk das eigene Haus mitsamt dem Glück für immer verlässt.

**Oben:** Putten auf Sylt, mit dem Kampener Leuchtturm und dem Wattenmeer im Blick.
**Unten:** Auf der Braderuper Heide sorgen Schafe für die natürliche Pflege des Terrains.

## Zwei Golfplätze und eine Kiesgrube

Falls sich dieser sagenhafte Kobold nun nicht nur auf der Heide und in Braderuper Häusern herumtreibt, sondern auch am Golfspiel Gefallen fände, hätte er nördlich und südlich seines Heimatorts beste Möglichkeiten dazu. Zwischen Braderuper Heide und Wenningstedt, nördlich des Ortes, breitet sich seit 1984 das 60 Hektar große Gelände des 18-Loch-Golfplatzes aus, der zum Golf-Club Sylt gehört.

Das gleich südwestlich von Braderup gelegene Areal des Marine-Golf-Club liegt eigentlich schon in Tinnum, wird aber von dessen Wohngebiet durch den Flugplatz der Insel abgeschnitten. Der hiesige »Linksplatz« ist nicht etwa für Linkshänder vorgesehen. Der englische Begriff bezeichnet vielmehr ein raues, häufig naturbelassenes und küstennahes Gelände mit wenigen Bäumen, das sehr tiefe Bunker und starke Winde aufweist. Es handelt sich also um ein Golfareal, das dem Golfspiel in seinen Anfängen, als es sich in Schottland entwickelte, am nächsten kommt und sich bewusst von makellosen, manikürten Rasen anderer Golfplätze absetzt.

Und dann gibt es da noch eine frühere Kiesgrube, südlich des Ortes in Richtung Munkmarsch gelegen. Diese war für Bewohner und Besucher lange Zeit ein Ärgernis, weil sie als öffentliche wilde Müllkippe genutzt wurde, was mit einer entsprechenden Lärm- und Geruchsbelästigung einherging. Diese Nutzung gehört mittlerweile aber glücklicherweise der Vergangenheit an, denn diese und eine weitere ehemalige Kiesgrube, die wegen ihrer Kaolinsandbestände einst sehr begehrt waren, wurden naturiert. (In einer dritten in dieser Gegend recycelt ein Betonbruchwerk heute übrigens seinen alten Bauschutt.)

*AUTORENTIPP!*

**LEDERMANUFAKTUR SYLT**

Wer den Weg zur Lederwerkstatt in Braderup sucht, sollte neben dem Landgasthof »Weißes Kliff« auf eine braune Lederhose achten, die von einem Gestell hängt und sich sacht im Westwind wiegt. Hier betreibt der gebürtige Münsteraner Christian Ostermann mit seiner Frau Helga schon seit 1984 eine Ledermanufaktur. Naturleder von Hirsch, Reh und Rentieren, Ziegen und Rindern, mit natürlichen Gerbstoffen behandelt, ist das Grundprodukt für Ostermann. Daraus fertigt er in dem umgebauten Kuhstall individuelle Stücke: Kleidung, Taschen und Gürtel. Im großen, hellen Verkaufsraum ist alles ausgestellt, in der angeschlossenen Werkstatt kann man dem Paar über die Schulter schauen.

**Ledermanufaktur Sylt.** 16. März–5. Nov. und Mitte Dez.–Anf. Jan. Mo–Fr 10–13 und 14–18 Uhr, Stig 9, 25996 Wenningstedt-Braderup, Tel. 04651/431 35, www.manufaktur-sylt.de

**Oben:** Einsame Spaziergänge an der Ostküste der Insel zwischen Heide und Watt.
**Mitte:** Neuerbaute Ferienhäuser im »Friesenstil« mit Reetdach.
**Unten:** Das Hotel »Weißes Kliff« von 1852 ist noch original – und ganz ohne Reetdach.

## Schlafen unter Reet

Der Landgasthof »Weißes Kliff« ist das ungewöhnlichste Gebäude hier, ganz ohne friesische Anklänge oder gar Reetdach. 1852 ließ Kapitän Andreas Hansen sein Wohnhaus mit dezenten maurischen Elementen errichten, ähnlich wie er es auf seinen Schiffsreisen gesehen hatte. Aus dem Kapitänshaus wurde schon 50 Jahre später ein Gasthof, der bis heute erhalten ist.

Die Immobilienpreise sind in den vergangenen Jahren stetig gestiegen, sodass Braderup bereits als »kleines Kampen« gehandelt wird. Einen Bioladen, die Ledermanufaktur, den Landgasthof – viel mehr Infrastruktur hat Braderup nicht zu bieten. Da beste Einkaufsmöglichkeiten in Wenningstedt, Westerland und Tinnum ebenso wie die Strände und das Nachtleben von Kampen nur wenige Minuten entfernt sind, fällt das aber nicht ins Gewicht.

Gerade die beschauliche Lage zwischen Weißem Kliff, Watt und der Naturschutzidylle der Braderuper Heide machen den Ort als Urlaubsort ohne Hektik und als Ausgangspunkt für stundenlange Wanderungen besonders attraktiv. Wer sich von Braderups Ambiente angezogen fühlt, kann auch eine der zahlreichen Ferienwohnungen buchen, die in alten Friesenhäusern oder modernen Reetdachhäusern untergebracht sind.

## Infos und Adressen

ÜBERNACHTEN

**Landgasthof Weißes Kliff.** Ordentliche Herberge mit sechs Gästezimmern, nicht weit von der Küste und der Heide. Gaststube mit regionaler Küche und Fischgerichten. M. T. Buchholzstig 7, 25996 Wenningstedt-Braderup, Tel. 04651/430 08, www.weisses-kliff.de

Vier Golfplätze auf der Insel stehen auch Nicht-Clubmitgliedern offen.

**Ferienwohnungen.** Mehrere Dutzend Ferienwohnungen stehen in Braderup für Urlauber bereit. Viele Unterkünfte sind über die Zimmervermittlung der Touristinformation Wenningstedt-Braderup oder über einschlägige Portale wie www.sylt-travel.de oder www.sas-sylt.de zu buchen.

AKTIVITÄTEN

**Golf-Club Sylt.** Die 18-Loch-Golfsportanlage befindet sich mit allen Einrichtungen im Besitz seiner Mitglieder. So sollen auf Dauer die vergleichsweise preiswerten Spielmöglichkeiten für Clubmitglieder gesichert bleiben. Gäste mit Clubausweis und Mindeststammvorgabe sind willkommen. Die renommierte Sylter Golf Academy auf dem Gelände bietet moderne Trainingsmöglichkeiten für Anfänger und Fortgeschrittene. Norderweg 5, 25996 Wenningstedt-Braderup, Tel. 04651/995 98 10, www.golfclubsylt.de, www.sylter-golfakademie.de

**Marine-Golf-Club Sylt.** Linksplatz, auf dem die Golfer über 18 Löcher versuchen, den Naturelementen zu trotzen. Mitglieder anerkannter Golfclubs mit eingetragener Platzreife sind willkommen. Flughafen 69, 25980 Tinnum, Tel. 04651/92 75 75, www.golf-sylt.de

Friesische Bauernhöfe erkennt man an den tief heruntergezogenen Dächern.

Mehrere Reiterhöfe im Inselosten bieten Urlaub mit Strandausritten an.

**Oben:** Auf den Spazierwegen durch die Braderuper Heide herrscht kein Gedränge.
**Unten:** Unter den weiten Heideflächen von Braderup sollen einst Zwerge gehaust haben.





# 14 Braderuper Heide
## Seltene Tier- und Pflanzenwelt

**Im Hochsommer ist der Anblick der Heide am schönsten. Dann blüht sie violett-rosa und überzieht den Boden mit einem farbigen Teppich. Im kargen Dünenbereich wächst sie auf der Geest. Hier wird sie in Naturschutzgebieten gepflegt und von Birkenschösslingen bereinigt, da das Gelände sonst kurz über lang von Büschen und Bäumen bewachsen wäre.**

Drei Heidearten wachsen auf dem größten zusammenhängenden Heidegebiet in Schleswig-Holstein nördlich von Braderup. Es wurde im Jahr 1979 unter Naturschutz gestellt und kann nur zu Fuß und auf den markierten Wegen erkundet werden. Im Auftrag der schleswig-holsteinischen Landesregierung kümmert sich die Naturschutzgemeinschaft Sylt um das rund 140 Hektar umfassende Areal. Jedes Jahr im April und Mai blüht die Krähenbeerenheide, deren Steinfrüchte im Laufe der Zeit eine dunkelrote bis schwarze Farbe annehmen. Ab Juli steht dann die Glockenheide in der Blüte, mit ihren dekorativen, wie Krüge geformten Blüten, die rosa in einer Dolde als Blumenkrone wachsen. Und vom Spätsommer bis zum Herbst ergänzt die bekannte Besenheide mit ihren wunderschönen, in Farbtönen von Rosa bis Purpur leuchtenden Blüten das Bild.

## Heidschnucken, Plaggen und Mahd

Um die Heidelandschaft gesund und in ihrem ursprünglichen Zustand zu erhalten, muss sie gepflegt werden, da sie durch Verholzung und die Ausbreitung von Birken und anderen Baumschöss-

Plankenwege und Treppen schützen die empfindliche Braderuper Heide.

lingen schnell ihren Charakter verändern würde. Ungefähr 2500 Tier- und 150 Pflanzenarten wurden in der Heide bisher gezählt. Zahlreiche Tiere und vor allem Pflanzen, die in der Braderuper Heide gedeihen, sind in ihrem Bestand gefährdet und stehen auf der »Roten Liste« der bedrohten Arten. So futtert sich eine hungrige, rund 300-köpfige Heidschnuckenherde durch die Heidelandschaft. Ihr Appetit hält das unerwünschte Sprießen anderer Pflanzen im Zaum und regt gleichzeitig das Wachstum junger Heidetriebe an, was insofern besondere Bedeutung hat, als nur die jungen Sträucher fortpflanzungsfähig sind.

Eine andere einschlägige Technik nennt sich Plaggen. Es geht dabei um das Abstechen der alten, oberirdisch liegenden Pflanzenteile, die sich getrocknet bestens zum Anzünden von Kaminen eignen. Aus dem verbliebenen Wurzelstock der Heide wächst alsbald ein neuer Strauch nach. Auch die Mahd, das Stechen der überalterten Pflanzen zugunsten junger neuer Triebe, dient der Pflege der Geestheideflächen. Auf den Heideflächen hat sich ein besonderes Biotop von Pflanzen und Tieren entwickelt, das sich gut an die

AUTORENTIPP!

**WEISSES KLIFF**

Auf Sylt gibt es nicht nur ein Rotes und ein Grünes, sondern auch noch ein Weißes Kliff. Letzteres liegt an der Ostküste der Insel zwischen der Braderuper Heide im Norden und der Marina von Munkmarsch im Süden. Die bis zu 15 Meter hohe, verwitterte Steilküste ist der sichtbare Teil einer insgesamt 80 Meter starken Schicht aus weißem Kaolinsand, Ablagerungen eines mehrere Millionen Jahre alten Flussbetts aus Skandinavien. Kaolin, auch Porzellanerde genannt, wird kommerziell bei der Herstellung von Porzellan und Papier verwendet. Ein Spazierweg entlang der Küste führt an den nahe gelegenen Munkmarscher Kiesgruben entlang. Mit etwas Glück lassen sich hier Versteinerungen von Algen, Korallen oder Seelilien, die vor knapp einer halben Milliarde Jahre in prähistorischen, warmen Gewässern weiter im Norden lebten, entdecken.

In den Naturschutzgebieten der Insel regiert tatsächlich die Natur.

besonderen Bedingungen – Trockenheit, Wind, niedriger Säure- und Nähstoffgehalt des Bodens – angepasst hat. Die vor einigen Tausend Jahren noch dichten Wälder konnten sich vor allem wegen der Rodung und der Beweidung nicht halten.

## Lebensraum für Trolle und Fabelwesen

Die auf den ersten Blick von Menschen unbewohnte Heidelandschaft war und ist tatsächlich von Zwergen und Riesen, von einem Poltergeist sowie einem See- und Strandräuber bevölkert, zumindest den Sylter Sagen nach, die der Chronist C. P. Hansen im 19. Jahrhundert aufschrieb. Die »Önereersken Zwerge« sollen hier mit ihrem König Finn unter der Erde gelebt haben und nur nachts aus ihren Verstecken aufgetaucht sein. Der Zwergenkönig war unter dem Grabhügel Raisihoog zu Hause und soll mit seiner Frau Isa aus Braderup in einer glücklichen Beziehung gelebt haben. Erst die Invasion eines Riesenvolks unter König Bröns machte den Zwergen das Leben schwer. In dem langen und ungleichen Kampf war König Finn bald der letzte Überlebende des Zwergenvolks. Ohne Aussicht auf Erfolg nahm er sich schließlich mit einem Stich seines Steinmessers ins Herz das Leben.

Den Poltergeist Nis Puk hielt es nur im Notfall in der Heide. Er lebte lieber bei den Menschen und ließ sich sein Wohlverhalten mit Speis und Trank vergelten. Bei den beiden in der Heide liegenden Bröddihoog-Hügeln aus der Bronzezeit vor mehr als 3000 Jahren soll einst der »Bröddihoogmann«, ein sagenhafter Strandräuber, seine geraubten Schätze versteckt und sich an ihnen erfreut haben. Gefunden hat sie bisher niemand. Auch Grabkammern wurden bei Ausgrabungen an den Hügeln nicht entdeckt. Sie hatten daher möglicherweise eine rituelle Bedeutung.

Mitarbeiter des Naturzentrums bieten geführte Wanderungen durch das Heidegebiet an.

## Infos und Adressen

INFORMATION

**Naturzentrum Braderup.** Im Infozentrum erhalten Besucher einen Einblick in die Ökosysteme von Heide und Watt. Mitarbeiter bieten Wattwanderungen, Erkundungen der Heidelandschaft und naturkundliche Fahrradtouren an. Das Zentrum ist besonders auf Kinder eingerichtet, die sich hier spielerisch mit den Pflanzen und Tieren vertraut machen können. Die Naturschutzgemeinschaft Sylt ist als eingetragener Verein eine regionale Naturschutzorganisation mit rund 400 Mitgliedern. Sie betreut neben der Braderuper Heide auch das Morsum Kliff. April–Okt. Mo–Sa 10–18 Uhr, M. T. Buchholzstig 10a, 25996 Wenningstedt-Braderup, Tel. 04651/44421, www.naturschutz-sylt.de

141
262
100
266
201
137
88

# DER NORDEN

**S. 84/85:** Zwischen Kampen und Wenningstedt leuchtet das Rote Kliff in der Abendsonne.
**Oben:** Heckenrosen und Wildblumen zieren die gepflegten Villen.
**Unten:** Der Strönwai in Kampen ist seit Langem als »Whiskeymeile« bekannt.





# 15 Kampen

## Viel Promifaktor zwischen Dünen und Heide

**Die Gemeinde Kampen mit ihren berühmten Stränden liegt nur sechs Kilometer nördlich von Westerland und ist doch eine andere Welt. Auf 660 Einwohner kommt die doppelte Zahl von Ferienhaus- und Wohnungsbesitzern, eine Spitzenrate auf Sylt. Hochhäuser oder Betonarchitektur gibt es trotz einer rasanten touristischen Entwicklung hier nicht. Schließlich schreibt eine Verordnung von 1913 in Kampen den traditionellen Friesenhausstil mit rotem Klinker und Reetdach vor.**

Die langen, breiten Strände sind Kampens kostbarster Besitz, gleichzeitig sind sie auch Schauplätze der »(Promi)Legendenbildung«. Buhne 16, Mittelstrand, der Hauptstrand beim »Grande Plage« und der Sandstrand bei der »Sturmhaube« reihen sich direkt aneinander. Einst wurden hier Partys gefeiert, als es noch »echte Playboys« gab, denen

### MAL EHRLICH

**WHISKEYMEILE**

Vielen sagt der Name »Whiskeymeile« mehr als die eigentliche Straßenbezeichnung Strönwai, doch eine Meile lang ist das legendäre Sträßchen in Kampen sicherlich nicht. Dafür kann es die Bar-Club-Restaurant-Frequenz dieser »Meile« mit den angesagtesten Szenequartieren ganz Deutschlands mühelos aufnehmen. Im Sommer kommt eine selten gesehene Dichte von Nobelautomarken hinzu. Wennschon, müsste die Straße Champagnermeile heißen, das dürfte in den Sommermonaten das am häufigsten ausgeschenkte Getränk sein.

Bunte-Promis, TV-Sternchen und Moderatoren von heute vergeblich nacheifern. Doch die Stimmung ist immer noch bestens, vielleicht familiärer als früher und sportlicher.

## Alles Reet oder was?

Mindestens 24 Meter müssen die in Kampen erbauten Häuser voneinander entfernt sein und dürfen eine Höhe von acht Metern nicht überschreiten, das Dach natürlich mit Reet gedeckt. Darunter viele markante Gebäude, wie das in einer eigenwilligen schweizerischen Interpretation des friesischen Baustils errichtete »Uhlenkamp«, das Besucher wie Carl Zuckmayer und Max Frisch anzog, das 1923 von Walter Baedeker erbaute »Kliffende«, in dem schon Thomas Mann, Ernst Rowohlt, Emil Nolde und Hermann Göring nächtigten oder der 1933 erbaute »Klenderhof«, in dem nach dem Zweiten Weltkrieg Axel Springer residierte und Gäste wie Willy Brandt oder den Wirtschaftsminister Karl Schiller in seiner »Springerburg« empfing. Allesamt trugen sie zur Entwicklung des besonderen Rufs von Kampen als ungewöhnlichem Hort von Künstlern und Prominenten bei. Das »Uhlenkamp« wurde inzwischen einem profitablen Appartementkomplex geopfert. Das »Weiße Haus«, das sich Kapitän Friedrich Jensen Becker 1763 erbauen ließ, steht dagegen unter Denkmalschutz. Während der Nazizeit hatte es die Kunsthandwerkerin Anita Warncke gemeinsam mit ihrer Freundin Irmgard Jaeger zu einer Zufluchtsstätte für vom Regime verfemte Künstler ausgebaut.

## Man gönnt sich ja sonst nichts

Rund um Strönwai und Hauptstraße hat sich ein besonderes Konglomerat von Läden versammelt. Wo sonst kann ein Dörfchen von wenigen Hundert Einwohnern eine Shoppingszene vorweisen, die

AUTORENTIPP!

**DIE KUPFERKANNE**

Das schönste Erbe der schrecklichen Naziherrschaft liegt im Ostteil Kampens, halb unter der Erde. Einen alten Flakbunker am Fuße des Hünengrabs Stapelhoog erhielt der kurz vor Kriegsende auf die Insel gekommene Marineoffizier Günter Riek bald als Unterkunft zugewiesen. Der meißelte ein Fenster in seine Schlafzimmerwand und baute sich ein Atelier, in dem er Wattschlick zu Vasen und Figuren verwandelte. Zu Freunden, die bei ihm auf ein Glas Wein einkehrten, gesellten sich bald immer mehr auch illustre Gäste, die das zu einem Künstlerlokal ausgebaute labyrinthartige Gemäuer besuchten. Schmale Stufen und Gänge führen zu immer neuen Räumen mit gemütlichen Sitzgruppen. Auf den Dächern wachsen Gras, Büsche und Bäume. In dem 28 000 qm großen Park fühlen sich frei laufende Pfaue wohl. Der Blechkuchen mit Kaffee aus der Hausrösterei ist auch eine Wartezeit wert.

**Die Kupferkanne.** Feb.–Okt. 10–18 Uhr, übriges Jahr 12–17 Uhr, Stapelhooger Wai 2, 25999 Kampen, Tel. 04651/41010, www.kupferkanne-sylt.de

AUTORENTIPP!

**REETDÄCHER**
Für Kampen sind sie typisch, die dekorativen Reetdachhäuser aus den Halmen vom Rohrkolbenschilf. Die Schilfrohre gedeihen im flachen Wasser an Gewässerufern und können bis zu vier Meter hoch werden. Nach dem ersten Frost stirbt der Halm ab und verfärbt sich goldbraun. Nun kann er geschnitten werden. Spezialisierte Dachdeckerbetriebe befestigen Bündel aus Halmen mit Draht aneinander und an den Dachlatten. Die fertige Matte von rund 30 Zentimetern wirkt wie eine natürliche Klimaanlage: Sie isoliert bestens, hält mehrere Jahrzehnte und sieht auch noch gut aus. Längst kommt das Reet nicht mehr aus dem Wattenmeer, nur noch bei der Kampener Vogelkoje wird etwas geerntet, sondern aus Rumänien und anderen südosteuropäischen Ländern. Rund 200 der historischen Sylter Friesenhäuser sind mit Reet eingedeckt, doch auch in vielen modernen Privatvillen und Ferienhäusern wohnt man gern »unter Reet«.

manche Großstadt neidisch macht. Ein Spezialgeschäft für maßgeschneiderte Cabrio-Lederjacken gibt es hier, eines für zarte Dessous, ein anderes führt vorzugsweise Feingestricktes aus Cashmere, gleich um die Ecke der Spezialist für die lieben Kleinen, mit »supertrendigen Lifestyle Labels für Kids«. Klar, dass Bulgari, Gucci, Hermes, Joop! und Louis Vuitton nicht weit sind. Gesuchte Antiquitäten finden zahlungskräftige Kunden gleich in mehreren Locations. Der Bedarf nach Schmuck und Luxusuhren übersteigt den für Lebensmittel oder Bücher um ein Vielfaches, das jedenfalls legt die Zahl der jeweiligen Geschäfte nahe. Gute Gewinne wirft offenbar auch der Handel mit Immobilien ab, jedenfalls versuchen sowohl die bekannten großen Immobilienfirmen als auch diverse kleine, aber nicht minder feine Spezialisten mit eigenen Büros in Kampen ein Stück von dem großen Kuchen für sich abzuschneiden. Die Preise werden nirgendwo in Deutschland getoppt, doch wer tüchtig spart und zwischen 25 000 und 35 000 Euro beisammen hat, könnte zumindest schon einmal einen Quadratmeter Wohnfläche z. B. im Hobokenweg von Kampen erwerben, reetgedeckt natürlich. Soll es ein ganzes Haus sein, muss man natürlich noch einige Millionen draufsatteln. Doch wer mit einer netten Mansardenwohnung von 40 Quadratmetern zufrieden ist, kann es natürlich günstiger haben und kommt schon mit einer knappen halben Million aus, darf dann aber auch »nur« in Wenningstedt wohnen.

## Leuchtturm und Grabhügel

Fast genau 38 Meter ragt der markante Kampener Leuchtturm Rotes Kliff am südlichen Ortsrand aus der leicht hügeligen Geest in den Himmel von Kampen. Das mächtige weiße Seezeichen mit seiner breiten schwarzen Bauchbinde hört auf den Namen Christian. Hintergrund davon ist, dass der Turm

## Lageplan

**A Leuchtturm Rotes Kliff** – 2006 feierte Kampen den 150. Geburtstag seines berühmten »Langen Christians«, der als Leuchtturm Rotes Kliff noch immer Schiffe vor Untiefen warnt.

**B Gogärtchen** – Unter den Bars und Restaurants am Strönwai gehört das »Gogärtchen« zu den alteingesessenen. Guter Kuchen, gepflegte Küche, abends reges Treiben an der Bar.

**C Kaam Hüs** – Informationen zum Ort und seinen Attraktionen, Kunst und netter Imbiss.

**D Avenarius Park** – In diesem Park zeigt sich Kampen von seiner idyllischen Seite. Im »Boulodrome« rollen die Metallkugeln.

**E Die Kupferkanne** – Sie hat eine lange Geschichte, die als Bunker des Zweiten Weltkriegs beginnt. Heute bietet das liebenswerte Café herrlichen Blechkuchen und einen Park, in dem Pfaue lustwandeln.

**F Uwe-Düne** – Auf die 52 Meter hohe Düne führen über hundert Treppenstufen. Schautafeln informieren über die Dünenlandschaft, auf die man von hier aus einen herrlichen Blick hat.

**G Haus Kliffende** – Im Haus Kliffende am Roten Kliff waren viele Literaten zu Gast. Heute wird es privat genutzt und fürchtet die Sturmfluten, da die Abbruchkante des Kliffs sehr nahe gerückt ist.

**H Quermarkenfeuer** – Der hübsche achteckige Leuchtturm in den Dünen nördlich von Kampen ist nicht mehr in Betrieb, hat aber eine zweite Karriere als Wahrzeichen des Nordseebads gestartet.

**Oben:** Der Soonjihoog im Norden von Kampen gehört zu Sylts steinzeitlichen Hünengräbern.
**Mitte:** Idylle auf der Weide, bewacht vom Kampener Leuchtturm.
**Unten:** Das »Gogärtchen« gehört schon zum Inventar auf der »Whiskeymeile«.

im Jahr 1855 in der Regierungszeit des dänischen Königs Karl Christian VII. errichtet wurde. Sein Leuchtfeuer war zur Eröffnung das modernste weltweit. Erst drei Jahre zuvor hatten die Dänen die Apparatur, die einst im Jahr 3500 Liter Rapsöl verbrauchte, bei der Pariser Weltausstellung erstanden. Seit 1978 gibt es keinen Leuchtturmwärter mehr. Die Lichtblitze, die noch in knapp 40 Kilometern Entfernung auszumachen sind, werden ferngesteuert ausgelöst.

Rund um den Leuchtturm, in der Kampener Westheide, sind mehrere vorzeitliche Grabhügel auszumachen. Der sieben Meter hohe und 34 Meter breite Brönshoog soll die Grabstätte von Riesenkönig Bröns sein, der in grauer Vorzeit den Zwergenkönig Finn aus der Braderuper Heide besiegte. Den goldenen Wagen, auf dem er sitzend bestattet sein soll, konnte bislang niemand finden. Der etwas kleinere Hügel daneben, Litj Brönshoog, ist angeblich die Ruhestätte seines Sohns, der noch kleinere Hünshoog die seines Lieblingshunds.

## Die Szene und ihre Lokale

In Kampen können diverse Szenelokale mit einer eigenen Geschichte aufwarten. Wer beim »Gogärtchen« Gogo-Tänzerinnen im Garten vermutet, liegt völlig falsch. Alles geht auf Marget Gogarten aus Westfalen zurück, die Anfang der 1930er-Jahre eine Pension in Kampen eröffnete. Deren Tochter Inge gründete 1951 die Bar »Gogärtchen« am Strönwai, in der sich vor allem ab den 1960er-Jahren prominente Wirtschafts- und Medienbosse tummelten. Auch im »Pony« sitzen keine Vierbeiner an der Bar und bestellen Cocktails. Für Gunter Sachs war die 1961 vom Besitzer des Münchner Clubs »Pferdestall« als Ableger gegründete Bar die »Perle in einer Auster«. Eine Meinung, die viele andere bis heute teilen, an dieser Bar trank schließlich schon ein Spross der Underbergs einen Underberg. Das »Village« oder die »Tenne« gehören bereits zu den Barlegenden, genauso der »Ziegenstall« der Berliner Schauspielerin und avantgardistischen Tanzpantomimin Valeska Gert, deren berühmtes Motto »Die Gäste sind wie die Ziegen, sie werden gemolken und meckern« an die Wand gepinselt zu lesen war.

## Kunst und Natur

»Kaamp Hüs« heißt das schmucke reetgedeckte Haus des Kurgasts. Es ist gleichzeitig Sitz der Gemeinde- und Kurverwaltung, die sich um die rund 40 000 Urlauber kümmert, die im Jahr Kampen besuchen. Bilder lokaler Künstler hängen hier an den Wänden, und in der Sommersaison finden Lesungen bekannter Autoren zum Literatursommer ein großes Publikum. Nicht weit entfernt vom »Kaam Hüs« überrascht der Dorfpark als Oase der Ruhe. Im schilfbestandenen Teich ziehen Enten ihre Kreise, ein Ehrenmal erinnert an die Gefallenen und Vermissten der Weltkriege, und auf dem vor wenigen Jahren eingerichteten »Boulodrome« treffen sich die Boule-Enthusiasten Kampens zum kommunikativen Spiel mit den Kugeln. Durch den Park führt auch der 2008 begründete »Kampener Kunstpfad«, der bald 30 Stationen umfasst. Er reiht Orte mit Erinnerungen an Thomas Mann, Peter Suhrkamp, Siegwart Sprotte, Max Frisch und andere mit Kampen verbundene Künstler und Kulturschaffende aneinander.

Eine andere Szenerie zeigt sich auf der Wattseite von Kampen. Gleich nordöstlich des Ortes haben sich ausgedehnte Salzwiesen gebildet, die »Nielönn«, inselfriesisch für »Neuland«. Wie das angrenzende Watt sind sie bei Zug- und Wasservögeln als Rast- und Brutplatz sehr beliebt. Im Südosten trennt das Naturschutzgebiet der Braderuper Heide Kampen vom Nachbarort Braderup.

AUTORENTIPP!

**UWE-DÜNE**

Eine reine Sanddüne ist sie nicht mehr. Glücklicherweise, denn sonst hätte der Wind sie längst fortgetragen. Doch die 52,50 Meter hohe Düne ist gut mit Strandhafer bewachsen, der den Boden optimal festhält. Eine Holztreppe führt Besucher auf 109 Stufen nach oben. Von dort bietet sich bei gutem Wetter ein Panoramablick über Insel und Nordsee oder bis zum Festland im Osten. Diese Aussicht genießen pro Jahr rund 100 000 Urlauber. Kurzatmige finden auf der »Gipfelplattform« einige Holzbänke zum Ausruhen. Wissensdurstige könnten sich auf gut gestalteten Infotafeln über die Dünenlandschaft, ihre Entstehung und ihren Schutz kundig machen. Die höchste natürliche Erhebung Sylts, sein »Mount Everest«, ist nach Uwe Jens Lornsen benannt, den kurzzeitigen Landvogt, der wegen kritischer Ansichten zur dänischen Herrschaft bereits nach wenigen Tagen Amtszeit abgesetzt wurde.

# Infos und Adressen

## ESSEN UND TRINKEN

**Dorfkrug Kampen.** In der guten Stube von Werner und Beate Stoltenberg trifft man auch Sylter Bürger und alteingesessene Zweitwohnungsbesitzer bei Scholle, Roulade oder den besten Bratkartoffeln der Insel. Dazu wird nicht selten ein gut gezapftes Bier gereicht. Mo 17–1.50 Uhr, Di–Fr 17–1 Uhr, Sa und So 12–1 Uhr, Braderuper Weg 3, 25999 Kampen, Tel. 04651/435 00, www.dorfkrug-kampen.de

**Gogärtchen.** Gehobene bodenständige Küche mit Qualitätsanspruch, und das seit 60 Jahren. Exzellente Bar, netter Kaffeegarten, hohe Promidichte. Tgl. ab 14 Uhr, Strönwai 12, 25999 Kampen, Tel. 04651/412 42, www.gogaertchen-sylt.de

Nach rechts, nach links oder wieder zurück? Wegweiser im Naturschutzgebiet Nielönn.

**Jens'ns Tafelfreuden.** Hier machen modern zubereitete heimische Gerichte und asiatische Einflüsse zusammen mit persönlichem Service Freude. Mo–So ab 17 Uhr, Süderweg 2, 25999 Kampen, Tel. 04651/440 41, www.jensens-tafelfreuden.de

**Manne Pahl.** Treffpunkt mit Gute-Laune-Garantie – morgens, mittags, abends. Leichte Inselküche zu ordentlichen Preisen, ausgezeichnete Weinauswahl. Wirt, Wahlsylter und Eidgenosse Pius Regli hat ein Herz für Raucher mit extra großem »Wintergarten«. Tgl. ab 10 Uhr, Zur Uwe-Düne 2, 25999 Kampen, Tel. 04651/425, www.manne-pahl.de

**Rauchfang.** In der Saison fließt der Champagner ab Mittag an der überdachten Außenbar in Strömen, ansonsten gibt es auch ordentliche Bistroküche mit Fisch, Pasta und mehr. Tgl. ab 12 Uhr, Strönwai 5, 25999 Kampen, Tel. 04651/426 72, www.rauchfang-kampen.de

**Sanders.** Legeres Bistro im Kaamp Hüs, Mit Tageskarte für den kleinen Hunger, abends mehr: von Austern und Suppen bis zu Tapas und Rib Eye Steak. Tgl. 9.30–1 Uhr, Hauptstr. 12, 25999 Kampen, Tel. 04651/88 64 60, www.sanders-kampen.de

## ÜBERNACHTEN

**Appartements & Mehr.** Häuser und Appartements mit bester Beratung und gutem Service. Süderweg 1a, 25999 Kampen, Tel. 04651/99 59 50, www.kampeninfo.de.

**Golf- und Landhaus Kampen.** Die zwölf Zimmer und Suiten sind geschmackvoll eingerichtet. Überschaubarer Wellnessbereich mit Innenpool. Sympathische Bar, gepflegtes, auch spätes Frühstück. Braderuper Weg 12, 25999 Kampen, Tel.04651/460 10, www.landhaus-kampen.de

**Reethüs.** Friesenhaus unter Reet mit individuell geschnittenen Zimmern. Wellnessbereich mit finnischer Sauna und kleinem Pool, guter Start in den Tag mit umfangreichem Frühstücksangebot. Hauptstr. 18, 25999 Kampen, Tel. 04651/985 50, www.reethues-sylt.de

**Camping Kampen.** Für den schmalen Platz an den Dünen im Süden von Kampen empfiehlt sich rechtzeitige Reservierung für Zelte, Caravans und Wohnmobile. Möwenweg 4, 25999 Kampen, Tel. 04651/420 86, www.campen-in-kampen.de

## AUSGEHEN

**Pony Club.** Partyalarm seit 50 Jahren. Die Foto-Doku an den Wänden strotzt vor Promis und vielen »Möchtegerns«, die hier Whiskey- und Champagner-

Der »Dorfkrug« gehört zu den Traditionsadressen im Kampener Ortskern.

flaschen köpften. April–Nov. tgl. ab 22 Uhr, Dez.–März nur Fr und Sa, Strönwai 6, 25999 Kampen, Tel. 04651/421 82, www.pony-kampen.de

**Rotes Kliff.** Kaum zu glauben, aber diese Partylocation hat vor Kurzem den 30. Geburtstag gefeiert. Technik und Deko sind neu. Gute Stimmung und volles Haus, alle Generationen. Tgl. ab 23 Uhr, Braderuper Str. 3, 25999 Kampen, Tel. 04651/ 94 41 10,www.club-rotes-kliff.de

Im Kaamp Hüs kann man sogar heiraten.

## EINKAUFEN

**Galerie Herold.** Der Schwerpunkt in der Kampener Dependance des Hamburger Kunsthauses liegt auf norddeutscher Kunst der letzten 150 Jahre. Tgl. 11–18 Uhr, im Haus Meeresruh, Braderuper Weg 4, 25999 Kampen, Tel. 04651/451 35, www.galerie-herold.de

## VERANSTALTUNGEN

**Literatursommer.** Zur Sommerzeit kommen »Bestsellerautoren« nach Kampen, um im Kaamp Hüs zu lesen und zu diskutieren. Anf. Juli–Ende Aug.

**Longboardfestival Sylt.** Seit 1999 treffen sich die Longboarder am Strand von Buhne 16 zu fünftägigen Wettkämpfen (und Partys). Mitte Sept., Wettkampfinfos beim Team von Buhne 16, Tel. 04651/49 96, allgemein beim Tourismusservice

## AKTIVITÄTEN

**Radfahren.** Einige Unterkünfte haben Gästeräder. In Wenningstedt gibt es mehrere Fahrradverleiher, in Kampen einen beim Campingplatz: Brunos Fahrradverleih, Tel. 0170/29 354 31

## INFORMATION

**Tourismusservice Kampen.** Thematische Kampen-Rundgänge, Vermittlung von Ferienwohnungen und -häusern. Mo–Sa 9–17 Uhr, Sa 10–13 Uhr, Juli und Aug. auch So 10–13 Uhr, Hauptstr. 12, 25999 Kampen, Tel. 04651/46 980, www.kampen.de

# 16 Rotes Kliff

## Am schönsten zu Sonnenuntergang

**In der Abendsonne leuchtet die Abbruchkante entlang der Steilküste im Westen der Insel blutrot auf. Seit 1979 stehen das spektakuläre Steilufer sowie die anschließenden Dünen und Heideflächen unter Naturschutz. Wind und Wellen nagen bereits seit rund 7000 Jahren an dem lehmigen Geestrücken, der hier inzwischen das Westufer der Insel markiert.**

Frühere Karten und Untersuchungen haben gezeigt, dass dieses Kliff einst mehrere Kilometer weiter westlich lag. Eine gut 30 Meter starke eiszeitliche Grundmoräne bildet die Basis des Roten Kliffs. Es zieht sich etwa viereinhalb Kilometer zwischen Wenningstedt und Kampen hin. Wissenschaftler schätzen sein Alter auf rund 180 000 Jahre. Sobald der bräunliche Lehm der Luft ausgesetzt ist, oxidieren die eisenhaltigen Bestandteile und erscheinen rot. Der eisenhaltige Geschiebemergel liegt auf verfestigtem weißem Kaolinsand, der sich vor zwei bis drei Millionen Jahren hier ablagerte und der beim Weißen Kliff zwischen Munkmarsch und Braderup an die Oberfläche tritt. Er wird noch von einer etwa 50 Zentimeter dicken, eisenhaltigen Erdschicht bedeckt.

Vor allem bei Sturmfluten ist das Steilufer gefährdet. Wenn die See die Abbruchkante unterspült, kann sie einen breiten Geländestreifen unwiderruflich abreißen. Auch Frost setzt der Küstenlinie zu, die sich im Jahr stetig nach Osten verschiebt. Jährliche Sandaufspülungen und andere aufwendige Schutzmaßnahmen versuchen den dramatischen Landverlust wieder auszugleichen.

**Oben:** Vorsicht am Klippenrand: Spaziergang auf dem Roten Kliff.
**Unten:** Einer der wenigen Naturwege zum Strand führt durch das Rote Kliff.

Ein lohnenswerter Spaziergang mit schönen Ausblicken führt auf dem bis zu 25 Meter hohen Steilufer entlang nach Süden. Er beginnt gleich bei der Uwe-Düne und endet erst in Wenningstedt.

## Die Natur gibt es, die Natur nimmt es

In die Lehmschicht der Grundmoräne sind immer wieder Felsen einschlossen. Auch der markante Felsbrocken am Parkplatz der »Sturmhaube« hat einen langen Weg hinter sich. Erst im Jahr 2005 wurde der mächtige, dreieinhalb Meter hohe und rund 20 Tonnen schwere »Findling vom Roten Kliff« neben einer Buhne am Hauptstrand geborgen. Ursprünglich kommt der eine Milliarde alte Stein aus Skandinavien. Die ungeheuren Kräfte der Saale-Eiszeit haben ihn einst viele Hundert Kilometer nach Süden geschoben. Der Eispanzer der Nordhalbkugel reichte damals bis zu den heutigen Städten Dortmund, Hannover und Leipzig.

Die »Sturmhaube« hat eine vergleichsweise kurze, aber interessante Geschichte. Das jetzige Café-Restaurant liegt am Rand einer weiten Heidefläche nicht weit von der Steilkante entfernt und ist seit 1908 bereits der dritte Bau mit der Adresse Riperstig 1. Anfangs war hier nur ein Verkaufsraum für Postkarten und andere Kleinigkeiten, später kamen eine Haltestelle mit Warteraum für die inzwischen längst eingestellte Inselbahn und ein Restaurant hinzu. Durch Wind und Wetter angenagt war das Rote Kliff im Lauf der Jahre immer dichter an den schmucken Bau herangerückt, bis dieser ab- und weiter östlich erneut aufgebaut wurde.

## Luxusherberge und Wahrzeichen

Das nicht unpassend »Kliffende« getaufte Haus noch nördlich der »Sturmhaube« hat bisher dem

AUTORENTIPP!

**LA GRANDE PLAGE**

Wer nach einem Strandspaziergang von der »Sturmhaube« gen Norden oder entlang der Dünenpassage am nördlichen Rand von Kampen einen Platz ergattert hat, bekommt den Panoramablick auf die Nordsee inklusive. So exponiert thront der Pfahlbau mit großer Terrasse über dem Strand. Sommerurlauber schätzen das Bistro-Restaurant als gepflegte Versorgungsstation am oder nach dem Strandtag. Zu allen Jahreszeiten ist es ein idealer Ort, um dem Sonnenuntergang zuzuprosten. Die angeschlossene Sauna öffnet Ende März. Der Clou: Schwitzen mit Aussicht durch Bullaugen auf Dünen und Meer. In Letzteres geht es sofort nach dem Saunagang. Das erfrischt richtig!

**La Grande Plage.** In der Saison tgl. ab 11 Uhr, übriges Jahr 12–18 Uhr, Riperstig/Weststrand, 25999 Kampen, Tel. 04651/88 60 78, 04651/88 60 79 (Sauna), www.grande-plage.de

AUTORENTIPP!

**BUHNE 16**
Der Sandstrand gleich nördlich von Kampen rund um die Buhne 16 hat nicht wenig zum sündigen Ruf Kampens beigetragen. Für diverse Illustrierte waren in den 1950er- und 1960er-Jahren die Prominentengeschichten vom Nacktbadestrand, von wilden Partys und feuchtfröhlichen Exzessen begehrte Seitenfüller. Im Lauf der Jahre tauchten weniger und mehr bekleidete, bekannte Namen aus Wirtschaft, Film und Mode an der berühmten Buhne auf. Der Krupp-Generalbevollmächtigte Berthold Beitz war darunter, natürlich Playboy und Millionenerbe Gunter Sachs, Ex-Bild-Chefredakteur Peter Boenisch, auch der Schauspieler Curd Jürgens durfte nicht fehlen. Heute ist der breite, feine Sandstrand an der bekanntesten Buhne der Insel tagsüber zu einem familiären Treffpunkt mit einem rustikalen Standbistro geworden, an dem sich abends auch Surfer wohlfühlen und gelegentlich Vollmondpartys feiern.

Wenig Platz zum Fahren, aber dennoch schön, wenn man sein Cabrio mal benutzen kann.

Ansturm der Naturkräfte standgehalten. Genauer gesagt, nur dank der mit Millionenaufwand unterstützten Bemühungen seiner Besitzer. Im Jahr 1923 erbaut, machte sich die Pension der Schauspielerin und Schriftstellerin Clara Tiedemann bald einen Namen als Herberge von prominenten Literaten und anderen Künstlern. Thomas Mann hat das Brüllen der nahen Brandung im »Zauberberg« verarbeitet, auch sein Sohn Klaus nächtigte hier. Ernst Rowohlt war im »Kliffende« zu Gast, Emil Nolde ebenfalls. Max Frisch vertraute seinem Tagebuch an: »Hin und wieder kippe ich einen Steinhäger oder zwei; man braucht das bei so viel leerem Himmel«. Während der Nazizeit waren auch Hermann Göring und der berüchtigte Blutrichter Roland Freisler im Haus Kliffende zu Gast. Nach dem Zweiten Weltkrieg nutzte es die Deutsche Bank als Gästehaus. Seit 1997 gehört es einer privaten Investorengruppe, die mit großem Aufwand und viel Technik versucht, ihre prestigeträchtige Luxusimmobilie zu retten.

Kampens zweiter Leuchtturm, das aus rotem Klinker errichtete Quermarkenfeuer, liegt in den Dünen noch nördlich vom Haus Kliffende. Von 1913 bis 1975 signalisierte es Schiffen, den Kurs zu ändern, um nicht einer Sandbank vor der Küste zu nahe zu kommen. Heute zählt das elfeinhalb Meter große Schmuckstück mit seiner markanten achteckigen Form zu den Wahrzeichen Kampens.

## Buhnen, Bunker und Dünen

Die Buhne 16 bei Kampen ist nur eine von hundert ab 1869 errichteten Küstenschutzwänden, die beruhigend auf die Strömung einwirken und das Abtragen von Sand verhindern sollten. Zunächst wurden zu diesem Zweck Doppelreihen von Eichenstämmen rechtwinklig zur Küste in den

Sandboden gerammt, die man mit Ästen und Steinen verfüllte. Später waren es eiserne Spundwände, dann Konstruktionen aus Stahlbeton. Seit ungefähr 40 Jahren haben die Verantwortlichen erkannt, dass die nördliche Meeresströmung so nicht vom Strand abgehalten werden kann. Viele Buhnen sind zurückgebaut. Einige ragen als dekorative, andere als scharfkantige gefährliche Erinnerungen an den ewigen Kampf gegen das Meer in die Nordsee hinaus.

Überreste ganz anderer »Küstenschutzmaßnahmen« können Inselbesucher noch immer zuweilen in den Dünen sehen oder zumindest erahnen. Während der Nazizeit errichteten Mitglieder des Reichsarbeitsdiensts, Pioniere der Wehrmacht und Zwangsarbeiter aus vielen besetzten Ländern mehrere Dutzend Bunkeranlagen entlang der Sylter Nordseeküste. Die meisten sind längst gesprengt und demontiert, doch einige der massiven Betonbauten werden, natürlich zweckentfremdet, immer noch privat genutzt. Am bekanntesten sind ein Bunker in List, den Dittmeyer's Austern Compagnie als kühles Zwischen-

**Oben:** Die Dünen dürfen nur auf markierten Wegen durchquert werden.
**Unten:** Wie auf einer Tribüne thronen die Strandkörbe über dem Sand.

**Oben:** Ein herrlicher Wander- und Fahrradweg führt am Quermarkenfeuer vorbei. Auch Jogger tummeln sich hier gern.
**Unten:** Die »Sturmhaube« im Westen von Kampen sieht so aus, wie sie heißt.

lager für die Austern nutzt, und der Kampener Flakbunker, der nun Heimat des Traditionslokals »Kupferkanne« ist.

Dünen wie die Uwe-Düne gibt es entlang der gesamten Sylter Westküste. Der durch Brandung und Stürme gelöste Sand wird durch den Wind aufgewirbelt, lagert sich an Steinen oder Sträuchern ab und türmt sich dort zu kleinen Hügeln auf, wie man sie viel vor allem am Ellenbogen im Inselnorden findet. Ältere und höhere Dünen sind meist mit Strandhafer, Moosen, Flechten und anderen genügsamen Pflanzen bedeckt und damit stabilisiert.

In früheren Jahrhunderten zerstörten Wanderdünen, die sich im Jahr mehrere Meter in Windrichtung bewegten, oftmals die Ernte und bedrohten die Menschen in ihren Häusern. Die einzige verbliebene Wanderdüne, die »Sylter Sahara« bei List steht inzwischen unter Naturschutz. Um die Dünenlandschaft zu schützen, sind Dünendurchquerungen, z. B. zum Strand, nur auf den vielen markierten Wegen erlaubt.

# Infos und Adressen

## ESSEN UND TRINKEN

**Buhne 16.** Legerer Strandtreff am einst legendären Promitreffpunkt, mit Livemusik und Partys. Tagsüber werden einfache Freuden wie Matjes oder Currywurst serviert, abends zudem Gegrilltes. Tgl.ab 10 Uhr, Buhne 16, 25999 Kampen, Tel. 04651/49 96, www.buhne16.de

**Sturmhaube.** Kaffee und Kuchen mit Meerblick, zudem deftige Kleinigkeiten wie Krabbenbrot mit Spiegelei oder Seezunge mit Spargel-Spinat-Salat. Die »Sturmhaube« am Roten Kliff ist Restaurant und Café zugleich. Zum Sonnenuntergang sind freie Plätze allerdings Glückssache. Tgl. 11.30–22 Uhr, Riperstieg 1, 25999 Kampen, Tel. 04651/99 59 40, www.sturmhaube.de

## ÜBERNACHTEN

**Hotel Rungholt.** Gepflegte Herberge nicht weit von Kliff und Uwe-Düne. 110 Zimmer und Suiten, Innenpool und Wellnessbereich. Kurhausstr. 35, 25999 Kampen, Tel. 04651/44 80, www.hotel-rungholt.de

Aufgepasst: Möwen sind Allesfresser, ihnen schmecken auch Fischbrötchen.

**Walter's Hof.** Detlef Tappe aka Walter ist der ideale Gastgeber. Individuell eingerichtete Zimmer und Suiten, Spa mit Pool und Sauna, exzellentes Frühstück in Bioqualität, gepflegtes Restaurant. Kurhausstr. 23, 25999 Kampen, Tel. 04651/989 60, www.walters-hof.de

Vor dem Winde geschützt – Strandkörbe auf der Terrasse am Kliff.

Herrliche Strand- und Dünenlandschaft bei Kampen, so weit das Auge reicht.

**Oben:** Die alte Trasse der Inselbahn ist heute eine Lauf- und Fahrradstrecke.
**Unten:** Im Klappholttal findet man ursprüngliche Dünenszenerie.



# 17 Klappholttal

## Vom Marinestützpunkt zur Akademie am Meer

**Die zum Schutz vor Flugsand in einem Dünental nördlich von Kampen angebauten Krüppelkiefern wurden auch als Klappholz zum Feuermachen genutzt und gaben dem Gelände vor fast 150 Jahren seinen Namen. Die Inselbahn fuhr bis 1970 an der späteren Heimvolkshochschule vorbei, die schon 1919 als Freizeitlager der Freideutschen Jugend gegründet wurde.**

Eisenbahnen wie der legendäre »Sylter Dünenexpress« dampfen hier schon lange nicht mehr vorbei. Die alte Trasse ist inzwischen umgebaut zu einer gut 35 Kilometer langen Radlerstrecke, die Hörnum und List auf einer attraktiven Route durch die Dünen miteinander verbindet.

Klappholttal wurde vom Hamburger Arzt und Wahlsylter Knud Ahlborn gegründet, der ehemalige Unterkünfte einer kaiserlichen Marinebatterie zu einem Jugend- und Begegnungszentrum umgestaltete. Der Humanist, Naturschützer und Kriegsgegner hatte noch 1914 den deutschen Kaiser aufgefordert, die Jugend vor dem Unglück eines Kriegs zu schützen. Er war seit früher Jugend in Wandervereinen wie der Deutschen Akademischen Freischar aktiv. Nach dem Ersten Weltkrieg engagierte sich der junge Arzt weiter, erwarb frühere Militärgelände in Puan Klent und bei Klappholttal, die er zu Zentren der Freideutschen Jugend machte. Bereits 1924 gründete er mit Gleichgesinnten den Verein Naturschutz Insel Sylt, der in wenigen Jahren die Anerkennung des Morsum-Kliffs und etwas später der Vogelkoje Kampen als Naturschutzgebiete durchsetzte.

Alle nicht durch die NSDAP kontrollierten Jugendgruppen und -vereinigungen wurden nach der Machtübernahme durch die Nationalsozialisten aufgelöst und in die Hitlerjugend eingegliedert. Nach dem Zweiten Weltkrieg, den Ahlborn als Truppenarzt erlebte, engagierte er sich weiter auf Sylt und in der Naturschutzbewegung. Bis 1971 leitete der dann 83-Jährige das zu einer Heimvolkshochschule ausgebaute Bildungszentrum Klappholttal. Der 1977 in Kampen Verstorbene liegt auf dem Friedhof von St. Severin in Keitum.

Nur wenige Minuten nördlich von Kampen eröffnet sich heute eine Welt der Ruhe inmitten einer natürlichen Dünenlandschaft, in der von Hagebutten gesäumte Wege und Treppen die im weitläufigen Areal verstreuten Häuschen verbinden.

## Der erste FKK-Strand auf Sylt

Der Strand von Klappholttal erhielt schon 1927 als erster Abschnitt auf Sylt eine offizielle FKK-Genehmigung. Pioniere waren auch hier die Teilnehmer der Bildungs- und Freizeiteinrichtung. Die Ursprünge dieser Kultur, die den Aufenthalt in Licht und Sonne in natürlicher Nacktheit propagiert, sind ebenfalls mit der an der Natur orientierten Jugendbewegung der Wende zum 20. Jahrhundert verbunden. Schon vor dem ersten genehmigten Nacktbadestrand gab es etwa in Westerland ein solches Luft- und Sonnenbad, wenngleich getrennt nach Geschlechtern und durch eine Bretterwand verborgen. Heute vermischen sich die Bekleidungsvorlieben zusehends: Mehr als die Hälfte der Sylturlauber geben an, zumindest einen Teil des Urlaubs zwirnfrei an einem der FKK-Strände verbracht zu haben. Warnschilder wie »Dieses Gebiet darf ohne ordnungsgemäße Badebekleidung nicht verlassen werden« gehören denn auch eher der Vergangenheit an.

Die Akademie am Meer hat eine in der Jugendbewegung begründete Tradition.

## Infos und Adressen

### ÜBERNACHTEN

**Akademie am Meer.** Die staatlich anerkannte Weiterbildungsstätte mit einfachen, über das Dünengelände verstreuten Holzhäuschen, die nach Meeresgöttern oder Himmelsgestirnen benannt sind, liegt unmittelbar hinter dem Sylter Weststrand. Beliebt sind vogelkundliche Kurse und andere als Bildungsurlaub anerkannte Seminare, die von Arbeitnehmern gebucht werden können. Der Heimvolkshochschule ist ein Schullandheim angeschlossen, das 40 Betten in vier Schlafräumen sowie zwei Zimmer für Begleitpersonen bietet. 25992 List, Tel. 04651/95 50, www.akademie-am-meer.de

**Oben:** Die Wärterhäuschen sind mit anderen Teilen der Vogelkoje restauriert.
**Unten:** Der letzte Vogelkojenwärter um 1916 vor seinem Häuschen.



# 18 Kampener Vogelkoje

## Einst Entenfalle, heute Kulturdenkmal

**Fast 700 000 Enten, die auf ihrem jährlichen Langstreckenflug zwischen Skandinavien und dem Mittelmeerraum in der beschaulichen Anlage eine Zwischenrast einlegten, konnten sich aus der clever angelegten Fanganlage nicht mehr befreien. Ihnen wurde der Hals umgedreht. Erst 1921 war es damit vorbei. Inzwischen stehen Fanganlage und das dazugehörige Biotop unter Naturschutz.**

Vogelkoje, ein freundlicher, geradezu heimeliger Name für eine Massenfanganlage von Zugvögeln. Schon im Jahr 1767 lizensierte der dänische König ihren Bau nach niederländischem Vorbild. Durchziehende Wildentenschwärme nutzten die Teiche als Rastplatz und gingen in die raffiniert angelegten Fallen. Sie konnten sich aus den trickreich angelegten Fangarmen nicht mehr befreien und wurden reihenweise getötet. Bis 1921 tötete die Falle bis zu 25 000 Wasservögel pro Jahr, insgesamt mussten knapp 700 000 Enten dran glauben. Die lange verfallene Anlage wurde von 1986 bis 1988 nach alten Zeichnungen teilweise rekonstruiert und ist heute gleichermaßen Kulturdenkmal und Biotop. In den beiden Kojenhäuschen – auch sie sind auf den alten Fundamenten äußerlich nahezu exakt wieder aufgebaut – zeigen Ausstellungen die Funktionsweise der früheren Entenfanganlage, das Leben, dazu die Arbeit der Kojenwärter und die heute hier lebende Flora und Fauna. Auch einer der ursprünglichen vier Fangarme ist wieder hergestellt, allerdings ohne dass sich Vögel darin verfangen können. Der frühere, künstlich angelegte Süßwasserteich, mit dem die Tiere angelockt

## Lageplan

Ⓐ **Fangarme** – Aus den immer schmaler und enger werdenden Fangarmen konnten sich die Enten nicht mehr befreien. Sie erwartete hier der sichere Tod.

Ⓑ **Lockententeich** – Ein Süßwasserteich lockte die Zugvögel an. Zahme Lockenten täuschten eine Idylle vor, die zur Rast geradezu einlud. Heute ist das Gelände zugewachsen und erscheint wie ein Urwald.

Ⓒ **Wärterhäuschen** – Im früheren Wärterhäuschen informiert inzwischen eine Ausstellung über die Geschichte der Vogelkoje und ihre frühere Funktion als Entenfanganlage.

Ⓓ **Restaurant** – Das Restaurant serviert gehobene Inselküche in einer idyllischen Umgebung. Besonders beliebt sind die verschiedenen Frühstücksvarianten.

Mühsam windet sich ein Pfad durch das urwaldartige Wäldchen.

AUTORENTIPP!

**RESTAURANT VOGELKOJE**
Eine übergroße Ente weist den Weg zur Vogelkoje. Nicht zur einstigen Entenfanganlage, sondern durch den von zwei steinernen Reihern bewachten Garten zum gleichnamigen Restaurant, zu finden im vorderen Teil des von Bäumen und Büschen bestandenen Naturschutzareals. Drinnen mit Kamin oder in der warmen Jahreszeit draußen auf der großen Sonnenterrasse, werden bereits morgens große Entscheidungen abverlangt: Soll es ein mediterranes, bajuwarisches oder Sylter Fischerfrühstück sein? Das kulinarische Angebot reicht über den Mittag mit Kojenbrot und köstlichen Beilagen, Scholle oder Flammkuchen bis zur Teatime am Nachmittag mit Waffeln oder hausgemachtem Kuchen. Abends steht neben köstlicher Nordsee-Bouillabaisse auch der ewige Klassiker auf der Karte, die »1/2 Vogelkojenente mit Kirschrotkohl und Kartoffelkloß«. Die Weinkarte weist 500 Positionen auf.

**Restaurant Vogelkoje.** Tgl. 10–22 Uhr, Lister Str. 100, 25999 Kampen, Tel. 04651/952 50, www.vogelkoje.de

wurden, existiert wieder, ebenso das Entwässerungssystem samt Schleuse. Die umgebenden Gräser, Büsche und Bäume wachsen bis heute unberührt, wie in einem Urwald. Selbst abgestorbene Pflanzen und Bäume, also Totholz, werden nicht entfernt. Insgesamt ist das 4,5 Hektar große Terrain vom umliegenden Marschland und dem unmittelbar im Osten angrenzenden Wattgebiet durch einen Deich abgetrennt, der jedoch schon mehr als einmal überflutet wurde.

## Gefährliche Entenidylle

Ein 60 mal 60 Meter großer Süßwasserteich lockte einst die Enten an, denen durch auf dem Wasser schwimmende hölzerne Lockenten oder zahme und an den Flügeln gestutzte Tiere eine ungefährliche Entenidylle vorgetäuscht wurde. Im Teich angekommen erschreckte ein Kojenmann die gelandeten arglosen Zugvögel und trieb sie so in sich verjüngende, mit Netzen überspannte Wasserkanäle, die an den vier Ecken des Süßwasserteichs abgingen. Diese sogenannten Fangpfeifen wurden

Seit 1935 stehen die Anlage und das sie umgebende Biotop unter Naturschutz.

zu ihrem Ende hin immer enger. Dort warteten ein Fangkasten oder eine Reuse auf die verängstigten Tiere. Geübte Mitarbeiter ringelten die Wasservögel, d. h. sie drehten ihnen schnell den Hals um. Jägern war es in dieser Zeit von August bis zum Wintereinbruch bei Strafe verboten, in einem Umkreis von zwei Kilometern zu schießen oder anderweitig Lärm zu machen, der die Vögel von der Anlage verscheuchen könnte.

Seit 1935 steht die Anlage auf Antrag des Sylter Naturschützers Knud Ahlborn und seiner Mitstreiter vom Verein Naturschutz Insel Sylt unter Naturschutz. Der Sylter Heimatverein Söl'ring Foriining betreut sie im Auftrag der Gemeinde Kampen. Eigentlich ist die Bezeichnung »Koje« aus dem Niederländischen abgeleitet und bedeutet so viel wie Käfig. Doch inzwischen ist aus der Wildentenfalle tatsächlich eine Naturidylle geworden. Gut 40 Brutvogelarten, darunter heimische Vögel wie der Kuckuck oder die Waldohreule, aber auch Zugvögel wie die Brandgans und das winzige Wintergoldhähnchen fühlen sich in dem urwaldähnlichen Gehölz mit Süßwasserteich wohl. Der stellt auch den Lebensraum für diverse Fische, darunter aalähnliche Meerneunaugen. Ebenso die Pflanzenwelt des umgebenden Erlenbruchwalds, durch den zwei Naturlehrpfade führen, ist mit mehr als 130 Arten ungewöhnlich vielfältig. Ein Beobachtungsstand bietet einen ausgezeichneten Ausblick auf den Ententeich.

**Oben:** In der warmen Jahreszeit serviert das »Restaurant Vogelkoje« auf der Terrasse.
**Unten:** Aus den spitz zulaufenden Reusen konnten sich die Enten nicht befreien.

## Infos und Adressen

### INFORMATION

**Kampener Vogelkoje.** Der Heimat- und Naturschutzverein Söl'ring Föriining betreut die Anlage der Vogelkoje. Sa und So 11–17 Uhr, 1. Nov.–1. April geschl., Lister Str. 100, 25999 Kampen, Tel. 04651/87 10 77 (Mo–Fr 10 bis 17 Uhr); Geschäftsstelle Söl'ring Föriining, Tel. 04651/328 05, www.sylterverein.de, www.soelring-foeriining.de

**Oben:** Ferienhäuser in der »Friesensiedlung« im Süderheidetal bei List. **Unten:** Nicht überlaufen: der Oststrand an der Blidselbucht.



# 19 Blidselbucht

## Königliche Austern und künstliche Friesendörfer

**Das mittelniederdeutsche Wort »Blydsiddel« bedeutet so viel wie »frohe Niederlassung«. Doch der Name der Bucht an der Wattküste zwischen der Vogelkoje und List soll von einem früheren Dorf Blidsum stammen, das sich längst das Meer geholt hat. Andere vermuten die Häuser des untergegangenen Dorfs dagegen vom Flugsand verschluckt. Im Sommer leben einige Dutzend Urlauber in der friesischen Retortensiedlung am Rand des Naturschutzgebiets.**

Die berühmtesten Bewohner der Blidselbucht haben eine raue, dicke Schale und einen zartnussigen Geschmack. Im Wattenmeer vor der Küste fühlen sich mehrere Millionen pazifische Felsenaustern wie zu Hause, die später als »Sylter Royal« den Gaumen von Feinschmeckern kitzeln.

Austernfischerei hat in Nordfriesland eine lange Tradition. Schon vor rund 1000 Jahren ließ der dänische König Knut der Große in friesischen Küstengewässern Austern fischen. Die fast kreisrunde Austernart *Ostrea edulis* mit ihren recht flachen Schalen und einem zarten Geschmack lebte nicht in Bänken, sondern verteilte sich einzeln auf dem Meeresboden flacher Gewässer. Die Delikatesse war lange allein dem königlichen Hof in Kopenhagen vorbehalten. Zwischen Föhr und Rømø waren noch um 1870 knapp 50 wichtige Austerngebiete bekannt, in denen zwischen vier und fünf Millionen Austern im Jahr mit Schleppnetzen gefischt wurden. Neben einigen sehr kalten Wintern war es vor allem die Überfischung, die schließlich 1882 zum kompletten Erliegen der Austernfischerei führte. Ein staatlicher Betrieb sollte im Jahr 1910 in großen, mit dem Meer verbundenen Bassins erstmalig Austern züchten. Doch nachhaltigen Erfolg konnte man damit nicht erzielen, schließlich wurde die Austernzucht nach dem Ersten Weltkrieg komplett aufgegeben.

## Austernerfolg eines Orangensaftproduzenten

Erst im Jahr 1986 wurde in der Blidselbucht mit der vom Orangensaftproduzenten Rolf Dittmeyer gegründeten »Dittmeyer's Austern-Compagnie« die Austernzucht wieder aufgenommen, doch dieses Mal bediente man sich dafür der schon in Holland erprobten pazifischen Felsenauster. Knapp einen Kilometer von der Ostküste Sylts entfernt stehen in mehreren Reihen Eisentische rund einen halben Meter über dem Wattboden. Auf ihnen liegen grobmaschige Säcke, die sogenannten Poches, in denen die Schalentiere bei Flut vom Wasser umspült werden. Im Winter kommen die vom Frost gefährdeten Tiere in große Meerwasserbecken an Land. Zwei Jahre dauert es, bis die delikaten Tiere ihr ideales Gewicht von etwa 80 Gramm erreicht haben. Dann wird ihre Schale gereinigt und sie kommen zum Verkauf oder sofortigen Versand in mit Reet ausgeschlagene Spankörbe. Zwischen zwei und drei Millionen Austern sind das pro Jahr.

Umweltschützer befürchten die Verdrängung der heimischen Miesmuschel, da sich aus den Netzen entwichene Exemplare an deren traditionelle Muschelbänke andocken und auch dort bestens gedeihen. Die Miesmuscheln wiederum sind wichtig für die Ernährung vieler Zugvögel, die mit Austern nicht viel anfangen können.

AUTORENTIPP!

**SYLTER ROYAL**

Zwei bis drei Millionen »Sylter Royal« erntet Dittmeyer's Austern-Companie jedes Jahr. Die leckeren Schalentiere wachsen seit 1986 auf Eisengestellen in der Blidselbucht. Schon in der Steinzeit wurden hier wild wachsende Austern verspeist. Die »Fiskalischen Austernstuben« in List, der heutige »Hundert Jahre alte Gasthof«, hatte 1804 als erstes Speiselokal auf der Insel Austern auf der Karte. Nach rund drei Jahren sind die Zuchtaustern 70 bis 90 Gramm schwer und damit erntereif. Im Bistro bei »Austernmeyer« in List und in vielen Restaurants können die hier bestens gedeihenden, fleischigen pazifischen Felsenaustern geräuchert, gedämpft, paniert oder überbacken gegessen werden. Ganz klassisch isst man sie roh, nur mit etwas Zitrone und Chesterbrot. Dazu schmecken ein trockener Weißer oder ein Champagner.

Feriensiedlung als Friesendorf:
Sonnenland und Westerheide.

Idyllische Blidselbucht – klar, dass sich die Austern hier wohlfühlen!

## Bausünden: militärisch und zivil

Die in den 1930er-Jahren in der Blidselbucht errichteten mehrfüßigen Betongerüste dienten der Luftwaffe als Markierungspunkte für Zielübungen der Bordgeschütze und bei Bombenabwürfen. Die Monstren sind bis heute erhalten und heißen bei den Syltern schlicht »Seekühe«. Auch in den 1930er,- aber ebenso noch in den 1960er-Jahren wurde entlang der Blidselbucht über mehrere Kilometer Länge der Übergang vom Strand zu den Dünen mit einem nicht gerade dekorativen »Deckwerk« aus Asphalt überpflastert. Dieses sollte weitere Erosion der Küste verhindern.

In dem nahezu unbesiedelten Gelände zwischen Süderheidetal und Westerheide hat ein Bremer Unternehmen in den 1960er-Jahren die synthetischen Inseldörfer Sonnenland I, Sonnenland II und Westerheide in die Landschaft gepflanzt. Dazu wurde damals von den zuständigen Behörden der Naturschutzstatus für das gewünschte Baugelände aufgehoben. Zur Anlage dieser nur im Sommer bewohnten »Friesensiedlung« passt, dass in dieser Zeit in List ernsthaft über eine vierspurige Autobahn bis zum südlichen Ende der Insel und über eine Siedlung für mehrere Tausend Bewohner im Watt mit Anbindung durch eine Seilbahn spekuliert wurde.

## Infos und Adressen

### ESSEN UND TRINKEN

**Voigts Alte Backstube.** Altmodisch-nostalgisch mit herrlichen Kuchen. Friesentorte und Sturmsäcke (Windbeutel) gibt es hier. Dafür kann man den Sylter Salathimmel erstehen: Das angenehm-frische Dressing, das inzwischen bundesweit vertrieben wird, hat hier das Licht der Küchenwelt erblickt. Tgl. ab 12 Uhr, Nov.–März nur Do–Di, Süderhörn 2, 25992 List, Tel. 04651/87 05 12, www.altebackstube.de

**L.A. Sylt – Lister Austernperle.** Eine echte Perle unter den Sylter Strandbistros. In dem auf Stelzen errichteten Bau mit großer Terrasse bietet man gehobene Inselsnacks, diverse Salate und kleine Gerichte wie Spaghetti Bolognese aus Keitumer Deichlamm. Mo–So 12–20 Uhr, Mannemorsumtal 33c, 25992 List, Tel. 04651/299 93 96

### ÜBERNACHTEN

**Hüs bi See.** Gepflegtes Reetdachhaus im Friesenstil am Rand des Naturschutzgebiets und direkt am Wattenmeersandstrand. Fünf Ferienwohnungen für zwei bis vier Personen. Appartementvermittlung Familie Clausen, Süderhörn 18, 25992 List, Tel. 04651/87 08 66, www.huesbisee.de

# 20 List

## Vom Fliegerhorst zum Urlaubsort

**Bei List treffen sich die offene See und das Wattenmeer. In der nördlichsten Gemeinde Deutschlands leben etwa 2500 Menschen; lange war die Region sehr dünn besiedelt, später dominierte das Militär. Inzwischen ist das Seebad attraktives Ziel für Strandurlauber mit seinem reizvollen Umland aus Dünenlandschaften, Heide und Vogelschutzgebieten.**

Leicht hatten es die Menschen früher nicht in List. Schwere Sturmfluten wie in den Jahren 1362 und 1436 ließen den Ort untergehen, Wanderdünen begruben im Mittelalter das damals noch dänische Alt-List unter ihren Sandbergen. Doch der Ort wurde stets wieder aufgebaut. Später kam List seine strategische Lage mit einem natürlichen Schutzhafen gleich beim Lister Tief zugute.

## Tradition als Marinestützpunkt

Kurz vor dem Ersten Weltkrieg errichtete das kaiserliche Militär in dem seit dem Deutsch-Dänischen Krieg von 1865 preußischen 70-Seelen-Dorf einen Seefliegerhorst. In der später zivilen Verkehrsfliegerschule ließ die Reichswehr heimlich Piloten ausbilden. Mit den Nazis kam die Luftwaffe wieder offiziell nach List, der Fliegerhorst wurde mit einer festen Straße mit dem Rest der strategisch wichtigen Insel verbunden. In dieser Zeit entstand wegen der vielen hier stationierten Soldaten auch die Kirche St. Jürgen als Garnisonskirche der Wehrmacht. Die Dorfschule »ziert« seit dieser Zeit eine Statue des Nazibildhauers Arno Breker, »Zehnkämpfer«, auf der Insel schlicht als »Nackter Mann« bekannt. Nach dem verlorenen

**Oben:** Auch die »Rosa Palucca«, Schwesterschiff der »Gret Palucca«, liegt am Kai.
**Unten:** Lister Hafen: kein Mangel an Restaurants und Boutiquen.

Zweiten Weltkrieg blieb das Militär, auch wenn ein großer Hangar demontiert und als Kieler Ostseehalle in der Landeshauptstadt wieder aufgebaut wurde. Vorübergehend zog die britische Luftwaffe in die Kasernen, dann kam die Marine der Bundeswehr, die bis 2007 blieb. Das Ortsbild spiegelt die militärische Geschichte wieder: Die Kasernen werden derzeit mit zivilen Mietern umgewidmet, doch die früheren, schnurgerade ausgerichteten Häuser der Zivilangestellten können ihre einstige Bestimmung nicht verleugnen. Einige ältere Gebäude wie der »Alte Gasthof« an der Alten Dorfstraße erinnern an Zeiten, in denen das Militär hier noch nicht dominierte.

## Budenzauber am Hafen

Mit dem 2004 runderneuerten Hafengelände hat List sein neues Zentrum gefunden. Hier steht auch die »nördlichste Fischbude Deutschlands«, das Zentrum des Gosch-Fischimperiums. Die skandinavisch inspirierten Verkaufsbuden und die umgestaltete »Alte Tonnenhalle«, in der einst Seezeichen gelagert wurden, ähneln heute einem überdachten Marktplatz. Auch einen Kinderspielplatz gibt es, und vor allem im Sommer herrscht hier ein Trubel, der dem Hafengebiet den Spitznamen »List Vegas« eingebracht hat.

Hier wartet zudem der Seenotrettungskreuzer »Minden« darauf, bei Schiffshavarien in stürmischer See auszulaufen. Auch die Sylt-Fähre, der Shuttleservice nach Havneby auf Rømø, hat im Hafen von List ihren Anleger. Da sich Sylt inzwischen zu einem »Port of Call« für Kreuzfahrer entwickelt hat, liegen das Jahr über ein gutes Dutzend Mal die »MS Europa« und andere Kreuzfahrtschiffe auf der Reede vor List. Mit der »Gret Palucca« hat sogar ein (fast) echtes Piratenschiff List als Heimathafen an sein Heck gepinselt.

AUTORENTIPP!

**GOSCH**

Bei Gosch sind die Fischbrötchen am leckersten. Und der Fischkönig von Sylt, in dessen Unternehmen täglich bis zu drei Tonnen Meerestiere verarbeitet werden, ist häufig persönlich im etwas rummeligen und stets vollen Stammhaus in List anzutreffen, im Gespräch mit gut gelaunten Gästen oder sogar beim Abräumen der Tische. Die klassische »Vom Tellerwäscher zum Millionär«-Geschichte hat Jürgen Gosch nur wenig abgewandelt. Der gelernte Maurer aus dem nordfriesischen Tönning arbeitete zunächst auf verschiedenen Baustellen auf der Insel. Dann verdiente er sich etwas mit dem Verkauf von Krabben in Westerland hinzu. Der nächste Schritt war ein mobiler Verkaufswagen, dann ab 1972 die inzwischen legendäre Fischbude am Lister Hafen. Inzwischen gibt es Gosch allein auf Sylt an elf Standorten, dazu zwei Dutzend Mal in der gesamten Republik und sogar auf einem Kreuzfahrtschiff. Das Markenzeichen ist auch bei stark erweitertem Angebot gleich geblieben: Fisch, Schalen- und Krustentiere – frisch, lecker und bezahlbar.

AUTORENTIPP!

**PIRATENFAHRT**

Der umgebaute Krabbenkutter sieht eigentlich ganz harmlos aus. Doch wer sich die Besatzung der »Gret Palucca« genauer anschaut, erschaudert bis ins Mark. Eher klein geratene, aber mit Augenklappe, verwegenem Kopftuch, gestreiftem Hemd und Säbel gefährlich aussehende Seeräuber gehen unter Leitung eines Oberpiraten auf Kaperfahrt. Ausgerüstet mit einer geheimnisvollen Schatzkarte führt der zweistündige Törn in die Nordsee. Einige Ältere, die sich vergeblich als Eltern ausgeben, drängen sich verängstigt in eine Ecke des Schiffs, eingeschüchtert durch das unheimliche Piratengebrüll. »Verwachsene« oder »Verzieher« haben an Bord eben nichts zu melden.

**Piratenfahrt.** Für Kinder von vier bis acht Jahren. April–Okt. mehrmals pro Woche nachmittags, im Lister Hafen, Tel. 01805/12 33 44, www.adler-schiffe.de

## Entwicklung als Urlaubsort

Mit dem »A-Rosa Resort« hat sich vor wenigen Jahren erstmals ein Tophotel im Norden Sylts etabliert und List in den touristischen Fokus gerückt. Das exzellente und nicht ganz billige Übernachtungsangebot und die drei Spitzenrestaurants ergänzt ein Spa mit Meerwasserpoollandschaft, Thalassozentrum und diversen Angeboten mit Produkten in Bioqualität. Das überaus komfortable »Strand-Hotel«, die Aufwertung der Ostpromenade und die Einweihung des spektakulären »Erlebniszentrums Naturgewalten« haben List weiter zu den traditionellen Urlaubsorten in der Inselmitte aufschließen lassen.

Viele Ausflügler aus anderen Inselorten zieht es auch zur »Sylter Royal« aus der einzigen Austernkultur Deutschlands vor der Lister Küste. Frischer als im Verkaufsladen und dem Bistro in der Lister Hafenstraße bekommt man sie nicht! Interessant auch die Führung durch Dittmeyer's Austern-Compagnie und die benachbarte Sylter Algenfarm, beides ökologische Aquakulturen. Die Algenfarm züchtet und verkauft Braunalgen an Restaurants und Privatkunden sowie Grünalgen vorwiegend für die Kosmetikproduktion.

## Naturparadies als Umgebung

Nördlich des Hafens lockt ein schmaler Oststrand, die bis zu vier Kilometer breiten Traumstrände liegen im Westen, im Listland und am Ellenbogen, zu denen in der Sommerzeit regelmäßig Busse vom Busbahnhof am Hafen starten. Abwechslung vom Strandurlaub bietet die Heidelandschaft im Süden. Und auf dem Lister Friedhof Dünental nicht weit von der Mövenbergstraße liegt der Flugpionier Wolfgang von Gronau, der in den 1930er-Jahren hier zu spektakulären Langstreckenflügen gestartet war, mit seiner Frau begraben.

# Lageplan

**A Hafen** – Das Hafenareal wurde gründlich umgestaltet und bietet heute zahlreiche Restaurants, Cafés und Geschäfte. Einen richtigen Hafen gibt es aber immer noch. Auch die Fähre nach Rømø hat einen Anleger.

**B A-Rosa Resort** – Mit dem Bau des luxuriösen Hotels wurde List touristisch endgültig wachgeküsst. Auch wenn man hier nicht übernachtet, kann man sich in den exzellenten angeschlossenen Restaurants verwöhnen lassen.

**C Austernmeyer** – Frischer als bei »Austernmeyer« bekommt man die »Sylter Royal« garantiert nirgends. Schließlich züchtet die Firma Dittmeyer die Austern direkt vor der Küste in der Blidselbucht.

**D Dünental** – Der Lister Friedhof Dünental ist die am nördlichsten gelegene Begräbnisstätte Deutschlands. Die Ruhestätte liegt einsam und versteckt in den Dünen westlich des Ortes.

Von außen eher schlicht: das mondäne »A-Rosa Resort« an der Lister Ostküste.

**E Gosch** – Das Fischimperium ist zwar inzwischen sogar auf Kreuzfahrtschiffen präsent, doch sein Epizentrum befindet sich nach wie vor am Lister Hafen und empfängt seine Kunden dort mit mehreren Restaurants, Imbissen und Shops.

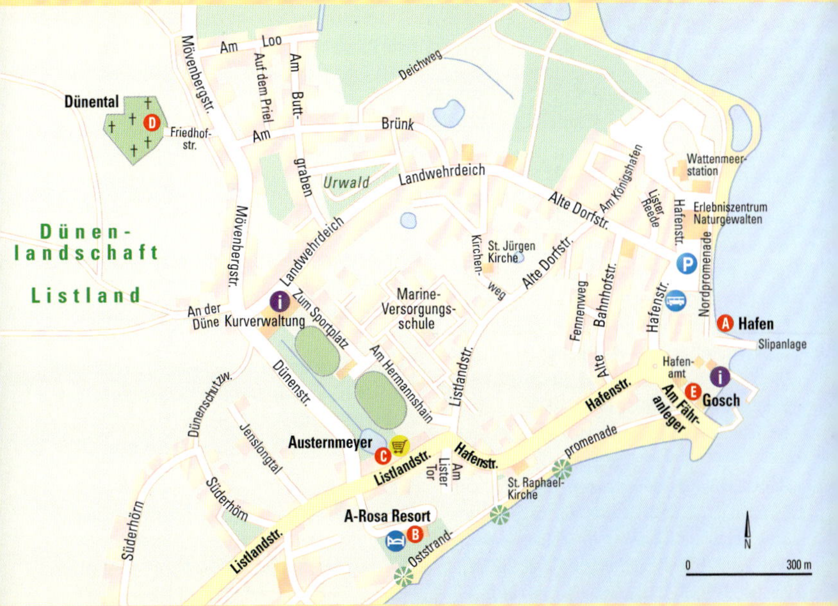

# Infos und Adressen

## ESSEN UND TRINKEN

**Alter Gasthof.** Inzwischen sind die früher dänischen »Fiskalischen Austernstuben« mehr als 200 Jahre alt. Austern gibt es hier noch immer, doch die Spezialität in der gemütlichen Kate ist Hummer, frisch aus dem Becken. Wem der Sinn nicht nach Fischen oder Schalentieren steht, kann sich an der legendären Jumbo-Currywurst versuchen. Di–So ab 13 Uhr, Alte Dorfstr. 5, 25992 List auf Sylt, Tel. 04651/87 72 44, www.alter-gasthof.com

Auch in der »Lister Austernperle« direkt am Wattenmeer gibt's »Sylter Royal«.

**Austernmeyer-Bistro.** Frischer geht es nicht. Mit Blick auf die Austernbecken können »Sylter Royal« verspeist werden. À la nature, oder vielleicht mit etwas Zitrone, gratiniert oder mit einer Gemüse-Zwiebel-Essig-Marinade als Beilage. Sommerhalbjahr und Jahreswende tgl. 11.30–21 Uhr, Winterhalbjahr Mo–Sa 11.30–20 Uhr, Hafenstr. 10–12, 25992 List auf Sylt, Tel. 04651/87 75 25, www.sylter-royal.de

**Cucina della Mamma.** Italienische Küche vom Feinsten im »A-Rosa Resort«. Klassische italienische Rezepte, mit besonderer Raffinesse präsentiert. Fr–Mi abends, Listlandstr. 11, 25992 List, Tel. 04651/96 75 09 92, www.resort.a-rosa.de

**Fischhaus Gosch.** Muntere Stimmung im um- und angebauten, leicht chaotischen Epizentrum des Gosch-Imperiums am Lister Hafen. Launige Mitarbeiter, beste Auswahl und freundliche Preise füllen den Saal auch in der tiefsten Nebensaison. Tgl. ab 12 Uhr, Hafenstr. 16, 25992 List, Tel. 04651/87 13 21, www.gosch.de

**La Mer.** Kulinarisches Highlight im Inselnorden unter der Regie von Sebastian Zier. Mit ausgefallenen, aber immer stimmigen Geschmackskombinationen. Mi–So abends, im »A-Rosa Resort,« Listlandstr. 11, 25992 List, Tel. 04651/96 75 09 92, www.resort.a-rosa.de

## ÜBERNACHTEN

**Grand Spa Resort A-Rosa Sylt.** Imposanter sandfarbener, außen schlichter Bau direkt an der Düne zur Ostküste. Großzügige Zimmer und Suiten, oft mit Meerblick. Großes Wellnesszentrum inklusive Thalassotherapie und Poollandschaft, dazu mehrere Spitzenrestaurants. Listlandstr. 11, 25992 List, Tel. 04651/96 75 09 92, www.resort.a-rosa.de

**Strand.** Moderne, geschmackvolle Architektur in maritimem Stil. Klar und licht eingerichtete Zimmer und Suiten mit Balkonen und Terrassen mit Meerblick und in ruhiger Lage. Diskreter, aufmerksamer Service, ausgezeichnetes Frühstück sowie kleiner Wellnessbereich mit Innenpool. Kostenlose Tiefgarage. Hafenstr. 41, 25992 List, Tel. 04651/889750, www.hotel-strand-sylt.de

**Appartementvermietung Sylti.** Fünf nette Appartements, ruhig zur Wattseite hin gelegen für eine bis fünf Personen. Lister Reede 11, 25992 List, Tel. 04651/954 81 00, www.sylti-list.de

## EINKAUFEN

**Austernmeyer – Dittmeyer's Austern-Compagnie.** In der von Bine Pöhner geführten Austernzucht gibt es frische Schalentiere direkt aus dem Becken fürs Gourmetfestival im Feriendomizil.

Tgl. 11.30–20 Uhr, Hafenstr. 10, 25992 List, Tel. 04651/87 08 60, www.sylter-royal.de

**Gosch Fischmarkt.** Gosch gibt es auch zum Mitnehmen. Suppen, Salate, Wein und vieles mehr in der alten Bootshalle. Tgl. 9.30–18 Uhr, Am Hafen, 25992 List, Tel. 04651/836 41 37, www.gosch.de

**Strandkorb & Co.** Wer die tollen Produkte aus der Strandkorbmanufaktur nicht im Handgepäck unterbringt, kann sie sich auch zuschicken lassen. Dazu diverse Balkon- und Terrassenmöbel sowie Accessoires. Mo–Sa 10.30–18 Uhr, Listlandstr. 14, 25992 List, Tel. 04651/46 09 60, www.strandkorbundco.de

## VERANSTALTUNGEN

**Hafenfest.** Sommerlicher Jahreshöhepunkt ist das Hafenfest mit viel Musik. Diverse Buden bieten nordische Spezialitäten und Kunsthandwerk. Abends spektakuläres Feuerwerk. Im Aug., aktuelle Informationen bei der Kurverwaltung.

Immer superfrisch: die Austern bei »Austernmeyer« in List.

Maritimes Ambiente mit Kutterbar bei »Gosch« am Hafen.

## AKTIVITÄTEN

**Nordic Walking.** Sonntag 17.30 Uhr, Nordic Walking Park Sylt, Treffpunkt Hafen List.

**Fahrradverleih.** Listrad, Familie Nissen, Am Brünk 66, 25992 List, Tel. 04651/87 76 87, www.listrad.de

**Sylter Algenfarm.** Führung durch die Algenfarm und Dittmeyer's Austern-Compagnie. Juli–Aug. Do 11 Uhr, Treffpunkt: Dittmeyer's Austern-Compagnie, Hafenstr. 10–12, Gewächshaus, 25992 List, Tel. 04651/87 18 10, www.algenfarm.de

**Sylt Fähre.** Rømø-Sylt-Linie. Auskünfte und kostenlose Platzreservierung unter Tel. 0180/310 30 30, www.syltfaehre.de

## INFORMATION

**Kurverwaltung List.** Mo–Fr 9–12 Uhr, Di und Do 13–17 Uhr, Mai–Sept. zusätzlich Infokiosk am Hafen, Landwehrdeich 1, 25992 List, Tel. 04651/952 00, www.list.de

**Oben:** Die Lister Wanderdüne bewegt sich noch immer weiter gen Osten.
**Unten:** Das Listland gehörte lange zur Dänischen Krone. Auf Heideflächen grasen Schafe.

# 21 Listland

## Naturschutzgebiet mit »Sylter Sahara«

**Das Naturschutzgebiet Sylt-Nord reicht vom Ellenbogen bis zur Dünenlandschaft auf dem Roten Kliff. Ausgenommen sind einige Straßen und Siedlungen, natürlich auch der Ort List. Kern des Gebiets ist die Lister Wanderdüne, sie gehört zu den markanten sandigen Erhebungen auf Sylt. Die »Sylter Sahara« westlich von List ist die einzige noch aktive Wanderdüne Deutschlands.**

Wanderdünen haben den Menschen entlang der Nordseeküste lange zu schaffen gemacht, Häuser und ganze Dörfer unter sich begraben. Auch Alt-List konnte den bis zu 25 Meter hohen und sich rund sechs Meter pro Jahr ostwärts bewegenden Sanddünen nicht standhalten. Im Mannemorsumtal, einem Dünental südwestlich von List, wurden Überreste des alten Orts gefunden, der im Jahr 1362 bei der »Groten Mandränke« verloren ging und im 15. und 16. Jahrhundert vom Flugsand bedeckt war.

## Dünenschutz ist Inselschutz

Heute wird der überwiegende Teil der Dünenlandschaft – nicht nur auf Sylt – mit Strandhafer bepflanzt. Dessen verästelte, bis zu drei Meter lange Wurzeln halten den Sand fest. Dabei kann die genügsame Pflanze Wind und Wetter widerstehen, auf das Niedertreten ihrer Halme reagiert sie jedoch empfindlich. Wird das violette »Herz«, der Übergang von der Wurzel zum Halm, beschädigt, stirbt der Trieb ab. Beim nächsten Sturm kann ein Trampelpfad verheerende Folgen mit Mengen von fortgeblasenem Sand haben. Dünen dürfen daher nur auf markierten Wegen durchquert werden.

Die Dünenlandschaft ist seit 1923 als Naturschutzgebiet Nord-Sylt vor drastischen Eingriffen durch die Zivilisation bewahrt. Damit gehört Sylt-Nord zu den ersten amtlich ausgewiesenen Naturschutzgebieten Deutschlands. Die rund zwei Kilometer lange, 600 Meter breite und bis zu 30 Meter hohe Wanderdüne darf nicht betreten werden. Sie wandert selbst und ist nicht, wie einige meinen könnten, eine Düne, auf der man wandern darf.

## Dänisches Erbe

Bis zur Eroberung durch preußische Truppen und der Eingliederung in das preußische Königreich wurde der Norden Sylts als reichsdänische Enklave vom Amt Ribe verwaltet, also galt hier dänisches Recht. Der südliche Rest der Insel gehörte zum Herzogtum Schleswig. Im 17. Jahrhundert wurde in List sogar eine Zollstelle errichtet, die den blühenden Schmuggel in den Griff bekommen sollte. Den alten Zollstein kann man heute im Sylter Heimatmuseum von Keitum betrachten.

So erhielt die durch den Ellenbogen geformte nördlichste Bucht der Insel ihren Namen »Königshafen« auch nach dem dänischen König Christian IV., der hier gegen Ende des Dreißigjährigen Kriegs mit unterlegenen Kräften eine Seeschlacht gegen eine schwedisch-holländische Flotte gewinnen konnte. Der natürliche Hafen musste später wegen Versandung aufgegeben werden.

## Einkommen und Erträge – und das Militär

Viele Menschen haben in diesem Gebiet nie gewohnt. Lange war es am ehesten mit dem Schiff

AUTORENTIPP!

**DER WELTUMFLIEGER**
Vor der Tonnenhalle im Hafen erinnert ein Denkmal an den Flugpionier Wolfgang von Gronau, der mit seinem Wasserflugzeug Dornier Wal im Sommer 1930 von List über Island, Grönland und Neufundland Ende August New York erreichte und dort triumphal empfangen wurde. Kurz darauf hat der US-Präsident Gronau sogar nach Washington eingeladen. Der Leiter der Deutschen Verkehrsfliegerschule von List hatte mit seinem kühnen, aber eigentlich ungenehmigten Flug bewiesen, dass Flugzeuge für den Langstreckentransport geeignet waren. Ein Round-the-world-Flug zwei Jahre später führte über Island, Kanada, die USA, Alaska, Japan, China, Burma und den Iran wieder nach List auf Sylt. Der 1977 am Chiemsee verstorbene Lister Ehrenbürger Wolfgang von Gronau ist mit seiner Frau Hertha auf dem Lister Friedhof bestattet.

Die »Sylter Sahara«, Deutschlands einzige aktive Wanderdüne.

Hagebutten sind genügsam.
Sie gedeihen am Rande der Düne.

Eine einsame Straße windet sich
durch die Dünenlandschaft bei List.

zu erreichen. Auch der Boden konnte nur wenige Familien ernähren. Fisch- und Austernfang trugen zum Einkommen bei, die Schafzucht spielt noch heute eine Rolle. Auch der Entenfang in der Kampener Vogelkoje warf einige Erträge ab, ebenso wie das Bergen von Strandgut oder das Sammeln und der Verkauf von Enteneiern.

Während des Ersten und später während des Zweiten Weltkriegs dominierte das Militär in Listland. Grund und Boden wurden für Kasernen und andere militärische Einrichtungen enteignet. Auch nach den Kriegen blieb das Militär, zunächst mit britischen Truppen, ihnen folgte bis 2006 die Bundeswehr, mit Schießübungen in der Heide und der Marineversorgungsschule.

## Vögel und Vollmondpartys

Heute können sich Zug- und Brutvögel auf den ausgedehnten Salzwiesen in der Wattenmeerbucht an der Ruhe erfreuen. Genauso im Feuchtgebiet des anschließenden Lister Koogs, der 1937 entstanden war, nachdem durch den Bau des Mövenbergdamms das frühere Lister Hafengebiet eingedeicht worden war. Gleich nördlich der Alten Listlandstraße brüten Watt- und Wasservögel wie Rotschenkel, Brandgans oder Kiebitz. Ringelgans, Pfuhlschnepfe und andere Zugvögel finden hier reichlich Nahrung und ein ideales Rückzugsgebiet für die Rast.

Weiter im Westen, an einer früheren Bushaltestelle beim Lister Strandparkplatz, veranstaltete »Bam-Bus Klaus« noch im Sommer 2012 seine legendären »Full-Moon-Sessions« in und vor der ausgebauten »Bam-Bus Bar«, mit Reggae und wummernden Bässen. Nach Klaus' plötzlichem Tod werden sein Bruder Wolfgang und dessen Frau Elli Bar und Vollmondpartys vorerst weiterführen.

## Infos und Adressen

### ESSEN UND TRINKEN

**Weststrandhalle List auf Sylt.** Im nördlichsten Restaurant Deutschlands gibt es witzigerweise österreichische Schmankerl, ein gepflegtes Wiener Schnitzel oder einen Apfelstrudel. Doch auch heimische Speisen wie Seezunge, erfreuen die Gäste im Dünenrestaurant. In der warmen Jahreszeit große Außenterrasse. Mo–So 11.30–22 Uhr, Am Weststrand, 25992 List, Tel. 04651/87 02 66, www.weststrandhalle.de

**Bam-Bus Bar.** Bar- und Partylegende Klaus weilt nicht mehr unter uns, doch sein »Lebenswerk« am Weststrand lebt weiter. Tgl. bis 20 Uhr, Weststrand 13, 25992 List, Tel. 04651/87 13 60, www.bam-bus.de

### ÜBERNACHTEN

**DJH Jugendherberge List-Mövenberg.** Die gut ausgestattete Jugendherberge, die nördlichste Deutschlands, bietet knapp 400 Betten und besitzt einen eigenen Jugendstrand, nur etwa 20 Minuten Fußweg entfernt. 25992 List, Tel. 04651/87 03 97, www.jugendherberge.de/jh/list

**Jugendzeltplatz Mövenberg.** Weiträumige Anlage mit Zelten, einem Bolzplatz und anderen Sportfeldern sowie einem Grillplatz. Jugendfreizeitstätte Mövenberg, 25992 List, Tel. 04651/87 03 60, www.gvfj.de

Das Listland im Sylter Norden, eine Landschaft von schlichter Schönheit.

**Oben:** Als imposanter blauer Klotz thront das Erlebniszentrum Naturgewalten unweit des Lister Hafens. **Unten:** Anschaulich: Die Zusammenhänge in der Natur werden hier toll erklärt.

# 22 Erlebniszentrum Naturgewalten

## Klima, Naturgewalten und die Kräfte der Nordsee

**Ein Aquarium ist es nicht, ein Wissenschaftszentrum ist es auch nicht, aber in jedem Fall ist es ein besonders gelungenes Projekt, das Naturwissenschaft zum Erleben, Anfassen und Begreifen bietet – spannend und spielerisch erfahrbar. Kinder, Jugendliche und Erwachsene, sie alle haben in dem imposanten blauen Kubus mit seinem roten »Leuchtturm« ihre ganz persönlichen »Aha-Erlebnisse«, wenn sie die Zusammenhänge der Naturkräfte im Lebensraum der Nordseeküste begreifen.**

Auf dem großen Luftbild am Boden im Eingangsbereich kann man alles erkennen: die Ortschaft mit der eigenen Ferienwohnung oder dem Hotel, das Ziel des Familienausflugs, den Lieblingsstrand ... Und auch das Wetter, das Leben in Watt und Dünen, der Küstenschutz und erneuerbare Energien werden mit konkreten Beispielen verdeutlicht. Wie sieht ein Astronaut Stürme, Hurrikans und Gewitterfronten aus seiner Raumstation? Wie verändert der Anstieg des Meeresspiegels die Kontinente, welchen Einfluss hat das auf unser Leben?

## Watt ist denn hier los?

Ein Modell zeigt, wie die fernen Gestirne Sonne und Mond die gewaltigen Wassermengen auf der Erde beeinflussen und so für die Gezeiten verantwortlich sind. Bei Stürmen und Sturmfluten in der Nordsee steigt das Wasser so hoch, dass Menschen in ihren Häusern in Gefahr geraten zu ertrinken. Wie kommt es dazu und wie erleben es die Betroffenen? Hier kann man es aus erster Hand hören, von Zeitzeugen. Wanderdünen haben Sylt über Jahrhunderte geformt, ihr Flugsand hat ganze Orte unter sich begraben. Was spielt sich da ab, wieso bewegt sich die Düne weiter? Das Erlebniszentrum Naturgewalten gibt Antwort.

## Erlebnisse speziell für das junge Publikum

Auf dem Spielplatz würden viele Erwachsene gern einmal mitmischen. Über die Wackelbrücke muss man aber erst mal hinüberkommen, und der Matschplatz ist auch nicht ganz ohne. Fühl- und Riechstationen fordern die Sinne heraus, mit Energierädern kann man selbst Elektrizität erzeugen. Im Seetierbecken zeigen Mitarbeiter des Erlebniszentrums, wie der räuberische Seeskorpion aussieht oder der in einem fremden Schneckenhaus lebende Einsiedlerkrebs.

## Ein einmaliges Gemeinschaftsprojekt

Das Erlebniszentrum ist ein Gemeinschaftsprojekt der Lister Gemeinde mit dem Alfred-Wegener-Institut für Polar- und Meeresforschung und seiner Wattenmeerstation Sylt in List, der Nationalparkverwaltung Schleswig-Holsteinisches Wattenmeer und den auf Sylt aktiven Natur- und Küstenschutzvereinigungen. Das Alfred-Wegener-Institut (AWI) forscht in der Arktis, in der Antarktis und in den Ozeanen. Es koordiniert die Polarforschung in Deutschland, betreibt den Eisbrecher »Polarstern« sowie diverse Forschungstationen auf Sylt, in der Arktis und in der Antarktis. Besucher erhalten Einblicke in aktuelle Forschungsbereiche, können einige der Labore besichtigen und den Wissenschaftlern bei ihrer Arbeit über die Schulter gucken.

Die Wattenmeerstation Sylt des Alfred-Wegener-Instituts.

## Infos und Adressen

INFORMATION

**Erlebniszentrum Naturgewalten.** Im Erlebniszentrum gibt es ein kleines Bistro, das die Besucher (zu den Öffnungszeiten des Zentrums) mit Speis und Trank versorgt. Jan.–Juli tgl. 10–18 Uhr, Juli–Aug. tgl. 9–19 Uhr, Sept.–Dez. tgl. 10–18 Uhr, Hafenstr. 37, 25992 List, Tel. 04651/83 61 90, www.naturgewalten-sylt.de

**Wattenmeerstation Sylt.** Erforschung von Flora und Fauna des Wattenmeers in der Außenstelle des Alfred-Wegener-Instituts für Polar- und Meeresforschung. Im Sommer regelmäßig eineinhalbstündige Führungen, Info und Treffpunkt beim Erlebniszentrum Naturgewalten. Hafenstr. 43, 25992 List, Tel. 04651/889 22 38 oder 0170/628 30 81, www.awi.de

# 23 Ellenbogen
## Deutschlands nördlichster Punkt

**Der nördlichste Zipfel Sylts ragt wie ein angewinkelter Arm gen Osten. Einsam ist es hier und wunderschön mit weiten, feinen Sandstränden. Strandkörbe und Pommesbuden sucht man vergebens, dafür gibt es Dünen und einen Blick bis zur dänischen Insel Rømø im Norden.**

**Oben:** Die Grenzbaken in den Dünen am Ellenbogen dienen zur Orientierung.
**Unten:** Die einsame Naturlandschaft des Ellenbogens an der Nordspitze von Sylt.

Das ganze Gebiet des Ellenbogens steht unter Naturschutz und ist nahezu unbesiedelt. Wer die schmale Privatstraße mit einem Pkw befährt, muss eine Maut entrichten, Spaziergänger und Radfahrer zahlen nichts. Die Gebühr geht an die Erbengemeinschaft der Eigentümer des Ellenbogens, die davon u. a. die Straße mit ihren acht Parkplätzen und die Dünen unterhält. Von der Mautstation führt die Betonpiste zunächst nach Norden und knickt dann nach Osten ab. Kurz nach dem vor gut 150 Jahren erbauten Leuchtturm List-West passieren Strandspaziergänger den nördlichsten Punkt Deutschlands, rund 20 Kilometer nördlich der deutsch-dänischen Grenze auf dem nahen Festland. Der rot-weiße Leuchtturm ist das nördlichste Bauwerk Deutschlands.

Der Ellenbogen hat sich durch Sandablagerungen erst in den vergangenen Jahrhunderten herausgebildet. Das Baden an der Nordküste zum Lister Tief ist verboten, da hier die Nordsee auf das Wattenmeer trifft, was gefährliche Strömungen und Strudel nach sich zieht.

## Im Revier des »Eierkönigs«

Der ganze Norden der Insel Sylt gehört noch immer den Erben zweier Familien als jahrhundertealtes

## Wanderung

**A Mautstelle** – An der Mautstelle müssen Autofahrer eine Gebühr für die Straßennutzung entrichten. Fußgänger werden glücklicherweise nicht zur Kasse gebeten.

**B Leuchtturm List-West** – Der Leuchtturm List-West markiert den nordwestlichsten Punkt der Insel. Schiffe, die ihn passieren, müssen auf Strömungen und Sandbänke achtgeben.

**C Nordspitze** – Der nördlichste Punkt in ganz Deutschland befindet sich an der Nordspitze von Sylt. Wer von hier aus gen Osten blickt, schaut bereits auf die dänische Küste.

**D Leuchtturm List-Ost** – Mit dem Leuchtturm List-Ost weist ein zweites Leuchtfeuer den Schiffen an diesem diffizilen Küstenabschnitt den Weg. Das Lister Tief zwischen Sylt und Rømø eröffnet einen Weg zu den Häfen an der Wattenmeerküste.

Blick auf den Königshafen, die Meeresbucht im Norden der Insel.

AUTORENTIPP!

**BERNSTEIN SUCHEN**

Vor allem nach Stürmen kann es sich lohnen, bei der Wanderung am Nordseestrand schärfer nach orange-ockerfarbenen Steinen Ausschau zu halten. Die könnten sich als Bernstein entpuppen. Natürlich sind die kleinen Brocken nicht glänzend wie ein geschliffenes und blank geputztes Schmuckstück, sondern stumpf und rau. Wer besonderes Glück hat, kann sogar Einschlüsse von Insekten finden, die nicht rechtzeitig vor dem heruntertropfenden Harz flüchten konnten. Bernstein ist nämlich versteinertes Harz, auf Syltfriesisch »Rööfstiin« genannt. Das stammt von Kiefern, die vor vielen Millionen Jahren die Landschaft bis weit hinauf nach Skandinavien bedeckten. Die Gletscher der Eiszeiten schoben Steine, Erde und auch den Bernstein weit nach Süden. Aus Bernstein wird Schmuck gefertigt. Früher hatte er in der Medizin oder aufgelöst als Zusatz für Lackfarben Bedeutung.

Erblehen der dänischen Krone. Um das unfruchtbare Land hatten sie sich lange nur wenig gekümmert, es brachte bis auf das lange Zeit lukrative Sammeln und Verkaufen der Eier von Möwen, Seeschwalben und Brandgänsen kaum Erträge. Das Recht, diese Eier zu verkaufen, war den Lister Pächtern vom König als Privileg verliehen worden. Unter sich wählten sie einen »Eierkönig«, der wiederum einige Gehilfen ernannte, die »Eierprinzen«. Zusammen organisierten sie das Sammeln und den Schutz der Gelege vor Eierräubern, die ebenfalls am ertragreichen Verkauf interessiert waren. Der bekannteste Eierkönig war »Lille Peer«, der »Kleine Peter«, der von 1654 bis 1718 in List gelebt haben soll und eigentlich Peter Hansen hieß. Der Sage nach war der stark untersetzte Mann so kräftig, dass er sein Boot auf der Schulter umhertrug. Rund 30 000 Möwen- und 20 000 Seeschwalbeneier soll er jährlich erbeutet haben.

Die Übernahme der Herrschaft durch Preußen nach dem Krieg gegen Dänemark ließ das Privileg hinfällig werden, hinzu kam eine Verordnung über die Schonzeit von Wildtieren, die das Geschäft nicht mehr lohnend machte. Mit dem Bau des Hindenburgdamms ab 1923 gelangte mit dem Rotfuchs ein noch gewiefterer Eierräuber auf die Insel, der den Vogeleiern bis heute stark zusetzt.

## Strandwanderung um den Ellenbogen

Einsame markierte Trampelpfade führen von der Straße durch die hier bis zu 13 Meter hohen Dünen an den endlosen Strand. Diese sollten Urlauber auch nutzen, um die empfindlichen, mit Strandhafer bewachsenen Dünen nicht zu beschädigen. Die Strandwanderung rund um die Spitze des Ellenbogens gehört für viele zu den schönsten Naturerlebnissen auf Sylt.

Unbemerkt vom Strandwanderer herrscht auf dem Ellenbogen reger Datenverkehr: Von der Übergabestation Cantat 3 erledigt ein leistungsfähiges Glasfaserkabel den Datentransfer von Europa durch den Nordatlantik nach Kanada.

Kinofans könnte der Ellenbogen Déjà-vu-Erlebnisse bieten. So hat die Dünenlandschaft mit ihrer einsamen Betonpiste Roman Polanski dazu verführt, hier Szenen seines Politthrillers »Ghostwriter« zu drehen, der eigentlich auf der Insel Martha's Vineyard vor Massachusetts spielt.

## Minisiedlung mit Appartements

Die gut fünf Kilometer lange Privatstraße führt an den beiden Leuchttürmen vorbei bis zur Minisiedlung Üthörn. Früher nutzten Mitarbeiter der Biologischen Anstalt Helgoland die 1936 errichteten Gebäude zur Austernfischerei, doch schon in den 1960er-Jahren wurden sie zu einem Hotel mit Café und Restaurant umgebaut. Seit 1976 kommen Urlauber hier in den nördlichsten Ferienwohnungen Deutschlands unter, umgeben vom Naturschutzgebiet Nord-Sylt und dem Nationalpark Schleswig-Holsteinisches Wattenmeer. Hier kann man am Strand wandern, im Strandkorb der Brandung lauschen oder mit dem Fernrohr das Treiben auf der Vogelinsel Uthörn gegenüber beobachten.

Aktivurlauber können das hiesige Surfgebiet Lister Königshafen nutzen. Das Surfrevier ist auch bestens für Anfänger geeignet, da Erwachsene sogar bei Flut noch im flachen Wasser stehen können. Dafür ist das Surfen nur drei Stunden vor oder nach Hochwasser möglich, da ansonsten nicht genug Wasser im Königshafen steht. Der vorletzte Parkplatz entlang der langen Zufahrt ist auch für Tagesbesucher der beste, da Surfer von hier nur 100 Meter zum Wasser zurücklegen müssen.

Am Ellenbogen stehen die zwei ältesten aktiven, aus Eisen erbauten Leuchttürme Deutschlands.

## Infos und Adressen

### ÜBERNACHTEN

**Üthörn Ferienwohnungen.** Paradiesische Einsamkeit und Ruhe an der Spitze des Ellenbogens. Ein Brötchenservice sorgt für gute Stimmung zum Frühstück. Conni & Thomas Diedrichsen, 25992 List-Ellenbogen, Tel. 04651/87 02 18, www.uethoern.de

### AKTIVITÄTEN

**Windsurfen.** Mehrere Surfspots im Königshafen nicht weit von den Parkplätzen entlang der schmalen Betonpiste. Die Windsurfschule von Ralf Meyer bietet hier Kurse an. Surfschule Ralf Meyer, Alter Kirchenweg 52, 25980 Keitum, Tel. 0171/345 62 11, Surfspot: Sylt-Königshafen

**Kitesurfen.** Entlang der Straße auf dem Ellenbogen, beim ersten Parkplatz rechts hinter dem Wärterhäuschen (weißer Opel-Transporter von Kitelehrer Pili). Kontakt am besten per SMS, Tel. 0151/23 34 11 01, www.kiteschule-sylt.de

# 24 Uthörn
## Vogelschutzgebiet im Nationalpark

**Die kleine Insel ist nach Sylt die zweitnördlichste Insel Deutschlands. Sie breitet sich auf einer Fläche von rund 13 Hektar in der Bucht Königshafen aus und steht schon seit mehr als 50 Jahren als Vogelschutzgebiet unter Naturschutz. Zusätzlich ist Uthörn vom Naturschutzgebiet des Schleswig-Holsteinischen Nationalparks Wattenmeer umgeben.**

Die etwa 780 Meter lange und bis zu 240 Meter breite Vogelschutzinsel darf von Menschen nur mit einer Sondergenehmigung betreten werden. Damit genießt sie die höchste Schutzkategorie des Nationalparks Wattenmeer. Dabei wäre das kleine Eiland von der Küste am Lister Koog ganz einfach mit wenigen Schritten zu erreichen. Auf Uthörn wachsen nur einige Gräser wie der robuste Strandhafer.

Hier haben gefährdete Vogelarten wie Zwergsee- oder Küstenseeschwalbe sowie der bis zu 20 Zentimeter große Seeregenpfeifer ein Rückzugsgebiet gefunden, deren Strandbiotope immer stärker von Urlaubern in Beschlag genommen werden. Der Seeregenpfeifer fällt mit seinem typischen schnellen Lauf auf, den er abrupt unterbricht, um im feuchten Schlick nach Nahrung zu stochern. Die Küstenseeschwalbe gehört zu den erstaunlichsten Zugvögeln überhaupt. Sie brütet in der Nordpolarregion, auch auf Island und Grönland, und überwintert am Rande der Antarktis nicht weit vom Südpol. Hier findet sie kleine Krebse und Fische, von denen sie sich ernährt. Der kleine Vogel kann in seinem Leben bis zu 2,4 Millionen Flug-

**Oben:** Seemöwen ernähren sich von den kleineren Bewohnern des Watts und der See.
**Unten:** Austernfischer wandern auf der Suche nach Nahrung an der Küste entlang.

kilometer zurücklegen. Geschicktes Ausnutzen globaler Windströmungen erleichtert ihr diese erstaunliche Leistung. Auch Eiderenten, Brandgänse, Möwen und Austernfischer fühlen sich hier so sicher, dass sie das Eiland zu ihrem Brutgebiet erkoren haben.

## Möwen, Seehunde und Surfer

Von einer kleinen Sandbank hat sich Uthörn durch Anspülungen und angewehten Sand im Lauf vieler Jahre zu einer regelrechten Insel gemausert, deren höchste Erhebungen rund vier Meter betragen. Damit ist sie ein idealer Rast- und Brutplatz für Seevögel, auch bei Flut. Die angrenzenden Salzwiesen bieten ihnen ebenso wie die ausgedehnten Wattflächen gleichzeitig einen nahezu unerschöpflichen Vorrat an Nahrung. Der Möwenberg südlich des Königshafens erinnert mit seinem Namen an die einst gewaltigen Möwenkolonien. Sie sollen so viele Eier gelegt haben, dass Familien sich sogar Rühreier aus Möweneiern zubereitet haben. Bei Ornithologen und Vogelbeobachtern zählt Uthörn mit dem Königshafen und dem Lister Koog zu den lohnendsten Beobachtungspunkten auf Sylt.

Auch Windsurfer, die vom gegenüberliegenden Ufer am Ellenbogen die große »Badewanne« des Königshafen auf ihren Brettern durchpflügen, dürfen der Insel nicht zu nahe kommen. Das für Wassersportler nutzbare Terrain endet deutlich vor dem Ufer der Vogelinsel, deren tierische Bewohner nicht gestört werden sollen. Seehunde halten sich nicht an das strikte Verbot. Deshalb können Beobachter zuweilen auch Meeressäuger am Rande der Insel mit dem Fernglas ausmachen. Wenn sich die Möwen in Schwärmen von mehreren Hundert Vögeln erheben, lässt sich das jedoch auch mit bloßem Auge ausmachen.

**Oben:** Südlich des Ellenbogens ist Windsurfen möglich, in der Nordseebrandung auch Wellenreiten. **Unten:** Seehunde kann man im Wasser oder auf vorgelagerten Sandbänken ausmachen.

## Infos und Adressen

### INFORMATION

**NABU.** Der Naturschutzbund Deutschland, kurz NABU, betreut das 20 000 Hektar große Gebiet »Wattenmeer nördlich des Hindenburgdamms« und damit auch die Vogelschutzinsel Uthörn. Schutzgebietsreferat, Hafenstr. 37, 25992 List, Tel. 04651/83 61 921

# DER SÜDEN

**S. 132/133:** Das »Dorint Hotel« residiert in Spitzenlage in den Dünen von Rantum.
**Oben:** Heute Naturidylle, einst Fanganlage: die Vogelkoje Eidum.
**Unten:** Stockenten im Landeanflug. Ihren Vorfahren wurde hier der Hals umgedreht.



# 25 Eidum Vogelkoje

## Von der Fanganlage zum Biotop

**Insgesamt 60 Jahre, von 1874 bis 1934, war die Vogelkoje am nordwestlichen Rand des Rantumbeckens in Betrieb. Wie in der gut restaurierten Vogelkoje nördlich von Kampen ging es hier nicht um die Hege und Pflege von Zugvögeln, sondern um reiche Beute, vor allem unter den hier rastenden Enten. Heute ist die Vogelkoje mit ihrem Süßwasserteich keine Fanganlage mehr, sondern ein Biotop für viele Tier- und Pflanzenarten.**

Ein Rundweg, der 2011 als Lehrpfad eingerichtet wurde, führt teilweise auf Stelzen durch das Naturgelände, das in einem lang gezogenen Wäldchen zwischen der Hörnumer Straße und dem Rantumer Becken verborgen liegt. Heute erinnert nur wenig an seine frühere tödliche Bestimmung. Enten und andere Wasservögel, Grashüpfer und mit etwas Glück sogar Rotwild lassen sich im Uferbereich des einstigen Fangteichs erspähen. Auch eine früher gebräuchliche Fangpfeife ist rekonstruiert, die in einer Art Reuse endet. Waren die Enten einmal darin gefangen, gab es für sie kein Entrinnen mehr. Zahme Lockenten, denen die Flügel gestutzt waren und die so nicht mehr fliegen konnten, suggerierten den Zugvögeln einen idyllischen Landeplatz auf dem Süßwasserteich. Und nur die Lockenten kannten das geheime Schlupfloch, durch das sie der tödlichen Falle wieder entkommen konnten.

## Vogelausstellung und Fuchsjagden

Das Informations- und Schulungszentrum im Haupthaus am Teich der 1934 stillgelegten Vogelkoje bietet nicht nur einen geschützten Beobachtungsplatz auf die Natur, sondern informiert unter anderem mit ausgestopften Tieren und lehrreichen Schautafeln über die Vogelkoje sowie zusätzlich über das Naturschutzgebiet Baakdeel gleich westlich der Hörnumer Straße. Die Ausstellung zeigt über 50 Vogelarten und ihre natürlichen Lebensbedingungen. Sie wird vom Hegering Sylt betreut, einem Mitgliedsverein der Kreisjägerschaft Nordfriesland. Der schon mehr als 70 Jahre bestehende Hegering Sylt organisiert auch Fuchsjagden. Über den Hindenburgdamm gelangen seit den 1930er-Jahren Füchse auf die Insel, die bei den brütenden Seevögeln und deren Eiern reiche Beute finden. Da einige Brutvögel bereits verschwunden sind und andere in ihrem Bestand stetig dezimiert werden, werden die Füchse bejagt und rund 100 von ihnen im Jahr erlegt. Ähnliches gilt für die zur Familie der Wühlmäuse gehörenden, äußerst fruchtbaren Bisamratten, die bereits viele Inseldeiche unterminiert haben.

## »Schutzpatron« Eigir

Die Vogelkoje trägt den Namen der untergegangenen Stadt Eidum, einem Vorläufer des heutigen Westerland. Deren Name leitet sich von Eie oder Eigir ab, einem gar nicht freundlichen Meeresgott aus der nordischen Sagenwelt. Vielleicht wollten die Bewohner des Küstenorts diesen rachsüchtigen Meeresherrscher mit der Namensgebung günstig stimmen, doch ihr Versuch ist gründlich misslungen. Nach verheerenden Sturmfluten mussten die überlebenden Bewohner ihr Dorf mehrfach weiter im Westen wiederaufbauen. Nach der mörderischen Allerheiligenflut 1436 gaben sie ihren Ort endgültig auf, gründeten eine neue, auf dem höheren Geestrücken gelegene Siedlung und nannten sie schlicht Westerland. Eigir als Schutzpatron hatte sich nicht bewährt.

Aus den Reusen konnten sich die gefangenen Enten nicht mehr befreien.

## Infos und Adressen

### INFORMATION

**Ausstellung Eidum Vogelkoje.** Mitte Mai–Mitte Okt. Mo 10–12 Uhr, Di, Do 14–18 Uhr, Mi, Fr 16–18 Uhr. Infos zu aktuellen Öffnungszeiten und Führungen bei Birgit Hussel, Tel. 0171/2167887. Der Rundweg ist ganzjährig geöffnet. Hegering Sylt, Friedrichstr. 17, 25980 Westerland, Ansprechpartner Dr. Thomas Blanck, Tel. 04651/7474

**Oben:** Im früheren Fischerhafen von Rantum liegen heute Sport- und Freizeitboote.
**Unten:** Viele Wehrmachtskasernen wurden nach dem Krieg zu Erholungsheimen umgebaut.



# 26 Rantum

## Reetdächer an Sylts Wespentaille

**Bei Rantum beginnt der südliche Nehrungshaken von Sylt. Dieser merkwürdige Begriff bezeichnet einen sandigen Landstreifen, der einen flacheren Meeresteil, in diesem Fall das Watt, vom offenen Wasser, der Nordsee, abtrennt. Gleichzeitig ist bei Rantum Sylts Wespentaille: Nur 500 Meter sind West- und Ostküste der Insel hier voneinander entfernt.**

Ran, die Gemahlin des nordischen Meeresgottes Eigir, war keine Schönheit, sie soll eine geradezu walrossartige Gestalt gehabt haben. Während ihr ähnlich hässlicher Ehemann anmutigen Sylter Frauen nachstieg, mahlte sie auf dem Meeresgrund Salz. Wohl frustriert vom Treiben ihres Mannes, fielen ihre Mahlbewegungen so heftig aus, dass sie Schiffe in Seenot gebracht und sogar in die Tiefe gerissen haben sollen. Auch die Siedlung Rantum nach ihr zu benennen, besänftigte die unleidliche Frau nicht. Sturmfluten und die zerstörerische

### MAL EHRLICH

**SANSIBAR MERCHANDISING**

Wahrscheinlich ist es altmodisch, sich darüber aufzuregen, realitätsfremd sowieso, und es nützt auch nichts. Trotzdem, was haben eine Dose Thunfisch in Olivenöl, ein Grappa von Nonino oder ein Hundehalsband »Krazy« mit dem Dünenrestaurant südlich von Rantum zu tun? Es geht natürlich darum, »das Sansibarsche Gefühl in die Tasche stecken«. Vielleicht aber auch darum, mit extensivem Merchandising noch einige Euros extra zu machen. Das wird man doch wohl mal sagen dürfen.

Ferienhäuser im Friesenambiente an der Wattseite von Rantum.

Gewalt der auch »Weißer Tod« genannten Wanderdünen zwangen die Bewohner des Ortes mehrfach, ihre Häuser aufzugeben und an anderer Stelle neu aufzubauen.

## Rantums Ortsgeschichte

Viele Dutzend Jahre waren die Bewohner Rantums vor den Wanderdünen auf der Flucht. Noch Mitte des 18. Jahrhunderts, so wird berichtet, mussten Rantumer ihre Kirche zum Gottesdienst durch ein Fenster im Glockenturm betreten, um dann in die zugesandete Kapelle hinunterklettern zu können. Kein Wunder, dass viele ihre Häuser endgültig aufgaben und wegzogen. Im Jahr 1890 war die Einwohnerzahl Rantums auf weniger als 30 Menschen geschrumpft, die sich auf sechs verbliebene Häuser verteilten. Der Verkauf von Dünengräsern, mit denen Seile gefertigt wurden, und Weidegeld für Schafe aus anderen Inselorten brachten etwas Geld in die Kassen. Anfang der 1930er-Jahre kam die Wende, zunächst mit bescheidenem Fremdenverkehr, dann ab 1936 mit dem Bau des Rantumer Beckens als geplantem Seefliegerhorst mit dazugehörigen Kasernen. Nach dem Krieg vervielfachte sich die Bevölkerung des Dorfs, als 3000 Flüchtlinge aus den Ostgebieten des untergegangenen Deutschen Reichs in die Kasernen einquartiert wurden. Heute sind die früheren Militärunterkünfte über-

AUTORENTIPP!

**STRANDSAUNA SAMOA**

Aus dem Panoramafenster geht der Blick über den Strand direkt auf die Nordsee. Achim Hilles Strandsauna am Samoa Strand ist schon etwas Besonderes – und das seit bald 20 Jahren. Insgesamt fünf Strandsaunen gibt es auf Sylt. Neben der Sauna Samoa gleich südlich von Rantum kann man noch am Dünengrund etwas nördlich des Orts, in List nicht weit von der Bam-Bus Bar, am Weststrand von Kampen und in Hörnum in Strandnähe schwitzen. Nach der finnischen Schwitzkur kommt der friesische Kälteschock. Ein Tauchbecken ist nicht in Sicht, doch erfrischender als die Nordsee könnte es ohnehin nicht sein. Als Ruheraum dient der Strand, und statt auf einer Liege kann man sich in bequeme und windgeschützte Liegestühle kuscheln.

**Strandsauna Samoa.** April–Okt. 12–18 Uhr, übriges Jahr Fr–So 13–17 Uhr, Hörnumer Landstr. 70, 25980 Rantum, Tel. 04651/221 65, www.strandsauna-samoa.de

wiegend zu Wohn- und Ferienheimen für verschiedene gemeinnützige Träger umgebaut. In der ehemaligen Torbogenkaserne der Wehrmacht ist beispielsweise das ADS-Gerd-Lausen-Haus mit einem Schullandheim und einer Herberge für Seminar- und Tagungsgäste untergebracht.

## Ferienhäuser und Sportboote

Im Straßendorf, das sich erst 1948 als eigene Gemeinde vom südlichen Hörnum abtrennte und sich gut 60 Jahre später mit Westerland und Sylt-Ost zur Gemeinde Sylt zusammenschloss, stehen viele Häuser mit gemütlichem Reetdach in den Dünen. Nicht wenige von ihnen dienen als Zweitwohnsitze, einige lassen sich auch als idyllische Ferienhäuser mieten. Auf die rund 500 Einwohner von Rantum kommen immerhin 45 000 Übernachtungen von Feriengästen. Einige haben auch ihre Segelboote dabei. Kein schlechter Gedanke, verfügt Rantum doch an der südöstlichen Ecke des Rantum-Beckens über einen kleinen, tideabhängigen Hafen, der nur von Sportbooten genutzt wird.

## Neue Kirche mit altem Inventar

Rantums Kirchen wurden so lange ein Opfer der Sandverwehungen, bis die evangelische Kirche das Kirchspiel aufgab. Die neue St.-Peter-Kirche wurde erst 1964 eingeweiht. Den Klinkerbau mit steilem Dach und den separaten hölzernen Glockenstapel schützen Reetdächer. Die Kirche wurde, recht mutig, gleich hinter dem ersten Dünenzug nicht weit vom Weststrand errichtet. Im außen und innen schlichten Gebäude fallen die schönen Buntglasfenster auf, der Flügelaltar mit biblischen See- und Meeresszenen und zwei Gemälde, die schon in der früheren Kirche Rantums hingen. Bei der damaligen Versteigerung der als Baumaterial begehrten Steine des Kirchengebäudes ging auch das Inventar an

AUTORENTIPP!

**SYLT-QUELLE**

Die ungewöhnliche, 16-eckige Glaskonstruktion des Quellenhauses der Sylt-Quelle ist von weithin zu sehen. Hier sprudelt das reine und jodhaltige Mineralwasser, um pur oder mit Kohlensäure versetzt abgefüllt zu werden. Eine Pipeline schafft es aus mehreren Hundert Metern Tiefe hierher. Das eigentliche Quellgebiet mit mehreren unterschiedlichen Quellen liegt tief unter dem Samoa Strand. Das Restaurant und Café »Il Ristorante« präsentiert im genuss:raum der Quelle italienische Speisen. Bis zu 1000 Besucher fasst die event:halle, eine gut besuchte Bühne für das Meerkabarett. Im benachbarten kunst:raum ist Platz für eine Kunstgalerie sowie für Appartements von Künstlern, die hier einige Wochen wohnen und arbeiten können.
In den Sommermonaten ist der kunst:raum gleichzeitig Veranstaltungsort für die Kinder-Uni Sylt (www.die-kinder-uni.de), die hier kurzweilige Veranstaltungen zur Meeresbiologie anbietet.

**Sylt-Quelle.** Hafenstr. 1, 25980 Rantum, Tel. 04651/920 33, 04651/92 03 20 (Il Ristorante), www.sylt-quelle.de, www.genussraum.info

## Lageplan

**A Baakdeel** – Das ausgedehnte Naturschutzgebiet zieht sich von Rantum mit zahllosen Dünen und Senken nach Süden. Hier findet man auch seltene Pflanzen, beispielsweise den fleischfressenden Sonnentau.

**B Sylt-Quelle** – Sylt-Quelle ist nicht nur die Abfüllstation der Sylter Mineralquelle, sondern auch eine bekannte Location für Kulturveranstaltungen mit Kabarett, Theater und bildender Kunst.

**C St.-Peter-Kirche** – Die Kirche von Rantum hatte mehrere Vorgänger, die alle im Laufe der Zeit im Flugsand versanken. Doch die Wanderdünen sind mittlerweile gezähmt, und so kann sich die moderne Kirche mit einigen Interieurs der alten Kirchen nun auf Dauer einrichten.

**D Schutzstation Wattenmeer** – Die Schutzstation ist eine von vielen Einrichtungen dieser Art entlang der Nordseeküste. Wattwanderungen und Salzwiesenführungen gehören zu ihren beliebtesten Angeboten.

**E Dorfhotel** – Ein Dorfhotel sollte vielleicht etwas weniger schlicht daherkommen, doch das umfangreiche Angebot und die vergleichsweise moderaten Preise zeitigen Erfolge: Vor allem Familien mit kleinen Kindern fühlen sich hier wohl.

Die Heime Haus Stegerwald und Gerd-Lausen-Haus waren früher Kasernen.

**Oben:** Rettungsschwimmer wachen an den beliebtesten Badestellen.
**Mitte:** In Rantum stehen – nach Kampen – die meisten Reetdachhäuser auf der Insel.
**Unten:** »Fischträger« heißt die Plastik von TRAK Wendisch bei der Sylt-Quelle.

einen Ebe Pohn aus Westerland. Der hatte verfügt, dass die Bilder bei einem Neubau der Kirche in diese zurückkehren sollten, und tatsächlich schenkten seine Nachkommen die Bilder rund 160 Jahre nach der Auktion an die neue Kirche zurück.

## Legende einer herben Friesin

Der Merret-Lassen-Wai nahe des Rantumer Wattenmeers erinnert an eine andere Sylter Legende: Merret Lassen. Einen Norweger, dessen Schiff bei Rantum gestrandet war, hatte die Rantumerin Merret 1810 geheiratet. Den mochte sie wohl, denn sie gebar ihm 21 Kinder, von denen 17 überlebten. Sie bildeten die Basis eines weit über Sylt hinaus verbreiteten Lassen-Clans. Der herbe Charme der Friesin war berühmt und ihre zupackende Art auch. Als der dänische König Friedrich IV. 1825 die Insel besuchte, um Flutschäden zu inspizieren, wollte er die Frau kennenlernen, die bei dem Hochwasser so viele Menschen gerettet hatte. Dann müsse er eben nach Rantum kommen, wurde dem Monarchen beschieden. Der war beeindruckt und kam tatsächlich. Als er da war, trat Merret aus dem Haus und bedeutete ihm kurz auf Friesisch: »Das bin ich von vorn«, drehte sich um und sagte: »und das bin ich von hinten«, bevor sie wieder im Haus verschwand.

## Strandabschnitt Samoa

Gleich südlich von Rantum hört ein Strandabschnitt auf den wohlklingenden Namen Samoa. Da sich auch mit sehr viel Fantasie kaum eine Ähnlichkeit mit der gebirgigen polynesischen Südseeinsel ergibt, ist es vielleicht der romantische Name der einstigen deutschen Pazifikkolonie, der bei der Taufe der Dünen- und Strandlandschaft den Ausschlag gab. Vielen ist dagegen das gemütliche »Restaurant-Café Seepferdchen« mit angeschlossener Strandsauna ein Begriff. Nördlich von Samoa breitet sich das Naturschutzgebiet Baakdeel-Rantum aus, südlich die Rantumer Dünen. Die längst mit Strandhafer bewachsenen Dünen wandern schon lange nicht mehr auf Rantum zu. Auf den Salzwiesen entlang der Wattküste von Rantum gedeihen Strandwermut und Strandastern, außerdem Queller, dessen fleischige Blätter in den Inselrestaurants als Delikatesse geschätzt werden.

## FKK-Strand Sansibar

Sansibar liegt gleich südlich von Samoa. Wer sich nun über katastrophale Geografiekenntnisse aufregen möchte, sollte erst auf die Landkarte von Sylt schauen: Dort schließt nämlich der FKK-Strand Sansibar südlich an den FKK-Strand Samoa an. Auch hier schweben die Hintergründe für die kreative Namensgebung im Dunkeln. Zumindest war sowohl die Insel vor der ostafrikanischen Küste ähnlich wie Samoa in der Südsee zeitweilig Teil kolonialer und handelspolitischer Interessen des Deutschen Kaiserreichs um die Wende zum 20. Jahrhundert.

Das feuchte Dünental der Rantumer Dünen zieht sich bis nach Puan Klent im Süden. Das 397 Hektar große und besonders reizvolle Dünengebiet zwischen Rantum und Hörnum wurde 1973 mit Ausnahme der Enklaven Seefunkstation und Kinderheime unter Naturschutz gestellt. Hier trifft man nur auf wenige Menschen, dafür auf viele, viele Moorfrösche und Kreuzkröten, die sich über ein Refugium freuen dürfen, das der Ausbreitung der Zivilisation bislang standhält. Einige diskrete kleine Schutzzäune helfen, dass nicht zu viele der amphibischen Tiere dem Durchgangsverkehr auf der Inselstraße zum Opfer fallen. Zu den 650 auf Sylt vertretenen Pflanzenarten gehört hier auch der Sonnentau. Dessen mit Klebedrüsen besetzten Blätter warten auf unvorsichtige Insekten, von denen sich die fleischfressende Pflanze ernährt.

AUTORENTIPP!

**SANSIBAR**

Sansibar heißt nicht nur der Strandabschnitt südlich von Samoa, sondern auch ein Restaurant mit Bar und Weinkeller. Dank prominenter Stammgäste, geschicktem Marketing und Kooperationen hat sich die Sansibar mit ihrem aus Schwaben stammenden Chef Herbert Seckler seit 1977 selbst zu einer Kultmarke entwickelt. Das Logo – zwei gekreuzte Piratenschwerter – prangt auf allem, was nicht niet- und nagelfest ist: Öle, Grappa, Hemden oder Kaffee. Trotz alledem kann man in der weitläufigen Holzhütte nach wie vor ausgezeichnet essen und trinken. Sehr beliebt ist und bleibt das späte Frühstück ab 10.30 Uhr. Der wahre Schatz der Sansibar verbirgt sich allerdings im Dünensand. In den beiden Gewölbekellern lagern rund 45 000 Weinflaschen, getrennt nach weißen und roten Weinen, darunter ganz besondere Schätze.

**Restaurant Sansibar.** Tgl. ab 10.30 Uhr, Hörnumer Str. 80, Rantum, Tel. 04651/96 46 46, www.sansibar.de

# Infos und Adressen

## ESSEN UND TRINKEN

**Coast.** Kreative Küche von Land und Meer wird schon seit einigen Jahren im früher traditionellen Lokal serviert. »Himmel und Erde« listet Lamm- und andere Gerichte mit Produkten vom Land auf, »Aus'm Wasser« ist das Pendant mit Fischen und Krustentieren. Tgl. ab 9 Uhr, Stiindeelke 1, 25980 Rantum, Tel. 04651/15 51, www.restaurant-coast.de

**Hus in Lee.** Das »Haus im Windschatten« kuschelt sich an die Ostseite der Rantumer Düne. Der freundliche Service bringt reichliche Portionen von der Kutterscholle, aber auch Ossobuco Milanese. Kleine, nette Kinderkarte. Bestes Kuchenangebot auch nachmittags für die Terrasse. Tgl. 12–21 Uhr, Hörnumer Str. 26, 25980 Rantum, Tel. 04651/215 89, www.hus-in-lee.de

Hübsch: »Tadjem Deel«.

**Seepferdchen Samoa.** Hier abends im Strandkorb bei einem Krabbenbrot sitzen und der Nordseebrandung lauschen, das ist kaum zu toppen. Das kulinarische Angebot im »Seepferdchen« mitten in den Dünen südlich von Rantum ist groß und reicht vom Pott Kaffee mit einem Stück Blechkuchen bis zum Saltimbocca vom Dorschfilet. Tgl. ab 12 Uhr, Hörnumer Str. 70, 25980 Rantum, Tel. 04651/55 79, www.samoa-seepferdchen.de

Rantums Ferienheime laden zum Spielen ein.

**Söl'ring Hof.** Küchenzauberer Johannes King weiß, wie es geht. Alles ist vom Feinsten, vom Kaviarwagen bis zu unterschiedlich kalt marinierten Sylter Austern oder dem Kabeljau auf Feldsalatcreme. Dazu gibt es ein exzellentes Wein- und Bierangebot sowie perfekten Service. Dazugehörig ein Spitzenhotel mit Nordseeblick. Mo–Sa ab 18.30 Uhr, Am Sandwall 1, 25980 Rantum, Tel. 04651/83 62 00, www.soelring-hof.de

**Tadjem Deel.** Freundliches Familienrestaurant in den Dünen. »Spezialisten« finden hier leckeres Labskaus, auch der Fischteller ist ein Genuss. Kinder fühlen sich besonders wohl mit Kinder-Begrüßungsgetränk, Bällebad und Außenspielgeräten. Mo–Sa ab 18.30 Uhr, Hörnumer Str. 60, 25980 Rantum, Tel. 04651/231 61

## ÜBERNACHTEN

**Alte Strandvogtei.** Das alte Friesenhaus wurde lange um- und ausgebaut. Jetzt wohnt man in geschmackvollen, modernen Zimmern. Nette Terrasse, kleiner exklusiver Wellnessbereich, gutes Frühstück. Angeschlossenes Appartementhaus Merret-Lassen-Hof. Merret-Lassen-Wai 6, 25980 Rantum, Tel. 04651/922 50, www.alte-strandvogtei

**Landhaus Rantum.** Geschmackvolle Zimmer und Suiten. Zusätzlich Vermittlung von komfortablen Wohnungen und Dünenhäusern. Im gleichen Gebäude befindet sich das Restaurant Coast. Stiindelke 1, 25980 Rantum, Tel. 04651/1616, www.landhaus-rantum.de

**Söl'ring Hof.** Edle Herberge auf dem Dünenrücken mit luxuriösen Zimmern, klassisch mit modernen Nuancen eingerichtet. Kleiner, netter Wellnessbereich, exzellentes Frühstück. Mit angeschlossenem Gourmetrestaurant. Am Sandwall 1, 25980 Rantum, Tel. 04651/836200, www.soelring-hof.de

**Watthof.** Eine gute Adresse für Hundebesitzer. Gepflegte Zimmer und Suiten, kleiner Wellnessbereich mit Sauna, herzhafte Frühstücksvariationen. Raanwai 40, 25980 Rantum, Tel. 04651/8020, www.watthof.de

## EINKAUFEN

**Strandkörbe.** Hier werden die originalen Strandkörbe hergestellt, auch zum Versand für den heimischen Garten oder (Groß-)Balkon. Die Körbe sind nicht gerade billig, dafür aber sehr gemütlich. Mo–Fr 10–12 und 13–16.30 Uhr, Hafenstr. 10, 25980 Rantum, Tel. 04651/22843, www.sylt-strandkoerbe.de

## AKTIVITÄTEN

**meerspass.** Wellenreiten und Windsurfen ab Juni, spezielle Angebote für »Kids on the Beach«. Information und Kursanmeldung über die Rezeption des Dorfhotel SPAs, Hafenstr. 1a, 25980 Rantum, Tel. 04651/4609166, www.meerspass.info

**Radfahren.** Viele Unterkünfte bieten für ihre Gäste Leihfahrräder an. Wer keine solche erwischt hat, findet einen Fahrradverleih in der Hörnumer Str. 11, 25980 Rantum, Tel. 0170/3272076.

## INFORMATION

**Touristinformation Rantum.** Auch Vorreservierung von Strandkörben für den Urlaub. Mo–Fr 10–13 Uhr, Strandweg 7, 25980 Rantum, Tel. 04651/998209, www.rantum.de

Rantum: Hafenkiosk mit zehn Tischen und angeschlossener Räucherei – lecker!

# 27 Rantumer Becken
## Naturschutzgebiet im Watt

**Von 1936 bis 1937 wurde ein knapp 600 Hektar großes Wattgebiet bei Rantum eingedeicht. Ein Militärflughafen für Wasserflugzeuge der Deutschen Wehrmacht sollte hier entstehen. Doch bald setzte die Luftwaffe andere Prioritäten, auch Wasser- und Windverhältnisse erwiesen sich als ungünstig. Das sehen Zugvögel ganz anders, die das heutige Naturschutzgebiet Rantum-Becken als idealen Zwischenlandeplatz erkoren haben.**

**Oben:** Das Rantumer Becken ist eingedeicht und einer der Lieblingsplätze von Vögeln.
**Unten:** Schafe halten das Gras auf dem Deich des Rantumer Beckens kurz.

Nachdem sich auch Getreide und Kohlsorten mit dem Gelände nicht richtig anfreunden konnten, entstand 1962 das Naturschutzgebiet Rantum-Becken. Seit 1968 dürfen sich die eingedeichten Schilf- und Wasserflächen sogar »Europareservat« nennen. Streng genommen sind sie künstlich, also erst durch menschliche Eingriffe in die Natur, entstanden. Die mehr als 200 Vogelarten, die sich im geschützten Biotop wohlfühlen, stört das nicht im Geringsten. Wer die Vögel beobachten möchte, hat vom Rand des Rantum-Beckens sehr gute Bedingungen. Schließlich ermöglicht der hohe, rund neun Kilometer lange Damm rund um das Becken – auf dessen Krone auch ein Wander- und Radweg verläuft – Einblicke in die Vogelwelt, die anderswo selten zu finden sind.

## Gefiederte »Stammgäste« am Becken

Der südliche Teil des Beckens wurde wieder für das im Rhythmus von Ebbe und Flut einströmende Salzwasser des Wattenmeeres zugänglich gemacht. Seevögel wie Knutts oder Alpenstrandläufer haben auf die Veränderung positiv reagiert und sind in größerem Umfang zurückgekommen. Zu den »Stammgästen« des Beckens gehören auch Seeschwalben oder Säbelschnäbler, die gern auf angelegten Steininseln brüten, die zudem vor räuberischen Füchsen sicher sind. Mit ihrem markanten schmalen, leicht nach oben gebogenen Schnabel durchsieben die schwarz-weiß gefiederten Säbelschnäbler das Wasser nach Nahrung. Im nördlichen Bereich des Beckens ist, durch einen niedrigen Deich separiert, ein Süßwasserbiotop entstanden mit üppigem Schilfbewuchs im Uferbereich und mehreren Tümpeln. Hier brüten scheue Feldschwirle, die man an ihrem knatternden Ruf erkennt, oder Rohrsänger und zahlreiche bekannte Singvögel.

Zwei Sandinseln, noch östlich des Rantumer Beckens, sind erst 1972 aufgespült worden. Sie wurden inzwischen als Brutgebiet von Seevögeln wie der Zwergseeschwalbe in Beschlag genommen. Im Nordosten des Rantum-Beckens trifft dessen Deich auf den Nössedeich. Die hier aufgestellten Infotafeln informieren über verschiedene Aspekte des Küstenschutzes.

## Naturschutzgebiet Baakdeel

Gleich auf der westlichen Seite der Hörnumer Straße beginnt das gut 240 Hektar große Naturschutzgebiet Baakdeel. Es zieht sich von der Jugendherberge Dikjen Deel auf gleicher Höhe wie die Eidum-Vogelkoje bis zur Strandpassage Samoa. Dünen und Dünentäler sind zu einem großen Teil von Heidekraut bewachsen, und zwar überwiegend von der atlantischen Krähenbeerenheide sowie der üppig und mit großen Blüten prunkenden Glockenheide. In den feucht-moorigen Dünentälern – Baakdeel heißt so viel wie Tal des Seezeichens – gedeihen seltene Pflanzenarten: die bis zu 30 Zen-

*AUTORENTIPP!*

**SCHUTZSTATION WATTENMEER**

Seit 1962 kümmert sich der Naturschutzverein um den Schutz des Wattenmeers vor Schleswig-Holstein. Auf Sylt liegt ein Schwerpunkt der Arbeit, die insgesamt von knapp zwei Dutzend Stationen koordiniert wird. Das Watt südlich des Hindenburgdamms, die Hörnumer Heide- und Dünenflächen sowie das Naturschutzgebiet der Hörnum Odde liegen im Verantwortungsbereich der gemeinnützigen Vereinigung Schutzstation Wattenmeer e. V. Im ADS-Schullandheim von Rantum und in vier weiteren Stützpunkten auf Sylt können Schulklassen und andere Gruppen an Wattwanderungen teilnehmen, auf geführten Strand- und Salzwiesenwanderungen vieles zur Pflanzen- und Tierwelt im Watt und entlang der Küsten erfahren.

**Schutzstation Wattenmeer Rantum.** Wattwerkstatt Fr 16–18 Uhr, Am Torbogen 7, 25980 Rantum, Tel. 04651/ 92 61 70, www.schutzstation-wattenmeer.de

Alpenstrandläufer halten sich auf dem Vogelflug einige Zeit auf Sylt auf.

**Oben:** Der schwarz-weiße Säbelschnäbler ist ein häufig anzutreffender Zeitgenosse im Wattenmeer.
**Unten:** Auf der Deichkrone des Rantumer Beckens kann man prima Rad fahren.

timeter hoch wachsende Zwergbinse mit ihren schwarzen kugeligen Blüten, der gelb blühende Brennende Hahnenfuß oder der fleischfressende Sonnentau, dem unvorsichtige Insekten »auf den Leim gehen«.

## Kulturerbe und Hundestrände

Auch Kröten und Frösche, im Mai dank ihres Balzgequakes unüberhörbar, fühlen sich in den feuchten Dünentälern wohl. Das Naturschutzgebiet wird wie das nach Süden anschließende Gebiet Rantumer Dünen vom Heimat- und Kulturverein Söl'ring Foriining betreut.

Im Jahr 1979 wurde das Landschaftsschutzgebiet zum Naturschutzgebiet aufgewertet. Seit 2011 gehört es wegen seiner schützenswerten Landschaft und der einzigartigen Flora offiziell zum Nationalen Kulturerbe. Es darf auch für den Weg zum Strand nur auf den zugelassenen Wegen betreten werden. Das gilt natürlich ebenso für die vierbeinigen Freunde des Menschen. Hundestrände, an denen sich die Tiere am Strand und im Wasser austoben können, gibt es bei den Strandabschnitten Baakdeel und Dikjen Deel.

# Infos und Adressen

## ESSEN UND TRINKEN

**Richter's.** Gepflegte Küche nicht weit vom Rantum-Becken mit vielen regionalen Gerichten und einigen mediterran-asiatischen Nuancen. In der Saison herrliche Terrasse mit Blick und gutem Kuchen. Separater Kinderspielplatz. Für Raucher gibt es eine überdachte und beheizte Open-Air-Lounge. Tgl. 12–22 Uhr, Hörnumer Str. 5, 25980 Rantum, Tel. 04651/995 48 10, www.richters-sylt.de

## ÜBERNACHTEN

**Camping Rantum.** Gepflegter Campingplatz für Zelte und Wohnmobile kurz vor dem nördlichen Ortseingang von Rantum, vis-à-vis vom Rantum-Becken. Zum Strand sind es 400 m. Backladen, Bistro und Shop sind auf dem Gelände, WLAN gegen Gebühr. Hörnumer Str. 3, 25980 Rantum, Tel. 04651/889 20 08, www.camping-rantum.de

## INFORMATION

**Verein Jordsand.** Das Rantum-Becken wird seit 1957 von diesem gemeinnützigen Verein betreut, der, 1907 in Hamburg gegründet, heute fast zwei Dutzend Naturschutzgebiete entlang der Küsten Norddeutschlands in seiner Obhut hat. Die Pflege der insgesamt acht Brutinseln und regelmäßige Kontrollgänge gehören zu seinen Aufgaben. Der Verein organisiert auch öffentliche naturkundliche Führungen (März–Nov.). Treffpunkt ist der Hafen von Rantum. Wulfsdorf, Bornkampsweg 35, 22926 Ahrensburg, Tel. 04102/26 56, www.jordsand.eu

Der Sonnentau wächst in Feuchttälern der Dünen und »verspeist« Insekten.

**Söl'ring Foriining.** Der Heimat- und Kulturverein Söl'ring Foriining kümmert sich neben dem friesischen Brauchtum und mehreren Museen um das Naturschutzgebiet Baakdeel sowie um sechs weitere Naturschutzgebiete auf Sylt. Am Kliff 19a, 25980 Keitum, Tel. 04651/328 05, www.soelring-foriining.de, www.sylter-verein.de

Auf den Inseln im Rantumer Becken brüten verschiedene Seevögel.

**Oben:** In Puan Klent haben bereits viele Tausend Schüler nicht nur aus Norddeutschland ihre Ferien verbracht.
**Unten:** Ehemals Kaserne, heute ein modernes Erholungsheim für Jugendliche.

# 28 Puan Klent

## Jugendferienheim mit Tradition

**Es war ein langer Weg vom Barackenlager »Groß Vlie« – Friesisch für »Schwemmland« – aus dem Ersten Weltkrieg bis zum komfortablen Jugendferienheim von heute. Viele Generationen – vor allem Hamburger Schüler – verbinden ihre ersten Sylt-Erfahrungen mit einer Klassenreise oder einem Ferienaufenthalt in Puan Klent.**

Puan soll ein Seeräuber gewesen sein, der im Dünengelände zwischen Rantum und Hörnum seine Beute versteckte. Puan Klent, »Puans Klippe«, lautet daher seit 1929 der Name des Jugendheims. Ein Hamburger Arzt suchte nach dem Ersten Weltkrieg auf Sylt nach Unterbringungsmöglichkeiten für unterernährte Kinder aus Hamburg und Umgebung. Er war von der gesundheitsfördernden Wirkung des Nordseeklimas überzeugt. In Klappholttal und im Süden Sylts erwarb er mit Partnern wie dem Hamburger Jugendverband frühere Barackenlager der kaiserlichen Marine. Die Umbauarbeiten schlossen die Wattwiese ein, die sich für Aktivitäten an frischer Luft anbot. Schon 1920 traf eine erste Jugendgruppe in den behelfsmäßig hergerichteten Baracken ein, ab 1923 kamen Schulklassen. Doch die bescheidene Bausubstanz forderte größere Investitionen. Drei Jahre später wurden das Mädchen- und das Jungenhaus eingeweiht, 1930 kam ein Wirtschaftsgebäude hinzu.

## Von der Kaserne zum behaglichen Ferienheim

Mit dem Bau des Hindenburgdamms 1927 entfiel die mühsame Anreise per Schiff und Inselbahn über Hörnum. Wie Sylt erhielt auch Puan Klent während der Naziherrschaft ein militärisches Gepräge. Mit Beginn des Zweiten Weltkriegs wurde Puan Klent erneut Kaserne, doch schon 1946 trafen wieder die ersten Kinder und Jugendlichen ein.

Seitdem hat sich in Puan Klent viel verändert. Die Inselbahn wurde eingestellt, dafür die zur Nazizeit erbaute Straßentrasse zwischen Hörnum und Westerland für den Busverkehr ausgebaut. Auf dem Gelände kamen neue Gebäude wie Sanitärräume hinzu. Andere Gebäudeteile wie die Küche oder die Sporthalle wurden modernisiert oder grunderneuert. Die Solartechnik hielt Einzug, auf Sylt keine Selbstverständlichkeit. Der Gästeflügel wurde für Familien und kleine Gruppen komfortabel hergerichtet: mit Etagenbetten, eigenem Duschbad sowie gemeinschaftlichem Küchen- und Leseraum.

## Ferien im Fünf-Städte-Heim

Auch das Fünf-Städte-Heim in Hörnum, 1937 als Offiziersunterkunft der Wehrmacht gegründet, gehört zu den großen Kinder- und Jugendheimen der Nordseeküste. Getragen von mehreren Städten und Gemeinden aus dem Hamburger Umland können hier im Jahr gut 8000 Jugendliche aus ganz Deutschland einen Ferienurlaub oder eine Klassenreise genießen.

Bei Puan Klent gibt ein 193 Meter hoher Antennenmast passierenden Autofahrern Rätsel auf. Es handelt sich um die Loran-C-Station Sylt, die im Kalten Krieg mit weiteren Stationen von der US-Küstenwache zur Sicherung amerikanischer Schiffe im Nordatlantik errichtet worden war. Inzwischen betreibt das Wasser- und Schifffahrtsamt Tönning den Funknavigationssender, der gemeinsam mit Stationen in anderen Ländern der Sicherung des zivilen Schiffsverkehrs, unabhängig vom und ergänzend zum amerikanischen GPS-System, dient.

Die Stimmung ist gut. – Kein Wunder, bei der gesunden Sylter Luft!

## Infos und Adressen

INFORMATION

**Hamburger Jugenderholungsheim Puan Klent.** Buchungsanfragen sind auch direkt über die Website möglich. Hörnumer Str. 83, 25980 Rantum, Tel. 04651/964 40, www.puan-klent.de

**Fünf-Städte-Heim.** In dem nur knapp drei Kilometer nördlich von Hörnum gelegenen Heim sind auch Buchungen für Gruppenaufenthalte und Seminare möglich. Heimstr. 5, 25997 Hörnum, Tel. 04651/88 10 43, www.fuenf-staedte-heim.de

**Oben:** Alles klar! Freundlich grüßt der Seehund die Urlauber am Strand von Hörnum.
**Unten:** Katamaransegeln kann man in Hörnum auch lernen.



# 29 Hörnum

## Beschauliches Nordseebad

**Lange war der Ort am »Hörn« in Sylts Süden sehr dünn besiedelt. Erst um die Wende zum 20. Jahrhundert wuchs die Bevölkerungszahl, als hier für die Schiffsroute von Hamburg über Helgoland nach Hörnum ein Hafen gebaut wurde. Nach den Kriegen startete der Aufschwung zu einem Nordseebad, das sich auch nach Neubauten in den vergangenen Jahren noch deutlich vom Trubel in Westerland oder Kampen abhebt.**

Die Lage ist wunderbar! Der Blick vom Leuchtturm geht hinüber zu Föhr und Amrum, bei gutem Wetter lassen sich die Häuser auf den Warften der Hallig Langeneß ausmachen. Durch die sandige Südspitze der Hörnumer Odde hat der Ort sogar drei Strände. Dennoch befand sich Hörnum lange im Dornröschenschlaf: Der Sandboden taugte im Gegensatz zur Region um Morsum oder Keitum nicht zur Landwirtschaft. Nur einigen Schafen genügten die kargen Gräser.

Die Seebrücke, an der die HAPAG-Schiffe aus Hamburg um die Wende zum 20. Jahrhundert anlegten, brachte zumindest eine Verlängerung der Inselbahn von Westerland bis Hörnum. Ein Leuchtturm kam 1907 an der Südspitze hinzu, ein Häuschen für den Leuchtturmwärter gesellte sich zu den wenigen Fischerkaten. Durch seine strategische Lage geriet Hörnum während der Weltkriege in den Fokus der Militärs, das hier Bunker und einen Seefliegerhorst einrichtete. Nach dem Zweiten Weltkrieg wurden einige Kasernen zu Kinderheimen umgebaut, in andere zog in den 1960er-Jahren für gut 30 Jahre die Bundeswehr.

## Lageplan

Ⓐ **Hafen** – Der Hafen von Hörnum blickt auf eine lange Tradition zurück. Die Marine hatte hier einen Stützpunkt, Bäderschiffe und Fähren legten hier an, Ausflugsboote steuern von hier aus Robbenbänke an, und inzwischen findet man am Kai auch den einzigen deutschen Frachtsegler mit Liniendienst nach Hamburg.

Ⓑ **Budersand** – Budersand heißt nicht nur die riesige Düne nördlich vom Hafen, sondern auch ein neues, luxuriöses Hotel, zu dem ein gleichnamiger Golfplatz gehört.

Ⓒ **Schutzstation Wattenmeer** – Auch bei Hörnum informiert eine Schutzstation Wattenmeer über den Nationalpark Schleswig-Holsteinisches Wattenmeer und dessen Flora und Fauna.

Ⓓ **Leuchtturm** – Der Leuchtturm am Beginn der sandigen Hörnumer Odde ist nicht nur bei Seeleuten beliebt, sondern auch bei Heiratswilligen, die in seiner achten Etage den Bund fürs Leben schließen können.

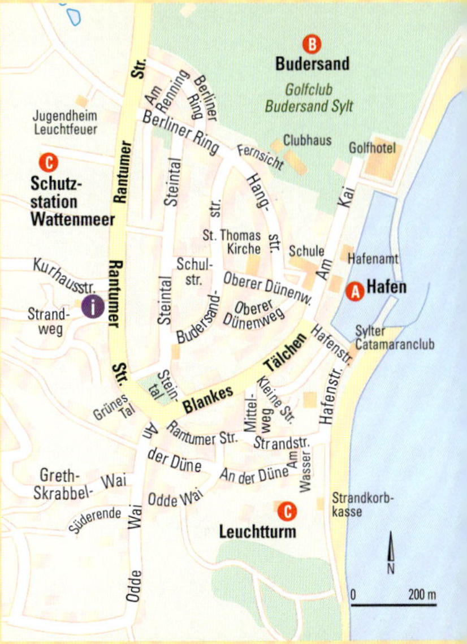

Blick auf Hörnum, im Hintergrund der markante Leuchtturm.

AUTORENTIPP!

**MITTSOMMERNACHT**

Am 20. Juni tangiert die Sonne den Wendekreis des Krebses. Fast genau 17 Stunden scheint sie an diesem längsten Tag des Jahres auf Sylt, rund 80 Minuten länger als beispielsweise in München. In Hörnum wird das jährliche Ereignis wie in Skandinavien besonders gefeiert. Eine Nachtwanderung mit Fackeln, die vom Tourismusservice Hörnum ausgegeben und beim Strandrestaurant »Kap Horn« entzündet werden, startet um 22.30 Uhr. Dann geht es in Richtung Südspitze. Nach rund eineinhalb Stunden ist der Hafen von Hörnum wieder erreicht. Das Lagerfeuer beim »Restaurant Südkap« brennt bereits – und die Party mit Musik, Snacks und Getränken kann steigen. Fußlahme feiern ohne Strandspaziergang, denn die Party ist schon ab 20 Uhr im Gange.

**Mittsommernacht.** Infos unter www.hoernum.de

Auch in Hörnum beliebt: Ferienhäuser im Friesenstil mit einem typischen Wall aus Findlingen.





## Hotels, Golfplatz und eine Kirche in Segelform

Eigentlich ist die 1000-Einwohner-Gemeinde Hörnum erst in den letzten Jahren nach Abzug der Bundeswehr richtig wachgeküsst worden: mit einigen Hotelbauten, einem Golfplatz und drastisch gestiegenen Immobilienpreisen. Dennoch, es ist ruhiger und beschaulicher ganz im Süden als anderswo auf der Insel. Die 1970 fertiggestellte evangelische St.-Thomas-Kirche ist wegen ihrer ungewöhnlichen Segelform bereits unter Denkmalschutz gestellt. Blickfang im Inneren ist ein frei hängendes Votivschiff, das Modell des Hapag-Raddampfers »Cobra«, der vor gut 100 Jahren zwischen Hamburg und Hörnum pendelte.

## Sylter Hexen und ein Seeräuber

Budersand heißt die nach der Uwe-Düne bei Kampen zweithöchste Düne der Insel, die längst erstarrt und von Strandhafer bewachsen ist. Früher diente der 32 Meter hohe Sandhügel mit seinen Fischerbuden als weithin sichtbares Seezeichen. Der Sage nach soll hier der Tanzplatz der Sylter Hexen gewesen sein. Der Erzähler Christian Peter Hansen, der auch die Sagen von Zwergen und Riesen in Braderup aufgezeichnet hat, lässt seine erfundene Geschichte um Pidder Lüng hier spielen. Der kernige Hörnumer Fischer soll im 15. Jahrhundert den arroganten Sohn des dänischen Amtmanns in einem Topf mit Grünkohl erstickt haben. Nach einer kurzen Karriere als Seeräuber, so die Geschichte, endete er in Keitum am Galgen.

Im Norwegerhaus, einer früheren Holzkirche, ist ein Informationszentrum für den Nationalpark Schutzstation Wattenmeer untergebracht. Die Schutzstation bietet unter anderem eine interaktive Ausstellung sowie unterhaltsame Führungen durch Salzwiesen und Watt an.

Vom Hörnumer Hafen laufen noch Fischkutter zum Fang aus.

AUTORENTIPP!

**FRACHTSEGLER »UNDINE«**
Es ist fast ein Wunder, dass der Betrieb eines Seglers mit 45 Tonnen Ladevermögen im Zeitalter von Containerriesen und Massengutfrachtern noch Sinn macht. Doch seit Ende Februar 2013 segelt der 37 Meter lange Gaffelschoner »Undine« im Pendelverkehr zwischen Hamburg und Hörnum auf Sylt. Rum und andere wichtige Lebensmittel, Pflastersteine und weiteres Baumaterial verschwinden auf der Reise nach Sylt im Laderaum, auf der Rückfahrt können Strandkörbe der Manufaktur in Kampen an Bord sein. Auch für bis zu acht Passagiere ist auf dem je nach Wind und Wetter 15- bis 20-stündigen Törn noch Platz. Das einmalige Segelabenteuer auf der kommerziellen Strecke ist schon für 99 Euro zu haben. An Bord gibt Kapitän Hass die Kommandos. Er war einst Marineoffizier und Besatzungsmitglied auf dem Segelschulschiff Gorch Fock.

**Frachtsegler »Undine«.** Infos und Buchung: www.kapitaen-hass.de

Salzmieren sind sehr genügsam. Sie wachsen auch auf kargem Sandboden.

Nördlich vom Budersand und dem gleichnamigen Golfplatz erstrecken sich die großflächigen Dünentäler Graues Tal, Niweterkul und Möskendeel. Im feuchten, zum Teil leicht moorigen Untergrund wachsen Wollgras, Sumpfbärlapp und Sonnentau.

## Seehunde und Robben

Das schmale Hörnumtief zwischen Föhr und Sylt nimmt mit 23 Metern Wassertiefe problemlos die Seebäderschiffe von Sylt oder Amrum auf. Auch die »Undine«, ein nostalgischer Frachtsegler, der seit 2013 mit einem Schiffbauch voll Ladung sowie einigen Passagieren zwischen Hamburg und Sylt pendelt, steuert Hörnum an.

Ausflugsschiffe starten von hier zu den Sandbänken, auf denen Seehunde und Robben in der Sonne für sie überlebenswichtiges Vitamin D tanken. Auf dem Jungnamensand, einer solchen Sandbank westlich von Amrum etwa, fühlt sich eine Kolonie Kegelrobben zu Hause. Ihre Sandbank gehört zum Nationalpark Schleswig-Holsteinisches Wattenmeer; die Ausflugsschiffe dürfen einen Sicherheitsabstand von 200 Metern nicht unterschreiten. Die knapp 30 Quadratkilometer große Sandbank Theeknoob südwestlich von Hörnum ist ebenfalls ein Lieblingsplatz der Robben. Weibchen ziehen sich gern zur Geburt ihres Nachwuchses hierher zurück, zuweilen bevölkern mehrere Hundert Tiere die flache Sandinsel.

Eine berühmte Kegelrobbe besucht seit Anfang der 1990er-Jahre regelmäßig den Hafen von Hörnum. Eigentlich hieß sie Willi, doch nachdem sie ein Junges gebar, wurde sie umgetauft auf Wilhelmine. Nun hoffen alle, dass Wilhelmine Hörnum noch lange erhalten bleibt, als bekanntes Maskottchen und als Botschafter für ihre Artgenossen, deren Lebensraum geschützt bleiben soll.

# Infos und Adressen

## ESSEN UND TRINKEN

**Breizh.** Bretonische Atmosphäre im Restaurant der Hapimag-Ferienanlage mit Fischsuppe und Muschelgerichten. Tgl. 11–22 Uhr, Strandweg, 25997 Hörnum, Tel. 04651/460 81 88, www.hapimag.com

**Café Lund.** Exzellente Torten, wunderbare Brötchen und Brote. Jens Lund merkt man die Berufserfahrung in Spitzenrestaurants an. Di–So 9–20 Uhr, Rantumer Str. 1, 25997 Hörnum, Tel. 04651/ 88 10 34, www.cafe-lund.de

**Fisch-Matthiesen.** Im Laden gibt es köstliche Fischbrötchen, hausgemachte Salate und Selbstgeräuchertes, zudem herrliche Fischsuppe. Beim Kiosk am Hafen kann man kleine Heringe kaufen. Di–So ab 11 Uhr, Rantumer Str. 8, 25997 Hörnum, Tel. 04651/88 17 73, www.fisch-matthiesen-sylt.de

**Kai 3.** Gourmetqualität im Budersand. Leckeres aus meist regionalen Produkten, große Weinkarte. Fr–Di 7–12 und 18.30–22 Uhr, Am Kai 3, 25997 Hörnum, Tel. 04651/460 70, www.budersand.de

## ÜBERNACHTEN

**Budersand.** Spitzenhotel am Südkap der Insel mit Golfplatz und Gourmetrestaurant. Am Kai 3, 25997 Hörnum, Tel. 04651/460 70, www.budersand.de

**Hotel am Leuchtturm.** Ruhige Lage, 20 schön eingerichtete Zimmer und Appartements, kleiner Wellnessbereich, Schwimmbad. An der Düne 38, 25997 Hörnum, Tel. 04651/961 00, www.hotel-leuchtturm.com

**Campingplatz Hörnum.** Zelte und Stellplätze für Wohnwagen und Campingmobile umgeben von Dünen. Neues Sanitärgebäude. Zugang zum Weststrand. Rantumer Straße 31, 25997 Hörnum, Buchung über Tel. 04651/835 84 31 oder campingplatz@hoernum.de

Gelegentlich laufen auch Großsegler Hörnums Hafen an, hier die »Brigg Mercedes«.

## VERANSTALTUNGEN

**Biike und Osterfeuer.** Neben dem Biike-Feuer am 21. Februar brennen die Scheiterhaufen in Hörnum auch am Ostersamstag nach einer Fackelwanderung zum Campingplatz. Entzündung gegen 20.30 Uhr.

**Cat Festival Sylt.** Mit Super Sail Sylt, German Nationals Formula 16, Ranglistenregatta Hobie Cat 16 und Langstreckenregatta für alle Katamaran-Klassen. Erste Julihälfte, www.sylter-catamaran-club.de

**Hafenfest.** Maritimes Wochenende mit Open Ships, Nordseetörns und Krabbenpulwettbewerb. Abends Fest mit Feuerwerk am Hafen. Anf. Aug.

## AKTIVITÄTEN

**Sylter Catamaran Club.** Zatamarankurse von Anf. Mai bis Ende Sept. Am Hafen, 25997 Hörnum, Tel. 0160/95 93 74 73, www.sylter-catamaran-club.de

## INFORMATION

**Tourismusservice Hörnum.** Mo–Fr 8.30–17 Uhr, Sa 9–13 Uhr, Rantumer Str. 20, 25997 Hörnum, Tel. 04651/962 60, www.hoernum.de

**Schutzstation Wattenmeer.** Rantumer Str. 27, 25997 Hörnum, Tel. 04651/88 10 93, www.schutz station-wattenmeer.de

# 30 Hörnumer Odde

## Sylts »Kap Hoorn«

**Der dänische Ausdruck Odde, »Landspitze«, gab dem Dünengebiet südlich von Hörnum den Namen. Meeresströmungen ließen hier in rund 50 Jahren eine Landzunge von 600 Metern Breite und rund 350 Metern Länge entstehen. Seit 1972 steht das Areal unter Naturschutz.**

Leider lassen Wind und Wellen, Sturmfluten und Landabbrüche die Odde schrumpfen – und zwar in beängstigendem Tempo. Allein von 1987 bis 1994 gingen rund 500 Meter des südlichen Inselhakens verloren. Auch zwei Leuchtfeuer, Cafés und die Überreste eines Militärbunkers aus dem Zweiten Weltkrieg holte sich das Meer. Das vergleichsweise junge Dünengebiet gibt Einblicke in die Entstehung sogenannter Primärdünen. Diese noch losen Sandhügel reagieren besonders empfindlich auf Störungen und dürfen daher nicht betreten werden. Das gilt natürlich nicht für Tiere. So findet man im Gebiet der Hörnumer Odde neben diversen Vögeln an den Stränden nicht selten auch Ke-

**Oben:** Die Tetrapoden sollten eigentlich den Strand schützen. **Unten:** Muscheln: Die Schalen der dekorativen Meeresbewohner findet man reichlich am Strand.

### MAL EHRLICH

#### TETRAPODEN

Wer hat sich das bloß ausgedacht? Mehrere Tausend sechs Tonnen schwere Tetrapoden, quer zum Strand ins Meer gesetzt, sollten die Landverluste der Odde bremsen. Leider war das Gegenteil der Fall. Tetrapoden können Wellen brechen, doch keinen Sand halten. Außerdem sehen sie furchtbar aus, wie Panzersperren (wozu sie in einigen Ländern übrigens auch eingesetzt werden). Knapp die Hälfte wurde inzwischen aufwendig wieder abgebaut, der Rest verschandelt noch immer die Landschaft.

gelrobben und Seehunde. Auch seltene Zugvögel sind an den Stränden zu finden wie die nordische Eisenente oder der Mittelsäger, der aus den Nadelwaldzonen Nordskandinaviens stammt.

## Genügsame Pflanzen, ungewöhnliche Muscheln

Landschaften wie die halb offenen, scharf eingeschnittenen Dünentäler und Sand-Salz-Wiesen findet man selbst auf Sylt kaum anderswo. Hier gedeihen seltene Pflanzen, etwa die genügsame Salzmelde mit ihren graugrünen Blättern. Sie wird etwas höher als einen halben Meter und verarbeitet salzhaltiges Wasser, indem sie überschüssiges Salz in feine Härchen einlagert, die dann abbrechen. Die Triebe der Salzmiere breiten sich am Boden aus und bilden fleischige Blätter; wird die Pflanze von Sand bedeckt, sendet sie neue Triebe nach oben. Auch der recht kahle Meersenf besitzt fleischige Blätter. Von der Pfahlwurzel gehen horizontale Seitenwurzeln aus, die den Boden festigen. Wenn Wind und Wellen den südlichen Sandhaken quälen, freuen sich Muschelsammler, die an der Ost- und der Westküste immer wieder ungewöhnliche Schalen finden. Wer seine Funde bestimmen möchte, kann die Experten im Norwegerhaus dazu befragen.

Ein Panoramablick bietet sich vom Leuchtturm. Der rote Turm mit weißer Bauchbinde schießt seit mehr als 100 Jahren alle neun Sekunden aus 48 Metern Höhe zwei Lichtblitze ab. Er sitzt auf der 16 Meter hohen Düne am Nordrand der Hörnum Odde. Nur im Rahmen einer Führung darf man hinauf. In seiner dritten Etage wurden einst die wenigen Hörnumer Kinder unterrichtet, die siebte Etage ist ein beliebter Ort für Trauungen, und noch mal einen Stock höher befindet sich die Aussichtsplattform.

Enten suchen sich in jeder Brutsaison einen neuen Partner, mit dem sie zusammen umherziehen.

## Infos und Adressen

### ESSEN UND TRINKEN

**Südkap.** Ehrlicher Blechkuchen und gute Torten, bodenständige Gerichte. Spielplatz für die Kleinen.
Tgl. 11.30–17 Uhr, An der Düne 333, 25997 Hörnum, Tel. 04651/88 10 90, www.südkap-sylt.de

### AKTIVITÄTEN

**Surfschule Südkap.** Kurse für Kinder, Familien, Anfänger oder Fortgeschrittene. An der Düne, 25997 Hörnum, Tel. 0176/71 81 71 77, www.windsurfen-sylt.com

### INFORMATION

**Leuchtturm Hörnum.** Technische Informationen gibt das Wasser- und Schifffahrtsamt Tönning unter www.wsa-toenning.wsv.de.

**Trauung auf dem Leuchtturm.** Infos und (langfristige) Anmeldung auf dem Standesamt Sylt in Westerland, Tel. 04651/85 12 50

# DER OSTEN

# 31 Munkmarsch

## Surfer und Gourmets am Watt

**Surfer kennen Munkmarsch wegen seines geschützten Wattstrands, Segler schätzen seine Marina und Feinschmecker reisen zum Gourmeterlebnis in Alexandro Papes Restaurant »Fährhaus« an. Bis vor gut hundert Jahren war die kleine Gemeinde noch der bedeutendste Hafen der Insel. Denn es legten Fährschiffe aus Højer hier an, die Passagiere und Fracht vom dänischen Festland herüberschafften.**

Inzwischen gehört Munkmarsch mit seinen etwas über 100 Bewohnern und diversen Zweitwohnsitzen als Ortsteil von Keitum zur Gemeinde Sylt. Der Ortsname, »Marsch der Mönche«, lässt gut auf die früheren Besitzer der Ländereien schließen. Im Mittelalter hieß die Ansiedlung St.-Knuts-Marsch und war eine Niederlassung der Mönche des St.-Knut-Klosters auf Odense, die wahrscheinlich um das Jahr 1100 die Inselfriesen der »Utlande« auf den rechten Glauben brachten.

### MAL EHRLICH

**SYLTER HOPFEN**

Ob das nun sein muss. Jetzt gibt es also auch ein Sylter Bier, das alle Vorurteile bestätigt. Der Hopfen wächst in der Nähe von Keitum, hergestellt wird das Bier in Flensburg. Eine zweite Gärung erfolgt in der Champagnerflasche mit Champagnerhefe, die sonst für die kalte Vergärung von Weinen eingesetzt wird und geschmacksneutral ist. Das prickelnde Bier schmeckt, aber ob es den Preis von knapp 20 Euro für eine 0,75-Liter-Flasche wert ist, mag jeder für sich entscheiden.

**S. 158/159:** Altfriesisches Bauernhaus in Keitum mit bezauberndem Blumengarten.
**Oben:** Vor dem Bau des Hindenburgdamms kamen Sylt-Urlauber im Hafen von Munkmarsch an.
**Unten:** Der Sylter Segler Club hat seinen Heimathafen in Munkmarsch.

## Sylts »Tor zur Welt«

Eine Kornmühle drehte sich bis zum Beginn des 20. Jahrhunderts in Munkmarsch im Wind und machte die örtliche Müllersfamilie so reich, dass sie sich einen eigenen »Müllerstuhl« in der Keitumer Kirche St. Severin leisten konnte. Als Mitte des 19. Jahrhunderts der Keitumer Hafen komplett verschlickt war, begann der kurze Aufstieg von Munkmarsch als Sylts »Tor zur Welt«. Anders als die unzuverlässigen Priele Keitums bot das »Pander Tief«, eine Art natürlicher Kanal im Wattenmeer, Schiffen sogar bei Ebbe eine Zufahrt zur Insel.

Nachdem Sylt als Ergebnis des Deutsch-Dänischen Kriegs 1864 preußisch geworden war, betrieb der Sylter Kapitän Thomas Selmer eine Fährlinie nach Højer, die Post, Fracht und Passagiere an Bord hatte. Zudem ließ er eine Werft errichten und ein Restaurant, das bald als »Fährhaus« bekannt war. Hier konnten Urlaubsgäste eine Rast einlegen, bevor es mit Kutschen an die eigentlichen Zielorte ging. Mit der Eröffnung der Bahnstrecke nach Westerland 1888 wurde auch die letzte Reiseetappe schneller und bequemer. Konkurrenz erwuchs Munkmarsch bald durch Hörnum im Süden, das ab 1901 von den HAPAG-Seebäderschiffen angelaufen wurde und durch die Inselbahn mit Westerland verbunden war. Das Aus des Munkmarscher Hafens kam mit der Eröffnung des Hindenburgdamms 1927: Ein Fährhafen nach Højer war überflüssig geworden.

## Späte Wiedergeburt

Die Restaurierung des historischen Fährhauses und seine Wiedereröffnung als gepflegte Herberge und Gourmettreffpunkt hat Munkmarsch 1997 erneut in den Fokus gerückt. Auch der einstige Fährhafen feierte als Marina für Segeljachten und Sportboote seine Wiedergeburt. Der Sylter Segler Club baute die verfallenen Hafenanlagen ab 1962 wieder zu

AUTORENTIPP!

### ALTES FÄHRHAUS

Am Munkmarscher Hafen ließ Kapitän Thomas Selmer aus Tinnum 1869 ein Restaurant errichten, das später Fährhaus genannt wurde. Vor dem Bau des Hindenburgdamms pendelten seine Fährschiffe zwischen Munkmarsch und Høyer mit Post und Waren. Sie beförderten auch Badegäste, die sich hier von der mühsamen Anreise mit der Marschbahn und der Schiffsfahrt durch das Wattenmeer erholten. Bei seinem wechselvollen Schicksal war das historische Gebäude mehrfach vom Abriss bedroht, wurde 1988 aber als Kulturdenkmal eingestuft. Nach umfassender Restaurierung beherbergt es heute ein edles Hotel mit Wellnessbereich und drei Restaurants, darunter das »Fährhaus«, in dem nordische und Mittelmeerküche überraschende und geschmackvolle Verbindungen eingehen.

**Fährhaus Sylt.** Bi Heef 1, 25980 Munkmarsch, Tel. 04651/939 70, www.faehrhaus-sylt.de

**Oben:** Das »Fährhaus« liegt idyllisch in den Dünen von Munkmarsch.
**Unten:** Auf Sylt schlug die Geburtsstunde des Windsurfens in Deutschland.

einem geschützten Liegeplatz für Freizeitskipper aus. Segler können den Hafen über das Lister Tief zwischen Sylt und Rømø und weiter durch die Lister Ley und über das Pander Tief nach Süden ansteuern. Strom- und Wasserversorgung werden zur Verfügung gestellt. Das bewirtschaftete Clubhaus am Hafen heißt auch Nicht-Sylter willkommen, etwa mit selbst gebackenem Kuchen.

## Munkmarscher Surfrevier

1972 noch war Windsurfen nur einigen Eingeweihten mit Kalifornienerfahrung bekannt. Der Rantumer Calle Schmidt importierte ein erstes Surfbrett von der US-Westküste; Europas erste Windsurfschule in der wellengeschützten, windstabilen Bucht am Weißen Kliff gehört noch immer zu den renommiertesten. Das Programm reicht von Surfen und Segeln über Catsegeln bis zum neuen Trendsport Stehpaddeln. Als Golf-Pro offeriert Schmidt in seiner eigenen Golfschule und mit Zugang zu einem 9-Loch-Platz im nahen Dänemark Kurse bis zur Platzreife.

## Infos und Adressen

### ESSEN UND TRINKEN

**Restaurant Fährhaus.** Große Kochkunst garantiert ein Gourmeterlebnis mit gelungener Kombination nordischer und mediterraner Küchentraditionen. Dazu gibt es gratis den Blick aufs Wattenmeer. Achtung, es gibt nur 30 Plätze! Winter Di–Sa ab 18.30 Uhr, Sommer Di–So ab 18.30 Uhr, Bi Heef 1, 25980 Munkmarsch, Tel. 04651/939 70, www.faehrhaus-sylt.de

Stillleben mit Boot im Munkmarscher Hafen.

**Käpt'n Selmer Stube.** Regionale Küche in gepflegter friesischer Atmosphäre, dazu feine Desserts und eine viktorianische Sommerterrasse mit Blick auf den Jachthafen. Bi Heef 1, 25980 Munkmarsch, Tel. 04651/939 70, www.faehrhaus-sylt.de

**Restaurant & Café Zur Mühle.** Familiäre Gaststätte mit windgeschützter Sonnenterrasse zum Wattenmeer. Mi–Mo ab 11 Uhr, Lochterbarig 24, 25980 Sylt, Tel. 04651/38 77, www.zur-muehle-sylt.de

### ÜBERNACHTEN

**Hotel Fährhaus Sylt.** Persönlich und auf hohem Niveau geführte Herberge mit 42 Zimmern, Suiten und Appartements im einstigen Fährhaus der Insel. Wellnessbereich mit Pool, Hamam und anderen Bädern, Duftanwendungen oder »Champagnerbad« auf 700 Quadratmetern. Bi Heef 1, 25980 Munkmarsch, Tel. 04651/939 70, www.faehrhaus-sylt.de

### AKTIVITÄTEN

**Sylter Segler Club.** Marina und das Clubhaus mit Restaurantbetrieb stehen auch Besuchern offen. SSC Munkmarsch, Hafen, 25980 Munkmarsch, Tel. 04651/318 71, www.ssc-munkmarsch.de

**Syltsurfing.** Calle Schmidt, Surflegende der Insel, bietet Surf-, Segel- und Golfkurse an. Hier können Anfänger und Fortgeschrittene aller Altersstufen Windsurfen erlernen und Leistungsscheine erwerben. Bi Heef 4, 25980 Munkmarsch, Tel. 04651/93 50 77, www.syltsurfing.de

Das Restaurant »Zur Mühle« liegt nur wenige Schritte vom Watt entfernt.

# 32 Keitum

## Friesische Dorfromantik

**Einst war Keitum Sylts bedeutendster Ort, mit Hafen und einem Packhaus für die angelandeten Waren, mit der wichtigsten Kirche von Sylt, den prächtigen Kapitänshäusern und den meisten Einwohnern aller Inselgemeinden. Als der Keitumer Hafen in den 1860er-Jahren verschlickte, verlagerte sich das Geschehen. Langsam rückte Westerland als Zentrum des aufblühenden Fremdenverkehrs stärker in den Fokus.**

Keitum wirbt damit, das »Grüne Herz der Insel« zu sein. Und tatsächlich, dichter als hier stehen Linden und Kastanien, Büsche und Hecken sonst nirgendwo auf Sylt. Selbst die grasbewachsene Steilküste zum Wattenmeer im Nordosten heißt »Grünes Kliff«. Schon 1890 begannen die Keitumer ihren Ort durch Anpflanzen von Bäumen und Büschen zu verschönern. Allein der böse Ulmenkäfer gab in den 1990er-Jahren den Spielverderber, sodass rund 500 Ulmen in der Gemeinde gefällt

### MAL EHRLICH

**THERME KEITUM**

Hamburg hat seine Elbphilharmonie, Berlin den neuen Flughafen, Stuttgart eine milliardenschwere Bahnhofsfarce. Dafür hat Keitum in der seit 2008 unveränderten Bauruine der Keitumer Therme rund zwölf Millionen Euro versenkt. Insolvenz hat die Baugesellschaft schon lange angemeldet, aber da die Behördenmühlen langsam mahlen, darf noch nicht einmal die verwahrloste Ruine abgerissen werden. Pläne gibt es für das Grundstück genug. Ein Freibad soll gegenwärtig die besten Chancen haben.

Keitums Friesenhäuser und ihre mit Liebe zum Detail gestalteten Vorgärten sind besonders schön.

werden mussten. Mithilfe einer großen Spendenaktion – auch unter Urlaubern – konnten viele neue Bäume, vor allem Kastanien und Linden, gepflanzt werden. In keiner Gemeinde der Insel ist das Bemühen deutlicher zu erkennen, den Ort mit den Mitteln der Natur schöner zu gestalten. Kein Wunder, dass Keitum schon 1963 den bundesweiten Wettbewerb »Unser Dorf soll schöner werden« für sich entscheiden konnte.

## Dorf mit echten Friesenhäusern

Keitum ist eine Gemeinde mit schönen Blickwinkeln. Hier lugen zwischen Kastanienbäumen die Umrisse eines 200 Jahre alten reetgedeckten Friesenhauses hervor. Dort gibt die Gartenpforte die Aussicht auf eine kunstvoll geschnitzte Eingangstür frei. Wieder an einer anderen Stelle bieten alte Friesenwälle aus buckligen Steinen idyllischen Gärten mit Blumen und Gemüse einen Schutz gegen den Wind. Früher mussten sie auch frei grasende Schafe oder Ziegen abhalten, das ist heute nicht mehr nötig. Keitum pittoresk zu nennen, ist schon fast eine Untertreibung. Viele der älteren Gebäude sind alte Kapitänshäuser und kein moderner Friesenverschnitt. Sie stammen aus einer Zeit, als Seefahrer aus Keitum und anderen Inselorten zu Kommandeuren von Walfangschiffen aufstiegen oder als Kapitäne in der Handelsschifffahrt ihr Glück machten und sich repräsentative Häuser mit »Wattblick« auf die Kliffkante setzten. Häuser haben meist noch geteilte »Klöndören«, auf deren geschlossenem unteren Teil man sich gut abstützen kann, um etwas zu plaudern oder zu tratschen, also einen »Klönschnack« zu halten.

## Es war einmal ein Hafen

Das 1829 erbaute Packhaus am Kirchenweg erinnert noch heute an die Zeit, als Keitum wich-

AUTORENTIPP!

**DAS FRIESISCHE KÄSE-LÄDCHEN**

Auf Sylt erhält vieles schnell Kultstatus, doch der Ziegenfrischkäse des friesischen Käselädchens hat diesen auch unbedingt verdient! Für ihn stellen sich sogar Sterneköche in die Schlange. Auch über den Schafskäse mit Rosenblättern könnte man Verse reimen. Zum kräftigen Bio-Landbrot passen die exzellente Ziegensalami oder Schinken und Salami vom Galloway-Rind, das zumeist ebenfalls ein Inselrind ist. Grundlage des würzigen Heidehonigs sind die ausgedehnten Sylter Heideflächen. Wie der Ziegenfrischkäse stammen auch die Konfitüren in dem netten Hoflädchen aus der Produktion von Dörthe Dethlefs. Tipp im Tipp: Die Quitten-Ingwer-Konfitüre ist köstlich!

**Das friesische Käselädchen.** Mo–Fr 10.30–17 Uhr, Sa 10.30–14 Uhr, Hof Klöwenhoog, Siidik 6, 25980 Keitum, Tel. 04651/96 74 41

AUTORENTIPP!

**HÜNENGRAB TIPKENHOOG**
Vor rund 4500 Jahren haben Menschen der Steinzeit die gewaltigen tonnenschweren Findlinge zu Wänden und Decke des Megalithgrabs zusammengefügt, ohne Motorkräne oder andere technische Hilfsmittel. Die meiste Zeit befand es sich auf einer Fläche zwischen Tinnum und Keitum, bei der Erweiterung des Sylter Flughafens wurde seine rechteckige Steinkammer mitsamt einem umgebenden Steinkreis zum heutigen Standort auf das Grüne Kliff von Keitum verlegt. Der nahe gelegene Tipkenhoog stammt aus der Bronzezeit, also aus der Zeit zwischen 1700 bis 500 v. Chr. Der Sage nach soll in dem flachen Erdhügel am Kliff der Riese Tipken bestattet worden sein, nachdem er im Kampf gegen dänische Eindringlinge gefallen war. Tatsächlich sind hier während der Bronzezeit im Lauf vieler Jahre immer wieder wichtige Personen bestattet worden. Während des Zweiten Weltkriegs wurde der Grabhügel als Ausguck für die Marineflak zweckentfremdet.

tigster Hafen und die bedeutendste Gemeinde auf Sylt war. Hier wurden die Waren gestapelt, die aufs Festland geschickt werden sollten, hier konnte ankommende Ladung zwischengelagert werden. Wichtigster Kunde in dieser Zeit war die »Sylter Heringsfischerei«. Bald wurde hier auch eine offizielle Poststelle eingerichtet. Vorher mussten Reisende, die aufs Festland wollten, gebeten werden, Briefe mitzunehmen. Auch ein königliches »Zollcomptoir« gab es in dem Vielzweckgebäude. Im Revolutionsjahr 1848 versammelten sich im Packhaus deutsch gesinnte Sylter, die die dänische Oberhoheit ablehnten. Heute wohnen Feriengäste in dem seit Langem zu einem Appartementhaus umgestalteten historischen Bauwerk. Drei auch bei Ebbe wasserführende Priele nutzten die Keitumer nacheinander für ihren Hafen. Und immer wieder mussten sie zusehen, wie sie verschlickten und nicht mehr als Hafenzufahrt zu gebrauchen waren. Schließlich, 1868, war auch der letzte, noch zusätzlich ausgebaggerte Stichkanal total verschlammt. Der Hafen musste aufgegeben und ins nördliche Munkmarsch verlegt werden.

## Keitum gerät ins Abseits

Nachdem Westerland um die Wende zum 20. Jahrhundert Stadtrechte erhalten hatte, verlor Keitum weiter an Bedeutung. Das nur einige Kilometer weiter westlich gelegene Seebad mit den langen Nordseestränden zog die meisten Urlaubsgäste an sich. Mit seinem schmalen Strand am Wattenmeer konnte Keitum nicht konkurrieren. Der Bau des Hindenburgdamms brachte weitere Gäste nach Westerland und an die Nordseeküste. Immerhin erhielt auch Keitum einen Bahnhof, obwohl die Urlauber überwiegend bis nach Westerland weiterfuhren. Touristisch blieb der Ort zunächst auf der Schattenseite. Doch fünf Jahre nach dem

## Lageplan

**A Altes Packhaus** – Als Keitum noch ein wichtiger Inselhafen war, wurden die Waren im »Alten Packhaus« gestapelt. Inzwischen beherbergt eine Pension Gäste in diesen renovierten Lagergebäude.

**B Feuerwehrmuseum** – In ihrem alten Gerätehaus aus dem Jahr 1911 hat die Feuerwehr Sylt-Ost ein Museum eingerichtet. Die Sammlung mit Sylter Exponaten wird fortlaufend ergänzt.

**C Grünes Kliff** – Das Steilufer ist bei Keitum etwas abgerundet und mit Gras bewachsen und macht seinem Namen »Grünes Kliff« alle Ehre. Zu Ostern findet hier das beliebte Eierwerfen statt.

**D Das friesische Käselädchen** – Mit seinen Spezialitäten hat sich der Käseladen im Klöwenhof schnell überregionale Bekanntschaft erarbeitet. Inzwischen zählen diverse Spitzenrestaurants zu den Kunden, die hier Ziegenfrischkäse und andere Leckereien für ihre Küchen erwerben.

**E Harhoog** – Ohne moderne technische Hilfsmittel haben Menschen vor 4500 Jahren die tonnenschweren Steinplatten des Harhoogs zusammengefügt, um hier ihre Toten zu bestatten.

**F Tipkenhoog** – Der Tipkenhoog stammt aus der Bronzezeit und ist damit »erst« rund 3000 Jahre alt. Der Sage nach soll hier ein Riese seine letzte Ruhestätte gefunden haben.

**G Witthues** – Das Witthues in Keitum ist eine gute Anlaufadresse für Kunstgewerbliches mit Stil. Im Angebot sind unter anderem viele Keramiken.

AUTORENTIPP!

**GERMAN POLO MASTERS**

Polo kann ein Massensport sein. Auf Sylt geht das, zumindest beim hochkarätig besetzten German Polo Masters in Keitum. Bis zu 5000 Polofans feuern hier die Teams an, die mit ihren wendigen Pferden um Pokal und Preisgeld spielen. Das populärste »High Goal«-Poloturnier in Deutschland findet traditionell auf einer Keitumer Wiese Richtung Morsum statt. Es gehört, wie die Champions-League im Fußball, zur höchsten Poloklasse, und es treten die sechs von noblen Sponsoren wie Auto-, Mode-, Industrie-, Bank- und Getränkefirmen geförderten Teams gegeneinander an. Topmarken zieren auch das Zeltdorf, von »exklusiven Hundehalsbändern« bis zu »Grillkaminen« ist alles vertreten. Auch das Catering kann sich sehen lassen. Wie hier zu erwarten, zeigt es sich den Gourmetansprüchen gewachsen.

**German Polo Masters.** In der zweiten Julihälfte, www.polosylt.de

Fisch vom Feinsten gibt es im Restaurant von Karsten Wulf.

Zweiten Weltkrieg wurde Keitum zum Luftkurort ernannt. Langsam zogen günstige Mieten neue Interessenten an. Künstler und Kunsthandwerker fühlten sich vom friesischen Charakter des Dorfs inspiriert und richteten sich Werkstätten und Ateliers vor allem entlang des Gurtstigs ein. Eine großzügige Spende erleichterte 1969 die Eröffnung eines beheizten Meerwasserschwimmbads, einige Jahre später wurden das »Haus des Kurgasts« und der »Friesensaal« eröffnet, eine Mehrzweckhalle, die schon Theateraufführungen in plattdeutscher und friesischer Sprache, Ringreiterfeste und große Hochzeitsfeiern gesehen hat.

Etwas überraschend: Keitum besitzt ein kleines Feuerwehrmuseum. Es ist im 1911 erbauten früheren Spritzen- und Gerätehaus gegenüber der Feuerwache untergebracht und dokumentiert mit Uniformen, Ausrüstungen und Fotografien ein Jahrhundert Feuerwehrgeschichte.

## Friesische Atmosphäre, neu entdeckt

Noch immer gilt Keitum als Zentrum des Kunsthandwerks auf der Insel, auch wenn die Immobilienpreise in den vergangenen Jahren stark angezogen haben und den Designern, Handwerkern und Künstlern das Arbeiten und Ausstellen nicht gerade erleichterten. Die friesische Atmosphäre, die Keitum mehr als jeder andere Ort auf Sylt ausstrahlt, findet zunehmend Anhänger. Dabei wurden Bausünden, anders als in Westerland, bis auf die Bauruine der Keitumer Therme vermieden (siehe Mal-ehrlich-Tipp). So strömen Touristen in zunehmend größerer Zahl nach Keitum, erfreuen sich beim Spaziergang durch den aufgeräumten Ort an den historischen Kapitänshäusern, den Museen, besuchen die netten Cafés und teils exzellenten Restaurants sowie diverse Ausstellun-

gen der Kunsthandwerker, um vielleicht das eine oder andere Stück zu erwerben. Die schmalen Straßen und das überschaubare Ortsbild laden dazu ein, das Auto zu parken und Keitum zu Fuß zu erkunden.

Doch sind inzwischen auch hier die untrüglichen Zeichen einer Gentrifizierung zu sehen. Akkurat gesetzte neue Friesenwälle mit Blumendekor, moderne Isolierverglasung an Butzenscheiben, luxuriöse Modeboutiquen im Zentrum und ein gerüttelt Maß an überdimensionierten Geländesportwagen. Dennoch, obwohl viele Keitumer Familien mit dem Verkauf ihrer Immobilien an Zweitwohnungsbesitzer praktisch ein Vermögen gemacht haben, ist das Verhältnis von Einheimischen zu Zugereisten deutlich positiver als beispielsweise in Kampen. So hat die Gemeinde ihren friesischen Charakter nicht verloren, ist nicht zu einem reinen Museumsdorf abgeglitten.

»Grünes Kliff« nennt sich das Steilufer in Keitum und grenzt sich damit vom »Roten Kliff« in Kampen, dem »Weißen Kliff« bei Braderup sowie dem »Morsum-Kliff« ab. Der rund 13 Meter hohe, sanft abfallende Abhang ist mit Gras und Wildkräutern bewachsen und somit tatsächlich grün. Außerdem ist er gut geeignet für das beliebte Eierwerfen zu Ostern. Ein Fußweg führt in Wassernähe am Watt entlang.

**Oben:** Das »Grüne Kliff« von Keitum heißt so, weil es von Gras bewachsen ist.
**Unten:** Bei den Keitumer Skulpturentagen im September werden Kunstwerke geschaffen.

# Infos und Adressen

## SEHENSWÜRDIGKEITEN

**Feuerwehrmuseum.** April–Okt. Di 9.30–12 Uhr, C.-P.-Hansen-Allee, 25980 Keitum, Tel. 04651/33 70

## ESSEN UND TRINKEN

**Amici.** Nette, entspannte Atmosphäre, auch auf der schönen Terrasse. Dazu italienische Klassiker, von Carpaccio und Tagliatelle mit gebratenen Jakobsmuscheln bis zum Saltimbocca vom Seeteufel mit Ratatouille. Tgl. ab 12 Uhr, C.-P.-Hansen-Allee 1, 25980 Keitum, Tel. 04651/957 09 47, www.amici-sylt.de

Pius Regli betreibt in Keitum eine Weinstube und in Kampen das »Manne Pahl«.

**Fisch-Fiete.** Friesisches Urgestein in dritter Generation (auch der Service). Aal Grün mit Dillsauce, Seezunge, Scholle – alles lecker und frisch. In letzter Zeit einige mediterrane Ergänzungen. Tgl. 12–14 und ab 18 Uhr, Weidemannweg 3, 25980 Keitum, Tel. 04651/321 50, www.fisch-fiete.de

**KAMPs Hotel, Galerie und Café.** Zur Abwechslung mal kein Friesencafé. Cornelia Kamp serviert tollen Kuchen vom Blech, zeitgenössische Kunst hängt an der Wand. Das kleine Garni-Hotel nebenan bietet sieben gemütliche Zimmer und Appartements. Do–Di 10–18 Uhr, Gurtstig 41, 25980 Keitum, Tel. 04651/983 90, www.kamps-sylt.de

**Karsten Wulff.** Exquisite Kreationen vom besten Fischkoch der Insel in hervorragender Qualität und Verarbeitung. Köstlich: die Bouillabaisse des Nordens mit Fischen aus dem Nordatlantik. Mo–Sa 12–14.30 und ab 17.30 Uhr, Museumsweg 4, 25980 Keitum, Tel. 04651/303 00, www.karsten-wulff.de

**Kleine Teestube.** Hier gibt es leckeren Obstkuchen mit (richtiger) Schlagsahne, außerdem eine Friesentorte, die mehr als eine Sünde wert ist. Das Teesortiment ist nahezu unschlagbar. Fr–Mi 10–18 Uhr, Westerhörn 2, 25980 Keitum, Tel. 04651/318 62, www.kleineteestube-sylt.de

**Kökken.** Saisonale und regionale Küche mit internationalen Einflüssen, etwa Sylter Kabeljau in Kakaobutter gebraten. Dazu gemütliche Atmosphäre im schicken Benen-Diken-Hof. Tgl. 18–22 Uhr, Süderstr. 3–5, 25980 Keitum, Tel. 04651/938 30, www.benen-diken-hof.de

**Pius' Weinwirtschaft.** Weine, die Karte umfasst 300 Positionen, stehen im Vordergrund. Rund 40 Flaschen sind immer offen und werden auch glasweise ausgeschenkt. Dazu gibt es eine Karte mit Flammkuchen und anderen kleinen Leckereien sowie Öle, Schokolade u. Ä. zu kaufen. Tgl. ab 17 Uhr, Am Kliff 5, 25980 Keitum, Tel. 04651/889 14 38, www.pius-weine.de

## ÜBERNACHTEN

**Hotel Aarnhoog.** Das Schwesterhotel des »Fährhauses« in Munkmarsch präsentiert sich komfortabel mit zwölf Suiten und einem Doppelzimmer unterm Reetdach. Kleiner Spa-Bereich und gemütliche »Tee- und Kaffeestuuv«. Gaat 13, 25980 Keitum, Tel. 04651/39 90, www.aarnhoog.de

**Benen-Diken-Hof.** Anja und Claas-Erik Johannsen führen das Landhotel mit Charme und Erfolg. Friesische Kultur und Eleganz in den 23 Zimmern und vier Suiten. Schöner Wellnessbereich mit kleinem Pool und La-Prairie-Produkten. Das Restaurant Kökken gehört dazu. Süderstr. 3–5, 25980 Keitum, Tel. 04651/938 30, www.benen-diken-hof.de

**Seiler Hof.** Garni-Hotel im Zentrum des Ortes mit neun wohnlich eingerichteten Zimmern und Suiten, dazu Sauna. Gurtstig 7, 25980 Keitum, Tel. 04651/933 40, www.seilerhofsylt.de

**Wittenbrink's.** Klein, aber sehr fein, mit fünf bezaubernden Suiten und persönlichem Service, dazu exzellentes Frühstück. Formidabler Weinkeller. Osterweg 8, 25980 Keitum, Tel. 04651/836 37 90, www.wittenbrinks.de

## EINKAUFEN

**Goldschmiede Birte Wieda.** Gold, Silber und große Steine sind Basis für die ausdrucksstarken Arbeiten der Goldschmiedin. Mo–Fr 11–13 und 15 bis 18 Uhr, Sa 11–13 Uhr, Gurtstig 26, 25980 Keitum, Tel. 04651/331 60, www.goldschmiede-wieda.de

**Töpferei Erkel Gnauck.** Ausdrucksstarke Töpferarbeiten für Haus und Garten, dazu dekorative Überurnen. Im Atelier am Ortsrand zwischen Kirche und Kaufmann. Di–Fr 11–18 Uhr, Munkmarscher Chaussee 29, 25980 Keitum, Tel. 04651/835 69 81

**Bücherdeele Keitum.** Gut sortierter kleiner Buchladen, in dem man viele persönliche Empfehlungen bekommen kann. Mo–Fr 10–18 Uhr, Sa und So 10–14 Uhr, Gurtstig 12, 25980 Keitum, Tel. 04651/44 96 41

**Gänsehof.** Lamm aus eigener Zucht, Gänse und Galloway-Rinder züchtet Kai Petersen. Er verkauft die köstlich schmeckenden Produkte im Hofladen und auf dem Wochenmarkt von Westerland (Mi und Sa 8–13 Uhr). Mo–Fr 10–12 und 15–18 Uhr, Sa 10–12 Uhr, Koogstr. 2, 25980 Keitum, Tel. 04651/314 54, www.gaensehof-sylt.de

Im Osten der Insel wird auf grünen Weiden noch Viehzucht betrieben.

**Kontorhaus Keitum.** Am Rand von Keitum in der Nähe des Hünengrabs Klöwenhoog. Ladengeschäft mit vielen Teesorten und hochwertigen Einrichtungsgegenständen und ein stilvolles Teehaus, das auch für kulturelle Veranstaltungen genutzt wird. Im »Gästehaus« extravagante, luxuriös ausgestattete Suiten. Mo–Sa 10–18 Uhr, Siidik 15, 25980 Keitum, Tel. 04651/889 21 22, www.kontorhauskeitum.de

## VERANSTALTUNGEN

**Ringreiten.** Mitte Juli veranstaltet der Keitumer Ringreiterverein von 1920 sein Sommerfest mit Parade durch den Ort. Weitere Turniertermine kennt die Touristinformation.

## AKTIVITÄTEN

**Day Spa Keitum.** Der Ableger des Syltness Center bietet Dienstag und Donnerstag Termine für Wellness- und ärztlich verordnete Anwendungen. Di–Sa 11–18.30 Uhr, Gurtstig 23, 25980 Keitum, Tel. 04651/99 80, www.syltnesscenter.de

**Christel's Fahrradverleih.** Verleih vieler gut gepflegter Räder für die eigenen Pensionsgäste und andere Urlauber. Tgl. 9–18 Uhr, Gurtstig 24, 25980 Keitum, Tel. 04651/327 97, www.christel-keitum-sylt.de

**Reitstall Hoffmann.** Anfänger lernen Reiten auf dem Außenplatz am Hof, Fortgeschrittene galoppieren den Strand entlang und durch die Braderuper Heide. Außerdem: Appartementvermietung. Gurtstig 46, 25980 Keitum, Tel. 04651/315 63, www.reitstall-hoffmann.de

## INFORMATION

**Touristinformation Keitum.** Mo–Fr 10–16 Uhr, Gurtstig 23, 25980 Keitum, Tel. 04651/33 70

# 33 Sylter Heimatmuseum
## Brauchtum und Inselgeschichte

**Fundstücke aus mehreren Tausend Jahren erzählen die Geschichte der Sylter: eine spannende Ausstellung über Alt-Sylter, deren Überreste Archäologen in den vielen Hünengräbern der Insel gefunden haben über die Seefahrer und Walfänger des 17. und 18. Jahrhunderts, über friesische Handwerkskunst, Alt-Sylter Hausrat und Trachten bis zu Exponaten der Gegenwart.**

**Oben:** »Fortuna von Altona« hieß das Schiff des einstigen Hausbesitzers Uwe Peters.
**Unten:** Im Heimatmuseum wird die Geschichte der Insel anschaulich präsentiert.

Von 1759 an wohnte hier Uwe Peters, Großvater des in Keitum geborenen Juristen Uwe Jens Lornsen (1793–1838) und Kapitän eines Walfangschiffs. Das Schiff von Uwe Peters, die »Fortuna von Altona«, prunkt als Sandsteinrelief über der Haustür. Den Finnwal, durch dessen gegabelte Kiefernknochen sich Besucher dem Museum nähern, hat übrigens nicht Uwe Peters erlegt. Das mächtige, einst 19 Meter lange Meeressäugetier wurde 1994 an den Strand von Wenningstedt angeschwemmt. Skelette von gestrandeten Walen finden sich auch im Garten des Hauses.

## Dauerausstellungen zu Lornsen und Weidemann

Uwe Jens Lornsen selbst ist als eine der bedeutendsten Sylter Persönlichkeiten im Heimatmuseum eine besondere Ausstellung gewidmet. Gerade mal zehn Tage war er 1830 als Landvogt für Sylt im Amt, da wurde er als aufrührerischer Demagoge verhaftet. Seine Denkschrift über »Volksthümlichkeit und Staatsrecht des Herzogthums Schleswig« war ein Plädoyer für mehr Eigenständigkeit der Insel und des Herzogtums. Auch dem Maler und Theologen Magnus Weidemann (1880–1967), der zwar aus Hamburg stammte, aber als Fotograf und Maler die meiste Zeit in Keitum lebte, widmet sich eine Ausstellung im Obergeschoss des Hauses. Zudem sind Werke anderer Künstler wie Andreas Dirks oder Carl Christian Feddersen zu sehen.

Frühgeschichtliche Funde und prunkvolle Grabbeigaben aus Megalithgräbern zeugen von der Besiedlung der Region in der Jungsteinzeit, doch auch die Entstehung von Land und Insel und die Verwandlung ihrer Form im Lauf der Jahrtausende werden gezeigt.

## Sammlung Hansen

Basis der heimatkundlichen Ausstellung ist die Sammlung von Christian Peter Hansen, Lehrer, Küster, Heimatforscher und fantasiebegabter Schriftsteller des 19. Jahrhunderts, der in seinem Altfriesischen Haus eine einmalige Sammlung zur friesischen Kultur zusammentrug. Als 1908 das Sylter Heimatmuseum auf dem Keitumer Kliff begründet wurde, war dank der privaten Sammlung Hansens sofort eine respektable Museumsausstattung vorhanden.

Mehrere Räume sind der Sylter Seefahrt gewidmet. Sie konzentrieren sich auf die »Goldene Zeit« der Schifffahrt und des Walfangs, zeigen aber auch, dass der Wohlstand vieler reich gewordener Kapitäne und Kommandeure seinen Preis hatte. Bis zu einem halben Jahr blieben die Männer auf See, vielen brachte der Beruf den Tod.

Geschirr, Gläser, Silberschmuck, Messingteller und die Trachten jener Zeit demonstrieren den plötzlichen Wohlstand auf der bis dahin armen Insel. Zu den Trachten gehören auch brokatbesetzte Kleider mit Samt und Seide und die hohen schwarzen Hauben der Keitumer und Sylter Frauen.

Zugang zum Museum durch zwei gegabelte Finnwalknochen.

## Infos und Adressen

**INFORMATION**

**Sylter Heimatmuseum.**
April–Okt. Mo–Fr 10–17 Uhr, Sa und So 11–17 Uhr, Nov.–März Mi–Sa 12–16 Uhr, Am Kliff 19, 25980 Keitum, Tel. 04651/316 69, www.soelring-foriining.de

**Oben:** Das Altfriesische Haus hat in einem klassischen Kapitänshaus Platz gefunden.
**Unten:** Kostbares Messingdekor auf einem alten Stubenschrank.



# 34 Altfriesisches Haus
## Sylter Wohnkultur des 18. Jahrhunderts

**In den Kapitänshäusern wohnten keine armen Leute, auch nicht im Altfriesischen Haus, das 1739 errichtet wurde und weitgehend original erhalten geblieben ist. Es vermittelt einen Eindruck von den Lebensumständen und der Wohnkultur wohlhabender Keitumer Seefahrer und ihrer Familien vor gut 250 Jahren.**

Das schmucke Reetdachhaus, Ende des 17. Jahrhunderts errichtet, wurde später renoviert und erweitert und liegt am Grünen Kliff, unmittelbar an der Abbruchkante. Der Keitumer Kapitän Uwe Peters, der 1743 mit seinem Schiff in der Nordsee kenterte, war der erste bekannte Eigentümer des friesischen Traditionshauses. Es blieb über mehrere Generationen im Besitz der Familie.

Das Altfriesische Haus ist eines der schönsten der 200 utlandfriesischen Häuser auf Sylt. Die langen, reetgedeckten Häuser waren mit ihrer schmalen Giebelseite gen Westen gerichtet, um dem Wind so wenig Angriffsfläche zu bieten, eine massive Ständerkonstruktion aus Holz trug Haus und Dach, in den Fächern dazwischen bildeten Lehm, später Ziegel die Wände. Bei Sturmfluten konnten so die Außenwände fortgeschwemmt werden, ohne dass die stabile Hauskonstruktion zwangsläufig mit aufgelöst wurde. Ein Flur in der Mitte des Langhauses trennte den Wirtschafts- vom Wohnbereich. Die meist schön dekorierte Tür zur Straße hin war die Haustür, die schlichtere horizontal geteilte zur Gartenseite hieß »Klöndör«, da man auf deren unteren Teil gelehnt so wunderbar tratschen, also klönen konnte.

Kachelwand mit Standuhr und Ofen im Altfriesischen Haus.

Der Sylter Chronist C. P. Hansen richtete hier Mitte des 19. Jahrhunderts eine heimatkundliche Sammlung ein, die später erweitert wurde. Er lebte bis zu seinem Tod 1879 selbst in dem Gebäude. Die von ihm zusammengetragene Sammlung ist heute im nicht weit entfernten Sylter Heimatmuseum zu sehen. Das Museum im Altfriesischen Haus zeigt in mehreren Wohnräumen die einstige Sylter Wohnkultur.

## Heizung mit Schafsmist

Wohnstube und Küche im Zentrum des Hauses waren die beiden einzigen Räume, die von einem gemeinsamen Ofen beheizt werden konnten. Interessant, aber nicht sehr angenehm duftend: Zum Heizen steckte man damals Schafsmist in

AUTORENTIPP!

**WITTHUES**

Das Witthues ist so etwas wie eine Clearing-Stelle, ein Portal für Keitumer Kunsthandwerker und gleichzeitig ein Verkaufsraum. Eigentlich gehört schon der Garten zur Ausstellungs- und Verkaufsfläche: mit origineller Gartenkeramik, Wasser- und Windspielen und witzigen Stühlen, auf denen man sich erholen kann. Unter dem Dach des idyllisch gelegenen Witthues (ganz ohne Reet) gibt es geschmackvolle Töpfereien von Anka Weber: Vasen, Schalen, Becher und Service, auf der Drehscheibe gefertigt, dazu kleine Tiere, meist aus dunklem Ton und mit ineinanderfließenden Glasuren. Im Verkaufsraum zeigen auch andere Töpfer, verschiedene Glasbläser, mehrere Goldschmiede und Bildhauer von Sylt und Norddeutschland ihre Werke. Dazu kommen einige Arbeiten von Kunsthandwerkern aus weiter entfernten Regionen.

**Witthues.** Mo–Sa 10.30–18 Uhr, Am Kliff 5a, 25980 Keitum, Tel. 04651/ 36 06, www.witthues-keitum.de, www.sylter-kunsthandwerker.de

In der Küchenkammer hängt der Himmel voller Würste.

Die Stube im Altfriesischen Haus strahlt gediegenen Wohlstand aus.

den gusseisernen Kastenofen, teils auch Heidekraut oder Treibholz vom Strand. Geräuchertes für besondere Mahle an Festtagen hängte man im Schornstein auf. Alltags mussten die Familien mit bis zu einem Dutzend Kindern meist mit Getreidegrütze auskommen. Auch wenn das Haus großzügig bemessen scheint, bei den im Vergleich zu heute riesigen Familien konnte vor allem beim Essen oder der Nachtruhe drangvolle Enge aufkommen.

Ein Fliesenbild in der Wohnstube, der Kööv, zeigt einen prächtigen holländischen Dreimaster, ein Kriegsschiff auf Fahrt. Zwei Alkoven, in die Wand eingelassene Betten, erscheinen heute sehr kurz – selbst wenn die Menschen vor 250 Jahren etwas kleiner als heute gewesen sein mögen. Bei großer Kälte konnten die Schlafenden einfach einige Klappen schließen, sodass ein stark isolierter Bettkasten entstand, den die Körperwärme aufheizte.

Die gute Stube, der sogenannte Pesel oder Piisel, wurde damals nur zu besonderen Anlässen genutzt und daher auch nicht geheizt. Dabei war der Raum prächtig ausgestattet, mit Kacheln und bemalten Holzpanelen dekoriert. Möbel wie die bemalte Kleidertruhe stammen standesgemäß aus England.

In der Museumsweberei kann man Mitarbeiterinnen der Söl'ring Foriining beim traditionellen textilen Handwerken an historischen Webstühlen über die Schulter gucken. Mit den Erlösen aus den hier gefertigten Stücken wird der kostspielige Unterhalt des Altfriesischen Hauses unterstützt. Es gehört seit seinem Erwerb Anfang des 20. Jahrhunderts zu den Schwerpunkten der Denkmalspflege der Söl'ring Foriining, um die sich Traute Meyer und andere Mitglieder des Sylter Heimatvereins heute verdient machen.

**Oben:** Lesen und Schreiben selbstverständlich. Hier wurde Buch geführt.
**Unten:** Alkoven mit Vorhang und Wiege fürs Kind.

## Infos und Adressen

### INFORMATION

**Altfriesisches Haus.** April–Okt. Mo–Fr 10–17 Uhr, Sa und So 11–17 Uhr, Nov.–März Mi–Sa 12–16 Uhr, Am Kliff 13, 25980 Keitum, Tel. 04651/311 01, www.soelring-foriining.de

**Oben:** Regelmäßig ertönt die Orgel mit 4000 Pfeifen und 46 Registern. **Unten:** Der Schnitzaltar eines unbekannten Künstlers stammt aus dem 15. Jahrhundert.



# 35 St.-Severin-Kirche

## Seefahrerkirche mit berühmtem Friedhof

**Die St.-Severin-Kirche erhebt sich weithin sichtbar am nordwestlichen Rand von Keitum. Im schlichten Inneren birgt sie einige Kirchenschätze und eine kostbare Orgel mit 4000 Pfeifen und 46 Registern. Auf dem angeschlossenen Friedhof liegt so mancher prominente Inselliebhaber.**

Mit dem Gotteshaus soll nach einer Spende des dänischen Monarchen Knut des Großen schon um die erste Jahrtausendwende begonnen worden sein. Um 1240 wird die Kirche erstmals urkundlich erwähnt. Nachdem Mitte des 14. Jahrhunderts die Pest und dann die verheerende »Grote Mandränke« die Inselbevölkerung drastisch dezimiert hatten, war auch die Kirche nahezu ohne Gemeinde. Mönche aus Köln belebten den christlichen Glauben in Keitum neu und benannten das den katholischen Heiligen St. Mauritius, St. Knut und St. Ketel geweihte Gotteshaus nach dem Heiligen Severin, einem Kölner Bischof aus dem 4. Jahrhundert. Seit 1544 wird in St. Severin evangelisch gepredigt.

## Glockenturm als Seezeichen

Der gemauerte Glockenturm in gotischem Stil entstand um 1540. Seefahrer nutzen die weithin sichtbare Spitze als Landmarke, die Bevölkerung suchte hinter seinen Mauern zuweilen Schutz, die Obrigkeit nutzte den Bau zeitweise als Gefängnis. Zwei in die Westseite integrierte Teile eines mächtigen Findlings sollen Gedenksteine für die Turmstifterinnen und Nonnen Ing und Dung darstellen, nach deren Namen auch die Glocken beim Läuten die Laute »Ing« und »Dung« von sich geben.

# St.-Severin-Kirche

Der Dachstuhl stammt von 1216. Zu den größten Schätzen innen gehört der Taufstein auf einem Sockel mit vier Löwen von 1230. Den in spätgotischem Stil geschnitzten Altar schuf um 1480 ein unbekannter Meister, der auch in der Lübecker Marienkirche Spuren hinterließ. Gottvater im Gnadenstuhl und sein auferstandener Sohn Jesus Christus stehen auf dem Hauptaltar Maria mit dem Jesuskind und dem Heiligen Severin zur Seite. Die um 1580 im frühen Renaissancestil gefertigte Kanzel stand einst in der Schlosskapelle von Møgeltønder. Ihre Seiten zeigen die drei christlichen Tugenden, Fides (Glaube), Temperantia (Mäßigung), Justitia (Gerechtigkeit). Die drei niederländischen Messingkronleuchter (17. Jh.) stifteten drei Sylter Kapitäne.

Im Chorraum fällt der einem Beichtstuhl ähnliche »Müllerstuhl« ins Auge, den der wohlhabende Munkmarscher Müller Nickels Jensen 1769 für seine Familie errichten ließ. Die erst 1999 unter anderem mit Spenden finanzierte Orgel gehört zu den klangschönsten Norddeutschlands. Das Kircheninnere zieren etwa ein Votivbild unter der nördlichen Seitenempore von 1654, das Bild »Mitten durch die Verzweiflung hindurchbrechend« der Sylter Malerin Magda Rose-Weingardt (1902 bis 1996) und das 1913 geschaffene Deckengemälde des im KZ Noé ermordeten Malers Franz Korwan in Chorraum und Kirchenschiff.

## »Friedhof am Meer«

Viele »Kapitänssteine« wurden am Nordwall auf- und ausgestellt mit ganzen Familiengeschichten auf den Grabplatten. Auch diverse Prominente sind in meist schlichten Gräbern bestattet, etwa der Spiegel-Herausgeber Rudolf Augstein (1923–2002), Peter Suhrkamp (1891–1959) oder der christdemokratische Außenminister Gerhard Schröder (1910–1989), der lange bei Kampen gelebt hat.

Der gemauerte Kirchturm diente Seefahrern lange als Landmarke.

## Infos und Adressen

INFORMATION

**Ev.-luth. Kirchengemeinde St. Severin.** Tgl. 9–18 Uhr, Pröstwai 20, 25980 Keitum, Tel. 04651/317 13, www.st-severin.de

**Mittwochskonzerte St. Severin.** Mi 20.15 Uhr, Karten bekommt man bis etwa 14 Tage vor dem Konzert unter www.vibus.de (»Severin«) oder unter Tel. 0180/500 99 80.

**Oben:** Warften schützten die friesischen Gehöfte bei Sturmfluten.
**Unten:** Auch bei Archsum wurden steinzeitliche Grabstätten gefunden.





# 36 Archsum

## Grüne Deiche, saftige Wiesen

**Im Osten wird Sylt immer ruhiger. Auf den schmalen Straßen zwischen Marschen und Koogen südlich der Bahnlinie sind meist mehr Fahrradfahrer als Autos unterwegs. Einige vorzeitliche Gräber zeigen, dass die Gegend bereits bei Steinzeitmenschen recht beliebt war. Vom Ringwall der einst mächtigen Archsumburg sind nur noch Erinnerungen übrig. Alte Warften, künstliche Erdhügel, halfen einst den Bewohnern, bei Sturmfluten den Kopf über Wasser zu halten.**

Ārichsem heißt das Dorf zwischen Morsum und Keitum auf Inselfriesisch. Auch wenn der Ort Mitte des 15. Jahrhunderts erstmals in einem Kirchenbuch genannt wurde, ist die Gegend doch schon vor mehreren Tausend Jahren besiedelt worden. Vor rund 4500 Jahren errichteten Steinzeitmenschen das nordische Ganggrab Merelmerskhoog aus wuchtigen Steinen. Ein dreieinhalb Meter langer Gang führt von der gut siebeneinhalb Quadratmeter großen Grabkammer ins Freie. Damit stammt das Megalithgrab aus der mittleren Steinzeit, ebenso wie der Denghoog bei Wenningstedt.

## Vorzeitliche Besiedlung

Ausgrabungen in den 1970er-Jahren haben Überreste einer 2000 Jahre alten Siedlung und eines Dorfs zutage gefördert, das noch um die erste Jahrtausendwende bestanden hat. Vor rund 2000 Jahren ist wohl auch der einst einen Meter hohe Wall mit einem Durchmesser von gut 65 Metern aus Grassoden angelegt worden, der mehrfach aufgeschüttet, später einige Häuser und Flechthütten umgab. Nicht klar ist der Hintergrund für eine Art Tunnel aus aufgeschichteten Steinen, den Archäologen hier vermuten. Die Anlage wurde wahrscheinlich zu Kultzwecken genutzt, da die Forscher keine für eine bewohnte Siedlung typischen Abfallüberbleibsel gefunden haben. Damit stammt die größere Archsumburg aus derselben Zeit wie die Tinnumburg südwestlich von Tinnum und die verschwundene Rathsburg bei Rantum. Kolkingehoog, ein zweites Großsteingrab bei Archsum, hat sich längst die See geholt. Bei Ebbe kann man die mächtigen, vom Meer verrückten Felsbrocken des Grabs im Watt ausmachen.

## Weiter Blick über Felder und Marschen

Reetgedeckte Gehöfte, Rapsfelder, Schafe auf grünen Wiesen und grasbewachsene Deiche: Im Inselosten gibt es noch ländliche Idylle. Spektakuläre touristische Attraktionen wird man hier vergeblich suchen. Dafür sind die friesische Sprache und das Brauchtum hier lebendiger als anderswo auf Sylt. So findet in Archsum traditionell zu Pfingsten eines der wichtigsten Ringreiterfeste der Insel statt.

Nur rund 300 Menschen leben in dem kleinen Inselort. Lange ernährten sie sich allein von der Seefahrt und der Landwirtschaft. Dieser diente auch die Eindeichung des Nössekoogs während der Nazizeit. Seitdem werden Felder, Wiesen und Orte nur noch bei besonders hohen Sturmfluten überschwemmt, vor allem seit die Deiche in den 1980er-Jahren noch zwei weitere Male erhöht wurden. Rund um Archsum wird tatsächlich noch Landwirtschaft betrieben, die anderswo von der Touristikindustrie komplett in den Hintergrund

AUTORENTIPP!

**WARFTEN**

Die ersten Siedlungshügel entstanden, als Klei aus Watt und Marsch mit dem Dung aus Tierställen zur Erhöhung eines Bauplatzes aufgeworfen wurden. Die Wohnplätze wuchsen immer weiter in die Höhe, neue Gebäude wurden einfach auf den Fundamenten der alten angelegt. So waren sie nebenbei auch besser gegen Hochwasser geschützt. Die meisten der älteren Höfe im Osten der Insel sind leicht erhöht auf diesen künstlich aufgeschütteten Hügeln errichtet, die im Lauf der Zeit weiter erhöht werden mussten, um die menschlichen und tierischen Bewohner vor den höheren Sturmfluten der Nordsee zu schützen. Im Osten von Sylt, aber auch auf anderen Nordfriesischen Inseln und Halligen, sind auf Warften gebaute Höfe seit jeher kein seltenes Bild. Schon der römische Offizier und Chronist Plinius der Ältere berichtete von einem Volk, das auf mit Händen errichteten Erdhügeln lebte.

Ganz im Osten von Sylt haben sich friesische Bauernhäuser erhalten.

**Oben:** Die inselfriesischen Häuser strahlen eine gediegene Gemütlichkeit aus.
**Mitte:** Auch die Region rund um Archsum wird für Zweitwohnsitze entdeckt.
**Unten:** Solide Bratkartoffelküche in der »Alten Schule« von Archsum.

gedrängt wurde. Doch selbst hier hat inzwischen der Tourismus die Bedeutung der Landwirtschaft als wichtigsten Wirtschaftszweig überflügelt, obwohl weit und breit weder Nordseebrandung noch breite Sandstrände oder Dünen zu sehen sind. Da hilft es natürlich, dass sich Archsum schon seit 1961 mit dem Titel eines Luftkurorts schmücken kann.

Archsum liegt durchschnittlich nur vier Meter oberhalb des Meeresspiegels. Da nimmt es nicht wunder, dass der Ort und die darum herumliegenden Felder besonders bei Sturmfluten in Gefahr sind. Andererseits führte jede Flut, die das Land im Lauf vieler Jahrhunderte überschwemmte, Schwebstoffe mit sich, die schon seit Urzeiten auf Wiesen und Felder niedersanken und sie düngten.

Von Archäologen ausgewertete Grabhügel wie der Danshoog und der Ingehoog sind nur noch als flache Erhebungen auszumachen. Die durch die immer wiederkehrenden Fluten angehobenen Wiesen und die von Sturmfluten abgetragenen Hügel haben sich gewissermaßen einander angenähert. Ein ähnliches Schicksal hat auch die Archsumburg ereilt, deren früherer Wall praktisch nicht mehr zu erkennen ist. Dafür sind 65 Findlinge aus der früheren Anlage im Dorfzentrum sorgsam wieder zusammengestellt und geben jetzt dort Rätsel auf.

# Infos und Adressen

### ESSEN UND TRINKEN

**Alte Schule.** Gutbürgerliche, bodenständige Küche ohne Schnickschnack: viele Bratkartoffelgerichte mit Hering, Sauerfleisch oder Wiener Schnitzel. Pannfisch, Dorsch oder Scholle stehen fast immer auf der Speisekarte. Do–Di 12–14.30 und 17–22 Uhr, Dorfstr. 6, 25980 Archsum, Tel. 04651/ 89 15 08, www.sylt-alteschule.de

### ÜBERNACHTEN

**Christian VIII.** Klein und schick im reetgedeckten Landhausambiente. Das Hotel nennt sich auch Parkresidenz. Kein Wunder, denn der umgebende Park ist groß und mit altem Baumbestand. Wer will, kann sich das Frühstück in eine der zwölf Suiten bringen lassen, ansonsten wird es im Frühstücksrestaurant serviert. Heleeker 1, 25980 Archsum, Tel. 04651/970 70, www.christianderviii.de

**Ferienwohnungen Aarnhof.** Der friesische Aarnhof bietet zwei Ferienwohnungen, davon eine barrierefrei. Beide sind gut und modern ausgestattet. Uaster Reeg 17, 25980 Archsum, Tel. 04651/89 10 78, www.aarnhof.de

Selbst eingekochte Marmeladen verkauft Andrea Staack am Uaster Reeg 19.

Natur pur beim Radfahren: Berge gibt es hier nicht, Gegenwind kann vorkommen.

### VERANSTALTUNGEN

**Ringreiterturnier.** Auf dem Festplatz im Dorfzentrum ermitteln die Ringreiter auf Einladung des Archsumer Ringreitervereins von 1863 ihren König. An Pfingsten.

**Archsumer Dorffest.** Am zweiten Wochenende im Juli feiert die freiwillige Feuerwehr von Archsum ihr jährliches Dorffest, zu dem auch Einheimische aus anderen Inselorten anreisen. Diverse Spiele erfreuen die Kinder, ebenso die Fahrt mit den Feuerwehrfahrzeugen. Die Jugendfeuerwehr mixt derweil (alkoholfreie) Cocktails.

Bitte nicht stören: Hier arbeiten Bienen am Rapshonig.

Die »fünfte Jahreszeit«: Alles ist gelb bei der Rapsblüte in Sylts Osten.

# 37 Morsum
## Sylt beschaulich – ganz im Osten

**Reetgedeckte Bauernhöfe und weite Wiesen: Auch der östlichste Ort von Sylt zeigt sich von einer eher beschaulichen Seite. Doch der Fremdenverkehr hat ebenso schon diesen abgelegenen Inselteil erfasst. Baukräne und frisch errichtete »Friesenhäuser« sind untrügliche Zeichen dafür. Dennoch ist viel Platz vorhanden, um einfach tief durchzuatmen, zu wandern oder Fahrrad zu fahren.**

Der einst mit seiner Landwirtschaft wichtigste und bevölkerungsreichste Ort der Insel tauchte im 15. Jahrhundert erstmals in offiziellen Dokumenten auf. Doch es gibt eine Vielzahl von Spuren menschlicher Besiedlung bereits aus prähistorischen und Wikingerzeiten. Zahlreiche Fundstücke und Grabstätten zeigen, dass Menschen schon während der Steinzeit in der Inselregion rund um

### MAL EHRLICH

**FRIESENWALL**

Gemüsegärten wurden früher vor frei weidenden Haustieren durch einen Steinwall geschützt, mit Klei aus dem Watt zusammengehalten und von Grassoden gedeckt. Die Bepflanzung mit Sträuchern schützte zusätzlich etwas vor der steifen Nordseebrise. Die »Friesenwälle« von heute, die Vorgärten vieler Villen einfrieden und sehr gern mit Heckenrosen, die eigentlich von der russischen Halbinsel Kamtschatka stammen, bepflanzt werden, sind nicht mehr als ein dekoratives Zitat an die friesische Inseltradition.

**Oben:** Auf dem Nössedeich lässt sich gut grasen und auch Pause machen.
**Unten:** Friesenhäuser wurden traditionell durch einen Steinwall eingefriedet.

das heutige Morsum lebten. Überreste frühzeitlicher Grabanlagen kann man vor allem zwischen den Straßen Hiir und Nösistich gleich südlich des Naturschutzgebiets beim Morsumer Kliff ausmachen. Auch heute spielt die Landwirtschaft rund um das auf Friesisch »Muasem« genannte Morsum noch eine wichtige Rolle. Die reetgedeckten, über das flache Land verstreuten Bauernhöfe prägen das Landschaftsbild. Knapp 40 Jahre lang gehörte Morsum offiziell zur Gemeinde Sylt-Ost, seit 2009 zählt es zur neu gegründeten Gemeinde Sylt. Im Ort leben rund 1100 Einwohner. Seit einigen Jahren wird Morsum, das viele nur vom Vorbeifahren mit dem Autozug SyltShuttle durch einen flüchtigen Blick durch das Seitenfenster ihres Pkw kennen, stärker für den Tourismus entdeckt. Die Preise für Immobilienangebote klettern und ein luxuriöses Hof-Hotel, das von Künstlern mitgestaltet wird, entsteht in der Ortsmitte.

## Friesische Kultur

Mit der Einweihung des Hindenburgdamms 1927 erhielt Morsum einen privilegierten Anschluss an das Festland. Schließlich machte der Zug vom schleswig-holsteinischen Niebüll seinen ersten Inselstopp am neuen Morsumer Bahnhof. Doch die »neue Zeit« hatte nicht nur Freunde im Ort. Nicht wenige lehnten das neue Bauwerk und die Gefahr der »Überfremdung« strikt ab. Lange hatten die meisten Dorfbewohner nur Söl'ring, Sylter Friesisch oder Platt gesprochen. Für den Bau des Eisenbahndamms waren jedoch Arbeiter aus ganz Deutschland in den zuvor abgelegenen Teil der Insel gekommen – und einige blieben. Doch die friesische Sprache und Kultur sind in Morsum lebendig geblieben. Ein aktives Gemeindeleben wird vorangetrieben durch den Verein Morsumer Kulturfreunde. Auch die Ortsteile von Morsum tragen friesische Namen wie »Litjmuasem« gleich

AUTORENTIPP!

**RINGREITEN**
Die Reiterspiele im Norden von Schleswig-Holstein und im dänischen Süden der jütländischen Halbinsel locken zwischen Pfingsten und Ende August viele Tausend Zuschauer zu den großen Turnieren. Auch auf Sylt geht es dann darum, im Galopp mit einer rund zwei Meter langen Lanze einen winzigen, nur bis zu 2,50 Zentimeter großen Messingring aufzuspießen. Dieser hängt an einer quer gespannten Leine zwischen zwei Pfählen. Sieger und König wird, wer als Erster den dritten Königsring mit nur 13 Millimetern Durchmesser aufgespießt hat. Seit mehr als 170 Jahren reiten Sylter, zunächst nur Offiziere, um diese Ehre. In Reitergilden und -vereinen, vor allem im Sylter Osten, wird das Vereinsleben gepflegt. Erst seit den 1980er-Jahren sind auch Turnierreiterinnen mit eigenen Frauenriegen präsent. Rund 200 Aktive zählen heute die fünf männlichen und drei weiblichen Gilden und Riegen auf Sylt.

Kirche und wehrhafter Bau zugleich: St. Martin in Morsum.

südlich der Bahnstrecke oder »Skellinghörn« am westlichen Ortsrand.

## Dorfkirche St. Martin

Das wehrhaft erscheinende Gotteshaus gehört neben St. Severin bei Keitum zu den Traditionskirchen der Insel. Der aus Granit und Feldsteinen errichtete, wuchtige Kirchenbau stammt vermutlich bereits aus dem letzten Drittel des 12. Jahrhunderts. Die außen und innen weiß getünchte Kirche blickt von einer leichten Erhebung über die Landschaft. Im Jahr 1628 ergänzte Befestigungen sollten den Morsumern einen gesicherten Schutzraum zur Zeit des 30-jährigen Kriegs verschaffen, in den sie sich bei etwaigen Überfällen durch plündernde Landsknechte flüchten konnten. Kaiserliche Truppen belagerten die Kirche im gleichen Jahr und ließen gefangen genommene Geiseln erst nach Zahlung eines Lösegelds frei. Vor der Pest, nur ein Jahr später, halfen keine dicken Mauern. Auch die vier Kinder des Pastors starben. Schon im 14. Jahrhundert hatte die Seuche in Morsum gewütet und nur elf Menschen am Leben gelassen.

Die Kirchenglocke erklingt nicht etwa von einem Kirchturm, sondern von einem später errichteten hölzernen »Glockenstapel«, einige Meter vom eigentlichen Kirchengebäude entfernt. Die im 18. Jahrhundert gegossene Glocke wird noch immer per Hand geläutet. Zu den Kostbarkeiten im schlichten romanischen Innenraum gehören ein geschnitzter Flügelaltar aus dem 16. Jahrhundert sowie ein Tuffsteinaltar. Tuffstein wurde auch zum Bau der Außenmauern mit verwendet. Das rund 1000 Jahre alte Weihbecken aus Granit gehört zu den ältesten Kirchenschätzen der Insel. Der als Kelch gearbeitete romanische Taufstein aus dem 13. Jahrhundert stammt von der Ostseeinsel Gotland. Auffällig sind der 18-armige, den

**Oben:** Die Kirchenglocke erklingt aus einem separaten »Glockenstapel«.
**Mitte:** Früher flüchteten die Menschen bei Gefahr ins Kircheninnere.
**Unten:** Das 1000-jährige Weihbecken, der wohl älteste Kirchenschatz der Insel.

## Lageplan

**Ⓐ St.-Martin-Kirche** – St. Martin war einst eine Wehrkirche, die vor Überfällen Schutz bieten sollte. Die Kirchenschätze im Inneren stammen aus den letzten tausend Jahren.

**Ⓑ Golfclub Morsum** – 1968 vom Hamburger Großverleger Axel Springer noch als 9-Loch-Golfplatz gegründet, ist der Platz seit einiger Zeit zu einer 18-Loch-Anlage ausgebaut worden.

**Ⓒ Muasem Hüs** – Das Gemeindehaus versteht sich auch als Hort friesischer Kultur. In Morsum sprechen noch viele Inselfriesisch.

**Ⓓ Meierei Morsum** – Die einzige noch betriebene Meierei auf ganz Sylt. Die Milch aus Sylts Osten gilt als besonders wohlschmeckend.

Markierte Wege führen durch Naturschutzgebiete, in denen oft Vögel brüten.

AUTORENTIPP!

**GOLF**

Heute scheint Golf ganz selbstverständlich zu Sylt zu gehören. Doch erst 1968 ließ der Hamburger Großverleger Axel Springer in Morsum die erste 9-Loch-Anlage erbauen, aus der inzwischen ein 18-Loch-Platz geworden ist. Ein zweiter 9-Loch-Platz des Marine-Golf Club kam 1980 in Tinnum gleich nördlich des Flughafens hinzu. Der ist längst zu einer Anlage mit 18 Bahnen und 6300 Metern Länge erweitert. Zwei Jahre später eröffnete der Golf Club Sylt mit einer 18-Loch-Anlage zwischen Kampen und Wenningstedt, die noch um einen 6-Loch-Kurzplatz erweitert wurde. Der Golfclub Budersand kam erst 2008 mit einem 18-Loch-Platz am Fuße der Düne Budersand in Hörnum dazu. Alle Plätze akzeptieren Gäste mit Platzreife und Mitgliedschaft im Golfverband.

**Golfclub Budersand Sylt,**
18-Loch-Green-Fee 45 Euro,
www.gc-budersand.de

**Golf Club Sylt,**
18-Loch-Green-Fee 55 Euro
www.golfclubsylt.de

**Marine-Golf-Club Sylt,**
18-Loch-Green-Fee 65 Euro,
www.golf-sylt.de

**Golfclub Morsum,**
18-Loch-Green-Fee 60 Euro,
www.golf-morsum.de

Bei »Nes Pück« lässt sich gut speisen, das meiste in Bio-Qualität.

Mittelgang überragende Messingkronleuchter aus Dänemark und die barocke, aus Eichenholz gefertigte Kanzel. Letztere zeigt in Relieffeldern geschnitzte Szenen aus dem Leben Jesu. Eine Gedenktafel in der evangelischen Kirche erinnert an 84 Grönlandfahrer, darunter 51 aus Morsum, die am 15. März 1744 in Sichtweite von Sylt in schwerer See mit ihrem Schiff kenterten und ertranken. Ohnehin war der Frauenüberschuss in den Dörfern der Insel groß, da regelmäßig Seeleute von ihrem gefährlichen Beruf auf dem Meer nicht nach Hause zurückkehrten.

Auf dem Friedhof der Kirche liegt u.a. der 1980 verstorbene frühere Bundesverfassungsrichter Fabian von Schlabrendorff, der sich während des Zweiten Weltkriegs als Offizier der Wehrmacht dem militärischen Widerstand angeschlossen hatte. Er war beteiligt an den missglückten Attentatsversuchen auf Adolf Hitler am 13. März 1943 und am 20. Juli 1944. Schon zum Tode verurteilt, befreiten ihn amerikanische Truppen aus einem KZ bei Innsbruck.

## Infos und Adressen

### ESSEN UND TRINKEN

**Nes Pück.** Bodenständige Landhausküche unterm Reetdach mit Angeboten auch für den kleinen Hunger. Viele Produkte in Bio-Qualität.
Tgl. 12 bis 24 Uhr, Nuurhörn 7, 25980 Morsum, Tel. 04651/89 06 54, www.nes-puek.de

**Original Sylter Backkultur – Jürgen Ingwersen.** Hier gibt es nicht nur die beliebten Friesenkekse, sondern die leckersten Torten weit und breit. Im Gartencafé lassen sich die wunderbar verspeisen. Mo–Sa 6.30–19 Uhr, So 8–18 Uhr, Terpstig 76, 25980 Morsum, Tel. 04651/82 33 42, www.sylter-backkultur.com

### ÜBERNACHTEN

**Urlaub auf dem Friesenhof Bleicken.** Thomas Bleicken vermietet nette Wohnungen im Friesenhaus mit Garten. Gurtmuasem 23, 25980 Morsum, Tel. 04651/89 13 76, www.friesenhof-sylt.de

**Campingplatz am Mühlenhof.** Ruhige, weitläufige Anlage zwischen Ortszentrum und Deich. Melnstig 7, 25980 Morsum, Tel. 04651/89 04 44, www.campingplatz-sylt.de

### EINKAUFEN

**Meierei Morsum.** Es ist die letzte Meierei auf Sylt von einst acht Inselbetrieben. 40 Kühe geben die Milch, die so sahnig und lecker schmeckt. Hooger Wal 33, 25980 Morsum, Tel. 04651/89 10 12

**Sylter Seifenmanufaktur.** Im Morsumer Bahnhof duftet es, denn hier verkauft Kirsten Deppe ihre wunderbaren Seifen, z. B. Sylter Thalasso mit Heilschlick oder Sylter Schokolade mit pflegender Kakaobutter. Tgl. 11–17 Uhr, Bi Miiren 11, 25980 Morsum, Tel. 04651/460 99 77, www.sylter-seifen.de

**Morsumer Socken.** Malitta und Helmut Lohse spinnen Schafswolle und stricken daraus wunderbare Socken. Auf Anfrage, Serkwai 19, 25980 Morsum, Tel. 04651/89 03 04

### VERANSTALTUNGEN

**Weihnachtsmarkt.** »Jööltir ön Muasem« heißt der inselbekannte Weihnachtsmarkt in Morsum. Das Muasem Hüs der »Morsumer Kulturfreunde« erstrahlt dann in weihnachtlichem Glanz, und es gibt viel Kunsthandwerkliches, Handarbeiten und Leckereien aus der »Weihnachtlichen Backstube« zu kaufen und zu bestaunen, dazu eine lebende Krippe. www.morsumer-kulturfreunde.de

### AKTIVITÄTEN

**Golfplatz Morsum.** 18-Loch-Green-Fee 60 Euro, Uasterhörn 37, 25980 Morsum, Tel. 04651/89 03 87, www.golf-morsum.de

**Reiterhof Lobach.** Reitunterricht und Ausritte in die Natur. Litjmuasem 16, 25980 Morsum, Tel. 04651/89 02 39

### INFORMATION

**Touristinformation Morsum Muasem Hüs.** Mo–Fr 10–13 Uhr, Bi Miiren 17, 25980 Morsum, Tel. 04651/89 07 32, www.insel-sylt.de

Bei »Ingwersen« gibt's tolle Torten und kerniges Schwarzbrot.

# 38 Morsum-Kliff
## Naturattraktion mit Erdgeschichte

**Das Morsum-Kliff, eine gut 20 Meter hohe Abbruchkante zwischen Heide und Watt, ist die größte Naturattraktion im Osten von Sylt. Schon während eines zehnminütigen Kurzrundgangs am Morsumer Kliff passieren Besucher rund zehn Millionen Jahre Erdgeschichte. Am Kliff und im angrenzenden Heidegebiet überrascht die reiche Artenvielfalt der tierischen Bewohner.**

Eine Wanderung am Kliff gerät zum erdgeschichtlichen Schnellkurs.

Viele der Fossilien, die Forscher und Sammler am rund zwei Kilometer langen Morsum-Kliff gefunden haben, sind mit den Gletschern der Eiszeiten aus Skandinavien hierher verschoben worden. Allein 50 verschiedene versteinerte Fische, dazu Fossilien von Walen und einer Robbe wurden an der Kliffkante entdeckt. Hinzu kommen mehrere Millionen Jahre alte Versteinerungen von Schwämmen oder Schnecken wie der Helmschnecke oder der Ochsenherzmuschel. Das Sylter Heimatmuseum in Keitum bewahrt viele dieser Kostbarkeiten auf.

Zwei Wanderwege, ein kurzer von 1,2 Kilometern und ein etwas längerer von 2,8 Kilometern, erschließen das Kliff und die Wattenmeerküste – und führen den Wanderer dabei durch das naturgeschützte Heidegebiet.

## Eiszeitliche Erdkruste

Grundlagen für den Aufbau des Kliffs wurden vor rund 400 000 Jahren gelegt, in der Zeit der ersten Hauptvereisung der Elster-Eiszeit. Mehrere Millionen Jahre alte Erdschichten aus dem

Tertiär wurden von den von Norden vorrückenden Gletschern herausgerissen und in Schollen aufgestaucht. Die unterste Erdschicht besteht aus sechs bis zehn Millionen Jahren altem Glimmerton, auf dem vier bis sechs Millionen Jahre alter rötlicher Limonitsandstein liegt. Dieser wiederum ist von zwei bis drei Millionen Jahre altem hellen Kaolinsand bedeckt. Er stammt aus Ablagerungen vorzeitlicher Flüsse aus Skandinavien und dem Baltikum. Das Gewicht der massiven Gletscher presste die Schichten zusammen und drückte sie wie Schuppen über- und nebeneinander.

## Tierische Artenvielfalt

Faszinierend zeigt sich die tierische Artenvielfalt am Morsumer Kliff. Die meisten der rund 600 Schmetterlingsarten der Insel sind in Morsum präsent, darunter Distelfalter, Tagpfauenauge und Admiral.

Auch die Uferschwalbe bevölkert die Schilfgebiete am Wasser. Die Zugvögel ziehen zwischen August und September nach Süden und verbringen die Winter in Afrika. Zwischen Mai und April kommen sie zur Brut zurück. In den etwa eineinhalb Meter tiefen, von den Vögeln selbst gegrabenen Röhren am Steilufer finden ihre Eier und Jungvögel Schutz.

Der Sandregenpfeifer kommt meist mit einem Stakkato schneller Schritte über den Ufer- und Wattboden gerast, bleibt dann abrupt stehen und pickt im nächsten Moment Nahrung auf. Das können kleine Krebse sein, Schnecken, Spinnen oder andere Insekten. Der kleine Vogel ist gut an seinem weißen Bauch, seinem bräunlichen Rücken, dem orangefarbenen Schnabel und Beinen und seinem schwarzen Halsring zu

AUTORENTIPP!

**MITTELSAND**

200 Hektar groß ist das »Wattenmeer nördlich Hindenburgdamm«, seit 1937 Naturschutzgebiet und seit 1985 Teil des Nationalparks Schleswig-Holsteinisches Wattenmeer. Über 100 000 Wattvögel nutzen das amphibische Terrain. Die sandige Gezeitenfläche des Mittelsands nördlich des Morsum-Kliff ist von Millionen von Wattwürmern bewohnt, zu erkennen an der riesigen Zahl kleiner Sandhäufchen, denen die Würmer alle Nährstoffe entzogen haben. Diese wiederum dienen zahlreichen Wasservögeln wie Austernfischern oder Pfuhlschnepfen als Nahrung. Der Naturschutzbund NABU veranstaltet Führungen im Schutzgebiet, die das Leben von Tieren und Pflanzen zwischen Ebbe und Flut erläutern.

**Mittelsand.** Infos gibt der NABU-Schutzgebietsreferent, Hafenstr. 37, 25992 List, Tel. 04651/836 19 21, schleswig-holstein.nabu.de. Die Station in Morsum ist von April bis September mit einem Vogelwart besetzt, der auch als Wattführer, Gebietsbetreuer und Gästeführer fungiert.

Eine Uferschwalbe gräbt sich eine Brutröhre in das Steilufer des Kliffs.

erkennen. Sein Bestand ist bereits dezimiert: Den Füchsen, die über den Hindenburgdamm auf die Insel kommen, erscheinen seine Eier einfach zu lecker.

Der seltene Lungenenzian findet gute Lebensbedingungen in nassen Heiden und feuchten Zwischenmooren. Im Heidegebiet beim Morsumer Kliff ist die blau blühende, bis zu 40 Zentimeter hohe Pflanze zu finden. Sie steht unter besonderem Naturschutz und darf, wie alle Enzianarten, nicht gepflückt werden. Zudem ist die Existenz des Moorbläulings, eines seltenen Schmetterlings, mit der Pflanze verbunden. Seine Eier legt er nur auf dem Lungenenzian ab, die geschlüpften Raupen ernähren sich ausschließlich von deren Fruchtknoten.

Während der Errichtung des Hindenburgdamms, der die Insel mit dem Festland verbindet, war das Biotop des Morsum-Kliffs besonders gefährdet. Schließlich gab es Pläne, das Material zum Aufschütten des Damms dem nahe gelegenen Kliff zu entnehmen. Die Anhänger des Vereins Naturschutz Insel Sylt konnten dies verhindern. So wurde laut Beschluss der Regierung in Schleswig das Morsumer Kliff am 23. März 1923 als erstes, heute 43 Hektar großes Naturschutzgebiet in Schleswig-Holstein ausgewiesen. Das Kliff mit der angrenzenden wildromantischen Heidelandschaft ist bis heute erhalten.

**Oben:** Ein Plankenweg führt zur Kliffkante, mit Blick über das Watt.
**Mitte:** Oberhalb des Kliffs breitet sich eine wunderschöne Heide- und Dünenlandschaft aus.
**Unten:** Der seltene blaue Lungenenzian prunkt mit trichterförmigen Blüten.

# Infos und Adressen

## ESSEN UND TRINKEN

**Morsum-Kliff.** Leicht erhöht und nahezu am östlichen Inselrand bietet sich das Restaurant mit bodenständigen Tagesgerichten und hausgebackenem Kuchen für eine Einkehr nach dem Besuch des Morsum-Kliff geradezu an. Abends demonstriert Küchenchef Janko Rahneberg, dass er auch Raffinierteres zubereiten kann wie Ravioli von Atlantikhummer mit getrüffeltem Spinat, Kirschtomatenragout und Basilikumsorbet.
Tgl. 12–21 Uhr, Nösistig 13, 25980 Morsum, Tel. 04651/83 63 20, www.hotel-morsum-kliff.de

## ÜBERNACHTEN

**Morsum-Kliff.** Das dem Restaurant angeschlossene Hotel bietet zehn gemütliche Zimmer im Landhausstil, davon neun mit Blick aufs Wattenmeer. Ein reichhaltiges Frühstück ist im Zimmerpreis inbegriffen. Nösistig 13, 25980 Morsum, Tel. 04651/83 63 20, www.hotel-morsum-kliff.de

## INFORMATION

**Infohäuschen des Nationalparks Wattenmeer.** Hier gibt es einen Parkplatz und ein WC. Zwei Rundwege (1,2 bzw. 2,8 km) führen zur Aussichtsplattform, entlang der Kliffkante, durch die Heidelandschaft und um den Fischteich. Zum Tag des Geotops (Sept.) werden jedes Jahr erdgeschichtliche Führungen angeboten. www.naturschutz-sylt.de, www.tag-des-geotops.de

Ideale Einkehr mit Übernachtungsmöglichkeit nach der Erkundung am Morsum-Kliff.

Auf der Nösse-Halbinsel wird Reet für den Dachbau von Friesenhäusern gewonnen.

**Oben:** Entwässerungsgräben durchziehen die Landschaft der Morsum Odde.
**Unten:** Artenvielfalt im Osten von Sylt, von Marienkäfern bis zu vielen Dutzend Schmetterlingen.



# 39 Sylt-Ost
## Schafe und Heide

**Die in den 1930er-Jahren durch den Nössedeich begrenzten Feuchtgebiete und Marschen südlich von Archsum und Morsum sind längst zu landwirtschaftlichen Flächen geworden. Von Entwässerungskanälen durchzogen, werden sie extensiv genutzt. Menschen wohnen hier nur in winzigen Straßensiedlungen wie Osterende oder Wall. Die Morsum Odde ganz im Süden ist ein Paradies für Wasservögel.**

In Sylt-Ost leben nahezu mehr Schafe als Menschen, nämlich rund 1000 aller Sylt-Mutterschafe. (Der Rest lebt im nördlichen Listland.) Für die Pflege der Heideflächen spielen die Tiere eine wichtige Rolle, da sie schonend frisch sprießende Gehölze abweiden. Am hiesigen Nössedeich verdichten die Schafhufe das Deichgefüge und treten etwaige Hohlräume wieder zu.

Die Schafzucht zur Wollproduktion spielt heute wirtschaftlich keine große Rolle mehr, doch am Südrand des Hauptorts Morsum, am Serkwai 19, spinnen Malitta und Helmut Lohse seit Jahren ihr eigenes Garn aus Schafswolle, aus dem die Senioren dann schwarz-weiße Socken mit lustigen Streifenmustern stricken. Natürlich wird die Wolle nicht chemisch behandelt, aber sie enthält das hautpflegende Lanolin.

## Salzwiesen und Wasservögel

Zwischen April und Juli ist das Gebiet der Morsum Odde dicht bevölkert mit Wasservögeln, die hier brüten oder eine Rast auf den Salzwiesen jenseits des Deichs einlegen. Im Logbuch der Schutzstation

Wattenmeer werden in dieser Zeit die Einträge über gesichtete Wasservögel und deren Paarungsverhalten dichter. Am Nössekoog wohnt von April bis September auch ein Vogelwart der »Schutzstation Wattenmeer«. Er und seine Kollegen im gesamten Gebiet des Nationalparks bieten Besuchern Informationen und nehmen sie auf Wattführungen mit.

Im Uferbereich sowie an den Rändern von Gräben und Prielen trifft man auch auf den bitteren, zwischen 30 und 60 Zentimeter hoch wachsenden Strandwermut. Seine fein gegliederten Blätter überzieht meist ein zarter Filz. Wer in seiner Vorstellung jetzt schon ein Glas mit selbst gebranntem Absinth vor Augen hat, muss sich bremsen. Denn der gehaltvolle Kräuterschnaps kommt nicht von der Küste, er wird aus Schweizer Bergwermut gewonnen. Auch die Strandaster hat sich bestens an die salzigen Lebensbedingungen der oft überschwemmten Uferbereiche angepasst. Das Salz wird in den dickfleischigen Blättern eingelagert und mit Zellsaft verdünnt. Die im Lauf der Zeit errötenden Blätter wirft die Pflanze einfach ab. Übrigens: Das ganze Areal ist mit Fahrradwegen gut erschlossen.

**Oben:** Die Marschgebiete in Sylts Südosten grenzen direkt an das Rantumer Becken.
**Unten:** Die Strandaster gedeiht auf nassen oder periodisch überfluteten Salzwiesen.

## Friesisches Silvester

In den ländlichen Gemeinden von Sylt-Ost sind viele der friesischen Gebräuche noch lebendig. Zum Maskenlauf ziehen die »Omtaakelten«, verkleidete Kinder, von Haus zu Haus, um die besten Wünsche für das neue Jahr zu überbringen. Klar, dass sie an den meisten Türen mit Süßigkeiten rechnen können. Erwachsene bringen nicht nur die besten Wünsche, sondern tragen noch Spottverse in Söl'ring, Inselfriesisch, vor, die die Ereignisse des vergangenen Jahres herzhaft auf die Schippe nehmen.

## Infos und Adressen

### INFORMATION

**Schutzstation Wattenmeer Morsum.** April–Sept. besetzt, Bauwagen LKN-Gelände, Liiger Wal, 25980 Morsum, Tel. 0152/24 39 56 44, ganzjährig 04651/88 10 93, www.schutzstation-wattenmeer.de

Mehr Schafe als Menschen in Sylts Osten? Auf dem Deich zumindest stimmt es.

# 40 Wattenmeer
## Zwischen Ebbe und Flut

**Das Wattenmeer der Nordsee erstreckt sich von der südjütländischen Küste Dänemarks über die Deutsche Bucht mit den Küsten von Schleswig-Holstein, einem kleinen zu Hamburg gehörenden Gebiet und Ostfriesland in Niedersachsen bis nach Friesland im Norden der Niederlande. In dem Lebensraum, der zweimal am Tag trockenfällt, hat sich eine ganz eigene Flora und Fauna herausgebildet.**

**Oben:** Wandern auf dem Meeresgrund – bei Ebbe ein besonderes Erlebnis.
**Unten:** Strandkrabben findet man nicht nur am Strand, sondern auch im Wattenmeer.

Der Tidenhub, die Höhendifferenz zwischen Ebbe, Niedrigwasser, und Flut, Hochwasser, macht auf Sylt etwa 1,80 Meter aus. Der Meeresboden der Nordsee ist im Wattenmeer sehr flach. Bei Ebbe fällt das Watt zwischen Sylt und dem Festland trocken, zur Flut überschwemmen zwei Milliarden Kubikmeter Nordseewasser den für wenige Stunden begehbaren Meeresboden zwischen dem Festland und den Ostküsten von Sylt. Der vor allem durch die Anziehungskräfte von Mond und Sonne verursachte Wechsel von Ebbe und Flut dauert 12 Stunden und 25 Minuten. Im 24-Stunden-Rhythmus verschieben sich die Gezeiten jeweils um etwa eine Stunde. Wer das Watt bei Ebbe erkunden oder eine Wanderung unternehmen will, sollte daher genau den Gezeitenkalender studieren oder sich einem heimischen Führer anschließen, um nicht bei plötzlicher Flut in große Gefahr zu gelangen. Gezeitenkalender liegen bei den Kurverwaltungen und in vielen Hotels aus.

## Schlick, fruchtbarer Urschlamm

Den Boden des Wattenmeeres bedeckt schlammartiger Schlick. Dieser ist mehr oder weniger fest.

Er besteht aus einer Mischung von feinem Sand, Ton und abgestorbenen Kleinstlebewesen. Wird der Schlick fest, nennt man ihn Klei, der auch den sehr fruchtbaren Untergrund des Marschbodens bildet. Wie wohltuend – auch für den Menschen – der Schlick sein kann, können Syltbesucher erfahren, die im Spa ihres Hotels oder im Syltness Center von Westerland eine Packung aus Nordsee-Fango bestellen.

Das Wattenmeer bietet allen möglichen Tieren und Pflanzen einen Lebensraum, die sich daran gewöhnt haben, dass ihre Umgebung innerhalb von 24 Stunden zwei Mal überschwemmt wird. Darunter befindet sich auch eine Vielzahl unterschiedlicher Schneckenarten. Wer die winzige Wattschnecke, mit bloßem Auge kaum zu entdecken, mit einer starken Lupe suchen würde, könnte sie in einem einzigen Quadratmeter Watt erstaunliche 50 000 Mal finden. Die Gemeine Strandschnecke dagegen ist auf bemerkenswerte Weise an das regelmäßige Trockenfallen angepasst: Sie klappt ihr Schneckenhaus kurzerhand mit einer Art Deckel zu und schützt sich damit zugleich vor hungrigen Wasservögeln. Von der vergleichsweise großen Wellhornschnecke kennen viele das markante, spitz zulaufende Gehäuse.

Das Wellhornschnecken-Gehäuse ist auch beim sonst ungeschützten Einsiedlerkrebs sehr beliebt, der sich nur zu gern in solche verlassenen Häuschen zurückzieht. Die Strandkrabbe lebt eigentlich gar nicht am Strand, sie ist im Watt zu Hause. Der handtellergroße Krebs mit seinen zwei kräftigen Scheren bewegt sich seitwärts auf dem Wattboden voran. Aktiv wird er, wenn die Flut kommt und die Beute – Würmer und allerlei anderes Kleingetier – komfortabel an ihm vorbeiträgt. Der erstaunliche Krebs verfuttert allein rund ein Zehntel der Biomasse im Wattenmeer. Doch er muss

AUTORENTIPP!

**HINDENBURGDAMM**

Als 1927 der Eisenbahndamm vom Festland eingeweiht wurde, war Sylt aus einem Dilemma befreit. Schließlich gehörte der alte Fährhafen Høyer inzwischen zu Dänemark. Die »zügige« Verbindung sollte Wirtschaft und Tourismus nach dem verlorenen Ersten Weltkrieg wieder in Schwung bringen. Autos werden seit 1932 mit der Eisenbahn über den Damm transportiert. Zuerst mit angehängten Waggons an den Personenzügen, später dann auf den doppelstöckigen Waggons des SyltShuttle der Deutschen Bahn zwischen Niebüll und Westerland. Im Jahr werden so rund eine halbe Million Pkw auf die Insel und zurück befördert. Auch Tiere wie Füchse, Hasen, Dachse oder Maulwürfe haben den Damm für den Sprung auf die Insel genutzt und damit insbesondere brütenden Vögeln zugesetzt. Die Verschlickung vor allem südlich des Damms hat die Eindeichung des Friedrich-Wilhelm-Lübke-Koogs und damit die Landgewinnung befördert.

AUTORENTIPP!

**WATTWANDERUNG**

Von Sylt ist keine der anderen Nordfriesischen Insel auf einer Wanderung durch das Watt erreichbar, Föhr dagegen können Wattwanderer vom Festland oder von der Insel Amrum erreichen. Letzteres natürlich genauso umgekehrt. Doch auch von Sylt lassen sich geführte Watttouren entlang der Ostküste unternehmen, die botanische oder Informationen zur Vogelwelt vermitteln. Da sich die Verhältnisse im Untergrund durch starke Strömungen verändern können, sollten Wattwanderungen nur mit ortskundigen Führern unternommen werden. Gefahr besteht auch, wenn während einer Wattwanderung plötzlich Seenebel aufkommt. Das kann zu jeder Jahreszeit durch Temperaturunterschiede von Wasser und Luft passieren. Unerfahrene Inselbesucher, die allein unterwegs sind und das Terrain nicht kennen, laufen Gefahr, die Orientierung zu verlieren und von der Flut überrascht zu werden.

auch selbst auf der Hut sein, sonst endet er im Magen eines Aals, einer Scholle oder eines Raubvogels.

Ein Konkurrenzverhältnis besteht zwischen der einheimischen Miesmuschel und der eingewanderten Pazifischen Auster, die ebenfalls in Muschelbänken siedelt und sich genau dort niederlässt, wo es sich die Miesmuschel gerade gemütlich gemacht hat. Die Verdrängung der Miesmuschel ist für Wasservögel, die sie als Nahrung schätzen, ein zunehmendes Problem.

Naturwissenschaftler haben insgesamt erstaunliche 2500 Tier- und 700 Pflanzenarten im Wattenmeer gezählt. Von ihnen sind 250 endemisch, sie kommen nur im Wattenmeer vor. Das ist umso erstaunlicher, da es sich um echte Spezialisten handeln muss, die mit den ungewöhnlichen Bedingungen klarkommen. Sie müssen in der Lage sein, Salzwasser zu verarbeiten, ihnen darf die starke Strömung viermal am Tag nichts ausmachen und sie müssen ein positives Verhältnis zu starken Winden haben. Auf den Salzwiesen, zum Beispiel bei der Morsum Odde, existieren fast vier Dutzend Blütenpflanzen auf den Salzwiesen und den angrenzenden Brackwiesen.

## Angeln ohne Angel

Wer Bescheid weiß, kann im Watt auch ohne Angel Fische fangen. Schollen, also Plattfische, verleben im Wattenmeer ihre Kinder- und Jugendzeit. Viele bleiben während der Ebbe im Watt und sind im feuchten Schlick mit ihrer vom Wattboden farblich kaum zu unterscheidenden Schuppenhaut nicht recht auszumachen. Mit den Händen oder Füßen lassen sie sich jedoch besser aufspüren. Ein geschickter Griff und sie landen im bereitgestellten Eimer. Besonders lecker und zart sind die in

Bei Ebbe fallen Teile des Meeresbodens für einige Stunden trocken.

Der Strand- oder Halligflieder gedeiht auch auf salzhaltigem Untergrund.

**Oben:** Volle Kraft voraus – die hier seltene Prachteiderente beim Flugstart.
**Mitte:** Nicht berühren! Kontakte mit Quallen können schmerzhaft sein.
**Unten:** Der Sand ist Zeuge: Hier hat sich ein Wattwurm durch den Untergrund gefressen.

der Pfanne gebratenen Maischollen. Sie werden in den Inselrestaurants meist auf Finkenwerder Art mit Speckwürfeln oder nach Art der Müllerin, also mit Mehl bestäubt, zubereitet und angeboten.

Vom Wattwurm, einem typischen Bewohner des Wattenmeers, kennen die meisten nur die spaghettiähnliche Sandschnur, die in größerer Zahl auf dem trockengefallenen Wattboden zu finden ist. Diese Kothaufen bestehen zum großen Teil aus verdautem Sand, dem der bis zu 30 Zentimeter lange Ringelwurm alle Nährstoffe entzogen hat. Wenn er sich fressend unter dem Wattboden fortbewegt, stürzen regelmäßig etwas Sand und Erde nach, sodass sich typische, kleine Trichter auf dem Watt bilden, an denen Wanderer erkennen können, dass hier ein Wattwurm am Werke ist. Wird sein Schwanzende beim Abstoßen des Kots von Fischen oder Raubvögeln erwischt, kann dem Wattwurm dieser Teil des Körpers mehrmals nachwachsen.

## Zugvögel lieben das Wattenmeer

Auch für Vögel ist das nährstoffreiche Wattenmeer ein gern und viel besuchtes Terrain. Die Zahl der allein in seinem schleswig-holsteinischen Abschnitt rastenden oder brütenden Vögel schätzen Ornithologen auf rund fünf Millionen, die zweimal im Jahr diesen Teil des Wattenmeers aufsuchen. In dieser Zeit ist Schleswig-Holstein dann das vogelreichste Gebiet Europas. Allein 180 000 Brandgänse werden während der Sommermonate im Wattenmeer gezählt und 200 000 Eiderenten. Beide Wasservögel verbringen hier ihre Mauserzeit.

Das Wattenmeer ist übrigens nicht auf das Gebiet zwischen Sylt und dem Festland und auch nicht auf Nordfriesland beschränkt. Vor der Nordseeküste von Schleswig-Holstein breitet es sich auf 1750

Quadratkilometern aus. Dabei reicht der bis zu 40 Kilometer breite Streifen vor der Nordseeküste vom dänischen Blåvandshuk im Norden über rund 450 Kilometer bis zum niederländischen Den Helder vis-à-vis der Insel Texel im Südwesten. Inzwischen wird dieses einzigartige Biotop fast vollständig als Nationalpark in den beteiligten Ländern geschützt und gehört zum UNESCO-Weltnaturerbe. Nur die Mündungen der großen Flüsse mit ihren Schifffahrtsrouten sind ausgenommen.

## Entstehung des Wattenmeers

Nachdem die nördlichen Eispanzer der letzten Eiszeit vor rund 10 000 Jahren abgeschmolzen waren, stieg der Meeresspiegel deutlich an. Küstennahe, niedrig liegende Landstriche wurden überschwemmt. Schwebstoffe aus organischen und anorganischen Stoffen lagerten sich auf dem Grund der flachen Gewässer ab. Das nördliche Wattenmeer mit den Nordfriesischen Inseln und Halligen ist im Lauf vieler Jahrhunderte entstanden, als Sturmfluten immer wieder gegen die Küste anrannten, das Festland überschwemmten und sich die Küstenlinie zu Inseln auflöste. Als vor rund 1000 Jahren der Wasserspiegel der Meere weiter anstieg, versuchten die um diese Zeit hier siedelnden Friesen ihren Lebensraum mit Warften und ersten Deichen zu schützen. Eine Technik, die sie im Lauf der Jahrhunderte perfektionierten.

## Nationalpark und Biosphärenreservat

Das schleswig-holsteinische Wattenmeer ist seit 1985 Nationalpark und – ergänzt um die Halligen – Biosphärenreservat. Im Jahr 1999 wurde das Nationalparkgebiet noch einmal ausgeweitet und der

AUTORENTIPP!

**TIERISCHE WATTBEWOHNER**

Das als Nationalpark geschützte Wattenmeer ist voller tierischer Bewohner. Allein mehr als 70 Fischarten fühlen sich hier wohl. Einige von ihnen wie der Steinpicker oder der Hornhecht mit seinen grünen Gräten verlassen das Wattenmeer gar nicht. Andere, wie die Flunder oder die Makrele, schauen nur gelegentlich vorbei. Scholle, Hering und Sprotte betrachten das Watt wie einen Kindergarten. Sobald sie ausgewachsen sind, sind sie weiter westlich in der Nordsee oder im Atlantik zu finden. Einige Nebenerwerbsfischer sind auf Sylt noch beim Fisch- und Krabbenfang aktiv. Auch Saatmuschelbänke, meist im Besitz niederländischer Unternehmen, werden von ihnen betreut. Früher waren vor Sylt ergiebige Austernbänke zu finden, von denen bis zu fünf Millionen Schalentiere im Jahr geerntet wurden. Heute werden in der Blidselbucht bei List mit großem Erfolg pazifische Felsenaustern gezüchtet und als »Sylter Royal« verkauft.

**Oben:** Auch Schweinswale werden immer wieder in Küstennähe gesichtet, hier bei Westerland.
**Unten:** Robbenbänke gehören zu den beliebtesten Zielen von Bootsausflügen.

Naturschutz besser definiert. 2009 schließlich erklärten die Vereinten Nationen das Wattenmeer zum Weltnaturerbe der Menschheit. Dabei gehört die Landmasse der Inseln Sylt, Amrum, Föhr und Pellworm sowie der fünf größeren und bewohnten Halligen nicht zum Nationalparkgebiet. Um Sylt sind beide Arten von Nationalparkschutzzonen vertreten. Gebiete der Zone I, wie die Vogelschutzinsel Uthörn, dürfen von der Öffentlichkeit nicht betreten werden. Ausnahmen bilden allein direkt an die Küste grenzende Wattgebiete für Wattwanderer, Routen für geführte Wattwanderungen und die Fischerei. Südlich des Hindenburgdamms auf der Landseite Sylts ist innerhalb der Schutzzone I in den Brutkolonien der Seevogelarten oder in Gebieten, in denen sich viele Zugvögel mausern, eine menschliche Nutzung völlig ausgeschlossen. Dabei werden zwei Drittel des Nationalparks von Wasserflächen eingenommen, die ständig vom Wasser bedeckt sind, 30 Prozent fallen bei Ebbe trocken, der kleine Rest besteht aus Salzwiesen, Sandbänken und Dünen.

# Infos und Adressen

## INFORMATION

**Landesbetrieb für Küstenschutz, Nationalpark und Meeresschutz Schleswig-Holstein.** Im Juni 2009 wurde das Wattenmeer in die UNESCO-Liste des Welterbes der Menschheit aufgenommen. Nationalparkverwaltung, Schlossgarten 1, 25832 Tönning, Tel. 04861/61 60, www.nationalpark-wattenmeer.de/sh
Rund 50 Infozentren in der Weltnaturerberegion bieten ein weit gefächertes Angebot an Aktivitäten, von Wattwanderungen bis zu Vogelbeobachtungen und zur Salzwiesentour. Auf Sylt, Amrum, Föhr, Nordstrand, Husum, Pellworm, Langeneß, Hooge und Amrum zählen Folgende dazu:

**Naturschutzgemeinschaft Sylt.** Buchholzstich 10a, 25996 Wenningstedt-Braderup, Tel. 04651/44 421 oder 04651/464 33, www.naturschutz-sylt.de

**Nationalparkstation Wittdün Amrum.** Schutzstation Wattenmeer, Mittelstr. 34, 25946 Wittdün, Tel. 04682/27 18, www.schutzstation-wattenmeer.de

Elf Naturschutzgebiete mit gut einem Drittel der Gesamtfläche Sylts stehen unter Naturschutz.

Es gibt unzählige Arten von Seemöwen.

**Nationalpark-Haus Föhr.** Hafenstr. 23, 25938 Wyk auf Föhr, Tel. 04681/42 90 oder 04681/984, nph-foehr.nationalparkservice.de

**Nationalpark-Haus Hallig Hooge.** Schutzstation Wattenmeer, Hanswarft 2, 25859 Hallig Hooge, Tel. 04849/229, www.schutzstation-wattenmeer.de

**Nationalpark-Haus Husum.** Hafenstr. 3, 25813 Husum, Tel. 04841/66 85 30 oder 04841/ 66 85 39, www.nationalparkhaus-husum.de

**Nationalparkstation Rixwarf Hallig Langeneß.** Schutzstation Wattenmeer, Peterswarf 2, 25863 Hallig Langeneß, Tel. 04684/216, www.schutzstation-wattenmeer.de

**Nationalpark-Haus Nordstrand.** Schutzstation Wattenmeer, Kurzentrum Norderhafen, 25845 Nordstrand, Tel. 04842/519, www.schutzstation-wattenmeer.de

**Nationalparkstation Pellworm.** Osterschütting, 25849 Pellworm, Tel. 04844/760, www.schutzstation-wattenmeer.de

**Nationalpark Vadehavet.** Der dänische Nationalpark Wattenmeer gehört noch nicht zum Welterbe der UNESCO. Havnebyvej 30, 6792 Rømø, Tel. 0045/72 54 36 34, www.danmarksnationalparker.dk/Vadehavet, www.vadehav.dk

# AUSFLÜGE

**S. 208/209:** Von den Dünen Amrums geht der Blick auf die riesige Sandfläche des Kniepsand.
**Oben:** Blühende Wiese nicht weit von Norddorf auf Amrum.
**Unten:** Ein Strandkorb ist nicht nur gemütlich, er schützt auch vor dem Wind.

# 41 Amrum

## Feine Sandstrände und sprechende Grabsteine

**Die mit einer Ausdehnung von rund 20 Quadratkilometern kleinste der drei Geestinseln Nordfrieslands hat viele Stammgäste. Die schätzen neben der Ruhe und Abgeschiedenheit die riesige Dünen- und Strandlandschaft im Westen. Der friesische Inseldialekt »Öömrang« ist auf Amrum noch immer lebendig, und zu Festtagen und Feiern wird von den Frauen die silberverzierte Tracht getragen.**

Mondänes Flair wie auf Sylt wird man auf Amrum vergeblich suchen. Wind und Wetter geben hier den Takt vor. Das Festland liegt rund 90 Fährminuten entfernt. Die Erholung für Gestresste stellt sich fast automatisch ein. Lange Spaziergänge entlang der fast 15 Kilometer langen Westküste, an der sich die Nordseewellen brechen, führen am Kniepsand entlang. Dieser bis zu 1,5 Kilometer breite Strand ist eigentlich eine – wenn auch extrem langsame – Wanderdüne, die sich, durch Strandhafer befestigt, an ihrem östlichen Rand über

### MAL EHRLICH

**»ERSTES HOTEL AM PLATZ«**

Dass der alte Hüttmann vor rund 100 Jahren das alte Schulgebäude kaufte, einige Betten hineinstellte und auf dem Festland mit dem »ersten Hotel am Platz« warb, war schon ein starkes Stück, über das man noch heute schmunzelt. Ein zweites Hotel gab es eben nicht. Das ist heute anders, aber das »Romantik Hotel Hüttmann« gehört heute immer noch zu den besten Herbergen der Insel.

30 Meter hoch auftürmt. Die riesige »Sandkiste« ist ideal für einen entspannten Familienurlaub, zum Baden, Buddeln, Ballspielen und Dösen, aber auch um das Wind- oder Kitesurfen am Meer davor zu erlernen.

## Wandern auf dem Meeresboden

Von Amrum kann man durch Watt und Priele die benachbarte Insel Föhr in gut zwei Stunden erreichen. Die Tour führt – natürlich nur bei Ebbe – vom Naturschutzgebiet Amrum Odde im Norden auf einer geschwungenen markierten Strecke auf trittfestem Sand und schmatzendem Schlick nach Nordosten zur Nachbarinsel Föhr, vorbei an den Überresten des vor bald 200 Jahren hier gestrandeten britischen Frachters »City of Bedford«. Der tiefste Priel, ein Wattstrom, geht den Wanderern je nach Wetterlage bis zum Knie oder Bauch. Diese Wanderung sollte man zur Sicherheit nur mit einem einheimischen Führer unternehmen, der sich mit Strömungen und den Gezeiten bestens auskennt.

Das Naturschutzgebiet Amrum Odde nimmt die sandige Nordspitze von Amrum ein. Der Verein Jordsand betreut neben anderen Vogelschutzgebieten auch dieses Rast- und Durchzugsgebiet, vor allem für See- und Küstenvögel. Silber- und Heringsmöwen fühlen sich hier wohl, ebenso Eiderenten und Austernfischer, Zwergseeschwalben und Sandregenpfeifer.

## Norddorf und Nebel

Beim Inseldorf Norddorf beginnt das mit 200 Hektar größte Waldgebiet auf den nordfriesischen Inseln, das – erst 1948 auf Heidegrund angelegt – seinen künstlichen Hintergrund längst abgelegt hat. Östlich des Heide- und Waldareals wird etwas Landwirtschaft betrieben, beginnend mit Wiesen

AUTORENTIPP!

**CROSSGOLF**

Nahezu unbemerkt hat sich eine neue Sportart entwickelt, die weltweit schon fast eine Viertelmillion Anhänger zählt: Crossgolf. Der Vorteil ist klar: Diese Golfvariante kann überall gespielt werden, wo der Andrang nicht so groß ist, dass unbeteiligte Passanten getroffen werden könnten. Crossgolf wird inzwischen in Parks und auf Treppen, in verlassenen Industriebrachen, aber auch auf Amrum gespielt, dessen riesiger Strand sich geradezu dafür anbietet. Auch für die Ausrüstung muss man keine Reichtümer hinlegen. Ein Schläger und ein Ball reichen für den Anfang. Das Ziel wird gemeinsam festgelegt, geschlagen wird abwechselnd. Sieger ist, wer das festgelegte Ziel als Erster erreicht. So mögen einst die Schäfer im schottischen St. Andrews gespielt haben, die vor rund 500 Jahren das Golfspiel erfanden. Ein erstes Hotel auf Amrum bietet bereits eine Crossgolf-Pauschale an.

Zwischen Wiesen und Kniepsand zieht sich von Nord nach Süd ein Dünengürtel.

**Oben:** In Nebel auf Amrum gibt es noch mehrere im 19. Jh. erbaute Friesenhäuser.
**Unten:** Die 1771 erbaute Windmühle in Nebel beherbergt ein Heimatmuseum.

und Weiden. In Norddorf hatte der Pastor Friedrich von Boldelschwingh schon 1890 ein christliches Seehospiz gegründet, das mit einer gesunden Umgebung und im rechten Glauben Kranken Linderung verschaffen sollte. Wenig später eröffnete mit dem »Hotel Hüttmann« das erste Badehotel auf Amrum. Die wenig weiter südlich gelegene Entenfanganlage Vogelkoje, in der ab dem 19. Jahrhundert rund 400 000 Enten ihr Leben ließen, ist längst ein bei Spaziergängern beliebtes Biotop. Das Naturzentrum Amrum wird vom Verein Öömrang Ferian betreut. Es informiert über Zugvögel und die sandigen Lebensräume der Insel. Kinder und Erwachsene erkunden spielerisch an verschiedenen Stationen, wie Pflanzen und Vögel sich mit dem Sand arrangieren.

Nebel heißt der alte, zu Beginn des 18. Jahrhunderts gegründete Hauptort von Amrum, dessen Name aus dem Altdänischen – »Nei Boli« für »neue Siedlung« – stammt. Hauptattraktion ist hier die 1236 erbaute St.-Clemens-Kirche mit ihren »sprechenden Grabsteinen«. Auch das Innere des romanischen Gotteshauses beherbergt mit der frühgotischen, geschnitzten Apostelgruppe oder dem rund 800 Jahre alten kelchförmigen Taufstein einige besondere Schätze.

# Lageplan

**Ⓐ Amrum Odde** – Amrum Odde heißt die sandige Nordspitze der Insel. Der heute als Naturschutzgebiet ausgewiesene Bereich ist die Heimat vieler Brut- und Rastvögel.

**Ⓑ Norddorf** – Norddorf liegt am Rande des größten Waldgebiets der Nordfriesischen Inseln. Vor über 100 Jahren ebnete Pastor Bodelschwingh hier mit einem christlichen Seehospiz dem Fremdenverkehr den Weg.

**Ⓒ Nebel** – Nebel gibt es hier auch ab und an, doch der frühere Hauptort von Amrum ist vor allem bekannt wegen seiner im 13. Jahrhundert erbauten Kirche und den Friedhof mit seinen »sprechenden Grabsteinen«.

**Ⓓ Wittdün** – Wittdün im Süden von Amrum ist inzwischen seine »Metropole«, hier legen die Fähren und Ausflugsboote ab. Von der Promenade kann man weit über das Vogelschutzgebiet im Süden blicken.

**Ⓔ Kniepsand** – Kniepsand nennt sich die riesige »Sandkiste«, die sich bis zu 1,5 km breit an der gesamten Westküste entlangzieht.

»Guck mal, was da krabbelt!« Watterkundungen in der Kniepbucht bei Wittdün.

AUTORENTIPP!

**»SPRECHENDE GRABSTEINE«**
Seit 800 Jahren wird in der St.-Clemens-Kirche im Dorf Nebel gebetet, Gottesdienst gefeiert, getauft, getraut und von Verstorbenen Abschied genommen. Auf dem Alten Friedhof an der Kirche befinden sich152 historische Grabsteine. Die meisten sind am Friedhofswall angelehnt. Auf vielen sind anrührend Leben und Erlebnisse der Verstorbenen geschildert, die z. B. »41 Jahre in einer vergnügten Ehe (lebten) und sieben Kinder zeugeten«. Die Sandstein-Stelen, vorwiegend aus dem 17. bis 19. Jahrhundert, zieren nicht nur sehr ausführliche Inschriften, sondern auch kunstvolle Bilddarstellungen aus der Lebenswelt der seefahrenden Insulaner. Der Tod im Meer gehörte zum Alltag der Inselbewohner, praktisch jede Familie war betroffen. Die Grabsteine zeigen christliche Symbole, aber auch allegorische Zeichen sowie Windmühlen, Wappen, Schiffe und andere berufsständische Bilder.

Die Windmühle, die aus dem 18. Jahrhundert stammt, war noch bis ins Jahr 1962 in Betrieb. Heute kann sie als Museum besichtigt werden. Gleich gegenüber, auf dem 1905 angelegten »Heimatlosenfriedhof«, wurden bis in die 1960er-Jahre nicht-identifizierte Ertrunkene bestattet, die an den Strand der Insel angeschwemmt wurden. Auch das »Öömrang Hüs«, ein typisches altes Kapitänshaus mit Reetdach, wird vom Heimatverein Öömrang Ferian betreut. Es zeigt die Wohnkultur eines wohlhabenden Grönlandfahrers aus dem 18. Jahrhundert.

## Inselhafen Wittdün

Vom Inselhafen Wittdün, auf einer schmalen Halbinsel ganz im Süden von Amrum gelegen, machen sich die Fähren zum Festland auf, außerdem die Ausflugsdampfer. Von der »Wandelbahn« genannten Promenade kann man den Kniepsand-Haken, ein naturgeschütztes Rastgebiet für Seevögel, überblicken. Im geschäftigen Ort Wittdün lohnt sich beispielsweise ein Besuch in der Schutzstation Wattenmeer oberhalb des Kursaals, die anschaulich über den Lebensraum des Nationalparks Wattenmeer informiert und auch Wattwanderungen veranstaltet. Und das hier ansässige »AmrumBadeland», ein Meerwasser-Wellenbad mit toller Saunalandschaft, lockt Urlauber auch bei frischen Außentemperaturen ins wohlig-warm temperierte Wasser.

Das Leuchtfeuer in den Dünen nicht weit von Wittdün und Süddorf sendet seine Lichtblitze aus einer entlang der Nordseeküste unübertroffenen Höhe von 63 Metern über das Meer und warnt vorbeifahrende Schiffe von den Untiefen des Kniepsands vor der Küste. Eine Wendeltreppe führt mit knapp 300 Stufen hinauf zu einer Aussichtsplattform mit Panoramablick.

# Infos und Adressen

## SEHENSWÜRDIGKEITEN

**Öömrang Hüs.** Mo–Fr 11–13.30 Uhr, Mo–Sa 15–17 Uhr, Waaswai 1, 25946 Nebel, Tel. 04682/41 53, www.oeoemrang-hues.de

**Schutzstation Wattenmeer.** Ausstellungen zum Lebensraum Wattenmeer. Di–So 10–12 und 15 bis 18 Uhr, Mittelstr. 34, 25946 Wittdün, Tel. 04682/ 27 18, www.schutzstation-wattenmeer.de

Leckere Torten bekommt man im 270 Jahre alten Friesenhaus in Nebel.

## ESSEN UND TRINKEN

**Watt'n Blick.** Leichte, einfallsreiche Inselküche, dazu das »Hotel Weiße Düne«. Tgl. 8–10.30, 12–14 und ab 17.30 Uhr, Achtern Strand 6, 25946 Wittdün, Tel. 04682/94 00 00, www.weisse-duene.de

**Ual Öömrang Wiartshüs.** Marktfrische Köstlichkeiten der nordfriesischen Küche. Tgl. ab 15 Uhr, Bräätlun 4, 25946 Norddorf, Tel. 04682/836, www.ual-oeoemrang-wiartshues.de

## ÜBERNACHTEN

**Mein Inselhotel.** Außen schlicht, innen hell und freundlich. Leichte, schmackhafte Hotelküche, dazu Crossgolf-Pauschalen. Madelwai 4, 25946 Norddorf, Tel. 04682/945 00, www.mein-inselhotel.de

**Romantik Hotel Hüttmann.** Komfortable Herberge mit gemütlichen Zimmern und gesunder, guter Küche. Ual Saarepswai 2–6, 25946 Norddorf, Tel. 04682/922, www.hotel-huettmann.com

**Friesenhof Kapitän Cornelius Bendixen.** Komfortable Wohnungen im Friesenstil mit Sauna und Whirlpool. Im Friesenhof, 25946 Nebel, Tel. 04682/968 88 47, www.friesenhof.net

**Campingplatz Amrum.** Nette Anlage nördlich vom Ort in den Dünen. Inselstr. 125, 25946 Wittdün, Tel. 04682/22 54, www.amrum-camping.de

## AUSGEHEN

**Blaue Maus.** Seit 1950 gibt es hier zu Oldies bis Mitternacht etwas zu essen, danach nur noch Flüssiges. Fr–Mi ab 18 Uhr, Inselstr. 107, 25946 Wittdün, Tel. 04682/20 40, www.blauemaus-amrum.de

## AKTIVITÄTEN

**Surfschule Amrum.** Am Norddorfer Badestrand. Knudt-Jungbohn-Clement-Wai 9, 25946 Norddorf, Tel. 04682/14 54, www.surfschule-amrum.de

**Adler-Schiffe.** Täglich Ausflüge ab Wittdün nach Hörnum, zur Hallig Hooge und nach Nordstrand. Boysenstr. 13, 25980 Westerland, Tel. 01805/ 12 33 44, www.adler-schiffe.de

**AmrumBadeland.** Wellenbad mit Saunalandschaft. Tgl. 10–18 Uhr, Schwimmbad 1, 25946 Wittdün, Tel. 04682/94 34 31, www.amrum.de/wohlfuehlen

## INFORMATION

**Amrum Touristik.** Mo–Fr 8.30–17.15 Uhr, Hööwjaat 1, 25946 Nebel, Tel. 04682/940 30, www.amrum.de

**Naturzentrum Amrum.** Spielerische Infos zur Inselnatur. Fr–Mi 10–17 Uhr, Strunwai 31, 25946 Norddorf, Tel. 04682/16 35, www.naturzentrum-norddorf.de

**Anreise.** Per Kfz-Fähre ab Dagebüll-Mole, im Sommer auch ab Schlüttsiel. Wyker Dampfschiffsreederei, Am Fähranleger 1, 25938 Wyk, Service-Tel. 01805/08 01 40, www.faehre.de

Ländliche Gemütlichkeit rund um die Süddorfer Mühle.

# 42 Föhr

## Urlaub in der »friesischen Karibik«

**Die ovalrunde friesische Insel liegt mitten im Wattenmeer. Im Norden weiden vor allem Schafe und Kühe auf sattgrünen Weiden, im Süden, auf der flutsicheren Geest, sitzen Wyk mit seinen Vororten und Nieblum. Die Lage im Lee, im Windschatten von Amrum und Sylt, begünstigt das mildere Klima von Föhr. Eine steigende Zahl von gegenwärtig rund 180000 Urlaubern im Jahr weiß dies zu schätzen.**

**Oben:** Von der See aus kann man Wyk und seine Sandwall-Promenade besonders gut sehen.
**Unten:** Wyk ist ein Seebad. Hier beginnt ein 15 km langer Sandstrand.

Die zweitgrößte Nordseeinsel, ein Urlaubsparadies von fast 83 Quadratkilometern, gründete schon vor fast 200 Jahren ein Seebad am Strand von Wyk. Von hier erstreckt sich ein rund 15 Kilometer langer Sandstrand über Nieblum nach Norden. Endlose Rad- und Wanderwege laden zur Erkundung der abwechslungsreichen Frieseninsel ganz ohne Auto ein. Das oval geformte Föhr ist gar ideal für Radfahrer: Kein Ziel ist weiter als zwölf Kilometer entfernt. Es gibt über 200 Kilometer ausgeschilderte Radwege zu praktisch jedem Teil der Insel, fünf ausgezeichnete Radtouren erschließen Föhrs Landschaften und Küsten. Wer kein eigenes Raddabei hat, bekommt in den Touristenbüros oder im Internet eine Liste mit den knapp 20 über die Insel verstreuten Fahrradverleihern.

Von Hörnum aus, nur rund acht Kilometer entfernt, lässt sich die Küste Föhrs gut ausmachen. Die Überfahrt mit einem Schiff der Adler-Reederei dauert rund zweieinhalb Stunden, da vorher Amrum angelaufen wird. Trotzdem lohnt ein Tagesausflug zu dieser grünen Insel, auf der noch immer intensiv Landwirtschaft betrieben wird.

## Wyk – die Inselmetropole

In Wyk besaß der dänische König Christian VIII. bis 1847 eine Sommerresidenz, und Hans Christian Andersen, Kopenhagener Hofdichter und Vielreisender, schwärmte vom erfrischenden Bad bei seinem Aufenthalt in Wyk 1844. Später kamen viele Kurgäste mit Lungen- oder Hautproblemen hierher. Wyk ist noch immer der Hauptort der Insel, hier kauft man ein oder besucht Föhrs einziges Kino. Flaniert wird wie einst auf dem Sandwall, der den Strand ein Stück begleitet. Bausünden aus den 1970er- und 1980er-Jahren sind, ähnlich wie in Westerland, nicht zu übersehen. Doch noch immer gibt es Viertel mit netten Friesenhäusern und mit Rosen dekorierten Giebelbauten, etwa in der Carl-Haeberlin-Straße im verkehrsberuhigten Zentrum.

Nach dem Arzt und Naturforscher Dr. Carl Haeberlin ist auch das Friesenmuseum in Wyk benannt. Besucher betreten es durch ein Tor aus zwei gewaltigen Blauwalknochen. Im Haupthaus und dem Außengelände ist eine Vielzahl von Exponaten zur friesischen Geschichte und Kultur zusammengetragen. Das Nationalpark-Haus Föhr widmet sich dagegen den Naturschätzen des Wattenmeers, das als Nationalpark und Welterbe der UNESCO doppelt geschützt ist. Besucher können in der Ausstellung den Jahresverlauf im Wattenmeer verfolgen, einiges über Fische und Krustentiere erfahren und über Kaltwasserriffe in tausend Metern Tiefe staunen.

## Boldixum und Nieblum

Boldixum, einst Föhrs Hauptort, gehörte lange zum dänischen Ostteil der Insel und ist heute Teil von Wyk. Der Westen war politisch Bestandteil des Herzogtums Schleswig. Die imposante, romanische St.-Nikolai-Kirche (13. Jh.) zeugt von der früheren Bedeutung des Ortes. Auf den »sprechenden Grabsteinen« des Kirchenfriedhofs sind ganze

AUTORENTIPP!

**ST.-JOHANNIS-KIRCHE**

Das wegen seiner 1000 Sitzplätze auch »Friesendom« genannte Gotteshaus in Nieblum ist die größte der drei Kirchen von Föhr. Zu den Kirchenschätzen der Anfang des 13. Jahrhunderts entstandenen Pfarrkirche zählt der prächtige, dreiflügelige Schnitzaltar aus dem 15. Jahrhundert, der die Marienkrönung zum Thema hat. Auf dem Taufstein aus dem 12. Jahrhundert thematisiert eine Folge von Reliefs den Kampf des Guten und des Bösen um die Menschenseele. Eine aus Holz geschnitzte und farbig bemalte Darstellung von Johannes dem Täufer aus dem 15. Jahrhundert zeigt den Namenspatron der Kirche. Die Renaissancekanzel, erst nach der Reformation gestiftet, stammt von 1618. Sie schildert die Heilsgeschichte von Jesu, angereichert mit Kommentaren in niederdeutscher Sprache. Über 200 Grabplatten und -steine auf dem Kirchfriedhof nennen nicht nur Namen, Geburts- und Sterbedaten der Bestatteten, sondern schildern auch Episoden aus deren Leben.

**St. Johannis.** Tgl., Wohldsweg 3, 25938 Nieblum, Tel. 04681/4461, www.friesendom.de

Midlum ist von Feldern und Weiden umgeben und bildet so die grüne Mitte von Föhr.

AUTORENTIPP!

**KUNST DER WESTKÜSTE**
50 000 Besucher im Jahr zählt das Kunstmuseum, das sich vor allem mit den Themen Meer und Küste beschäftigt. Dazu zählen Bilder holländischer Meister des 17. Jahrhunderts oder der kunstvolle Nachbau eines karibischen Korallenriffs. Nordfriesische Motive sind dabei, das Bild einer Gemeinderatssitzung mit Deichgraf, Emil Nolde ist zu sehen, Edvard Munch und Max Beckmann. Maritime Kunst aus der Arbeitswelt der Menschen, von Landschaften zwischen Hollands Küste und den Fjorden Norwegens sind in dem Museum zu entdecken, das auch Kindern und jugendlichen Besuchern eigene Zugänge zur Kunst eröffnet.

**Museum Kunst der Westküste.**
Mitte Jan.–Anf. März geschl., bis Ende Okt. Di–So 10–17 Uhr, Do bis 19 Uhr, Nov.–Mitte Jan. Di–So 12–17 Uhr, Hauptstr. 1, Alkersum, Tel. 04681/747400, www.mkdw.de

St. Laurentii südlich von Süderende ist dem Hl. Laurentius geweiht, einem ehemaligen römischen Diakon.

Familiengeschichten verewigt. Die Boldixumer Vogelkoje von 1888 hat als einzige Entenfanganlage von Föhr die Zeit überdauert und kann besichtigt werden. Im nur wenige Kilometer entfernten Alkersum glitzert das museal-maritime Kleinod von Föhr, das Museum Kunst der Westküste. Oevenum, gleich östlich, präsentiert sich mit einem schönen, ländlichen Ortsbild und einem sehenswerten sommerlichen Markt jeden Donnerstag in der Buurnstrat rund um die Friedenseiche.

Auch Nieblum, mit gut 600 Einwohnern zweitgrößter Inselort nahe Wyk, wartet mit Friesenkaten und schmucken Reetdachhäusern auf. Einige besonders schöne sind um die »Friesendom« genannte St.-Johannis-Kirche versammelt.

## Lembecksburg und Walfängergrabsteine

Bei Lembeck, gleich nördlich von Borgsum, fällt ein sieben Meter hoher Ringwall mit einem Durchmesser von rund 100 Metern ins Auge. Hier soll sich im 14. Jahrhundert der Ritter Klaus Lembeck vor den dänischen Truppen verschanzt haben. Die Lembecksburg ist etwa 1000 Jahre alt. Viel älter sind die Hügel- und Hünengräber zwischen Utersum und Hedehusum ganz im Südwesten. Viele Gräber aus der Jungstein- und Bronzezeit wurden eingeebnet, einige sind aber noch zu sehen.

Südlich von Süderende erhebt sich weithin sichtbar der Turm der 800 Jahre alten St.-Laurentii-Kirche. Auch das Kircheninnere mit Gewölbemalereien, romanischem Taufstein, Kanzel und dem Flügelaltar aus dem 15. Jahrhundert ist einen Besuch wert. Berühmt sind vor allem die »Grabsteine der Walfänger« auf dem Kirchfriedhof, deren Inschriften und Reliefs vom oft mühsamen Leben der Föhringer und von den Gefahren der Seefahrt berichten.

# Lageplan

Ⓐ **Wyk** – In der munteren Inselkapitale lebt die Hälfte der gut 8500 Einwohner von Föhr. Shopping, Strand und das Friesenmuseum gehören zu ihren wichtigsten Attraktionen.

Ⓑ **Boldixum** – Hauptanziehungspunkt von Boldixum gleich bei Wyk ist die romanische St.-Nikolai-Kirche mit ihrem Kirchhof. Auf dem sind mehrere »sprechende Grabsteine« zu bewundern mit illustrierten Lebensgeschichten.

Ⓒ **Oevenum** – Oevenum lohnt vor allem wegen des schönen sommerlichen Inselmarkts rund um die Friedenseiche einen Besuch.

Ⓓ **Nieblum** – In Nieblum sind noch viele alte Friesenhäuser erhalten. Die St.-Johannis-Kirche, auch »Friesendom« genannt, fasst 1000 Besucher.

Ⓔ **Lembecksburg** – Aus der Wikingerzeit vor 1000 Jahren stammt die Lembecksburg, ein kreisrunder Erdwall, der den Bewohnern der Insel Schutz geboten hat.

Ⓕ **Utersum** – Rund um Utersum im Südwesten lassen sich noch mehrere Grabhügel aus der Stein- und der Bronzezeit ausmachen.

Ⓖ **St.-Laurentii-Kirche** – Die Kirche ist bereits 800 Jahre alt. Ihr Kirchhof ist für seine »Grabsteine der Walfänger« berühmt, die das entbehrungsreiche Leben der Verstorbenen illustrieren.

Ⓗ **Alkersum** – Alkersum lohnt schon allein wegen des Museums Kunst der Westküste einen Besuch, das maritime Kunst aus verschiedenen Kulturen und Epochen versammelt.

# Infos und Adressen

## SEHENSWÜRDIGKEITEN

**Friesenmuseum in Wyk.** Ausstellungen zur friesischen Geschichte und Kultur. Di–So 10 bis 17 Uhr, Rebbelstieg 34, 25938 Wyk, Tel. 04681/2571, www.friesen-museum.de

Oevenum: gemütliches Dorf mit vielen friesischen Häusern und Höfen.

**Nationalpark-Haus Föhr.** Infos zu den Naturschätzen des Wattenmeers. April–Okt. So–Fr 10–17.30 Uhr, Hafenstr. 23, 25938 Wyk, Tel. 04681/4290, www.nph-foehr.nationalparkservice.de

## ESSEN UND TRINKEN

**Teestube & Café.** Gemütliche Atmosphäre auf dem Hof Pergande in Nieblum. Es werden Tee, Kaffee, hausgebackene Kuchen und Waffeln serviert, im Sommer dienstags und donnerstags ab 18.30 Uhr auch Elsässer Flammkuchen. Tgl. 12–20 Uhr, Poststraat 7, 25938 Nieblum, Tel. 04681/580143, www.hof-pergande.de

**Pfannkuchen-Haus im Prinzen-Hof.** Restaurant und Café mit Pfannkuchen in 40 Varianten. Zauberhafter Rosengarten, spezielles Kinderangebot, mehrere Ferienwohnungen. Tgl. ab 12 Uhr, Gmelinstr. 29, 25938 Wyk, Tel. 04681/765, www.prinzenhof.inselseiten.de

**Altes Landhaus.** Stimmungsvolles Ambiente, viele Fisch- und Lammgerichte zu moderaten Preisen. Mi–Mo 12–14 und ab 18 Uhr, Bi de Süd 22, 25938 Nieblum, Tel. 04681/2572, www.altes-landhaus-nieblum.de

**Ual Fering Wiartshüs.** Traditionsgaststätte mit gutbürgerlicher Küche und moderaten Preisen. Do–Mo 11.30–14.30 Uhr, tgl. 17–21.30 Uhr, Haus 141, 25938 Oldsum, Tel. 04683/465, www.ufw-foehr.de

## ÜBERNACHTEN

**Kurhaus Hotel.** Gepflegte Traditionsherberge direkt an der Strandpromenade mit Sauna, Fitnessraum, Bistro-Café und dem »Filmtheater am Sandwall«. Sandwall 40, 25938 Wyk, Tel. 04681/792, www.kurhaushotel-wyk.de

**Sternhagens Landhaus.** Ruhe und Entspannung nicht weit von Wyk. Geschmackvolle Zimmer mit Halbpension und »Gerichtgedichten« jeden Mittwochabend. Dazu Restaurant mit saisonalem Menü auch für Passanten, aber nur nach Reservierung. Buurnstrat 49, 25938 Oevenum, Tel. 04681/59790, www.sternhagenslandhaus.de

Auf Föhr wird die Marsch von Entwässerungskanälen durchzogen.

**Altes Pastorat.** Friesenhotel unter Reet im pittoresken Seefahrerdorf mit acht Zimmern und Suiten, netter Wellnessbereich. 25938 Süderende, Tel. 04683/226, www.landhaus-altes-pastorat.de

## EINKAUFEN

**John und Jens Hartmann – Föhrer Inselkäse.** Rohmilchkäse von der Kuh in sieben Varianten, auf der Insel hergestellt und im eigenen Hofladen verkauft. Mo–Sa 9–18 Uhr, Hauptstr. 9, 25938 Alkersum, Tel. 04681/24 92

**Ziegenhof Matzen.** Die frische Ziegenmilch wird auf dem Hof zu mildem Käse verarbeitet. Mo, Mi und Fr 14–16 Uhr und auf Anfrage, Aussiedlungshof 7, 25938 Oevenum, Tel. 04681/21 87

## VERANSTALTUNGEN

**Jazz goes Föhr.** Festival mit internationalen Formationen im Kurgartensaal und im Kulturtreff von Wyk. Ende Juli/Anf. Aug., www.jazz-goes-foehr.de

**Neujahrsschwimmen.** Viel Publikum für die über 200 Mutigen im eisigen Wasser der Nordsee an der Promenade von Wyk.

## AKTIVITÄTEN

**AquaFöhr.** Meerwasser-Wellenbad mit Nordseeblick, Saunalandschaft, Fitness, Wellness, Thalassotherapie und Massagen, alles unter einem Dach. Mo–Fr 10–21 Uhr, Sa und So 10–18 Uhr, Stockmannsweg 1, 25938 Wyk, Tel. 04681/30 48, www.aquafoehr.de

**Schutzstation Wattenmeer Föhr.** Watterkundungen, Vorträge, Vogelexkursionen und mehr. Tgl. 9 bis 12 und 17–19 Uhr, Badestr. 111, 25938 Wyk, Tel. 04681/13 13, www.schutzstation-wattenmeer.de

**Golf Club Föhr.** Traditionsreicher Golfplatz mit viel Grün, altem Baumbestand und 27 Bahnen. Grevelingstieg 6, 25938 Nieblum, Tel. 04681/58 04 55, www.golfclubfoehr.de

Vier Windmühlen sind auf Föhr erhalten, und im Friesenmuseum eine aus Langeneß.

**Windsurfingschule Hückstädt.** Die Kite- und Kitebuggykurse gibt's auch für Rollstuhlfahrer. Jens-Jacob-Eschel-Str. 27, 25938 Nieblum, Tel. 04681/47 66, www.nws-foehr.de

**Ponyhaus Lerchenhof.** Reitunterricht auf Islandpferden für Anfänger und Fortgeschrittene, außerdem kinderfreundliche Ferienwohnungen. Lerchenweg 17, 25938 Wyk, Tel. 04681/44 33, www.ponyhaus-lerchenhof.de

## INFORMATION

**Kurverwaltung Wyk auf Föhr.** Tgl. 10–14 Uhr, Hafenstr. 23, 25938 Wyk, Tel. 04681/300, www.foehr.de

**Tourismusinformation Nieblum.** Mo–Fr 9–17 Uhr, Sa 9–12 Uhr, So 10–12 Uhr, Poststrat 2, 25938 Nieblum, Tel. 04681/25 59, www.nieblum.de

**Anreise.** Ab Dagebüll-Mole bzw. Schlüttsiel. Wyker Dampfschiffsreederei, Am Fähranleger 1, 25938 Wyk, Tel. 01805/08 01 40, www.faehre.de

Föhr liegt ganz im Wattenmeer. Bei Ebbe fällt ein breiter Wattstreifen trocken.

Warften, Erdhügel, schützen die Gehöfte, Menschen und Tiere bei Sturmfluten, hier auf Langeneß.



# 43 Halligen

## Leben im Rhythmus der Gezeiten

**Die Halligen südlich von Sylt ragen nur wenig über den Meeresspiegel empor. Nur die größeren sind von Sommerdeichen umgeben. Bei höheren Fluten heißt es daher regelmäßig »Land unter«. Doch Gebäude für Mensch, Tier und Ernte sind auf sogenannten Warften geschützt, Erdhügeln, die die Flut normalerweise nicht erreicht. Urlauber besuchen die Halligen vor allem in den Sommermonaten, wenn keine Stürme über die Nordsee peitschen.**

Nur 230 Menschen leben auf den nordfriesischen Watteninseln. Der Fremdenverkehr, überwiegend sind es Tagesbesucher, bildet die Haupteinnahmequelle der Bewohner. Daneben sorgt auch die Landwirtschaft mit einigen Kühen und Schafen, die auf den Salzwiesen grasen, für etwas Einkommen. Mehr als 100 Halligen gab es bis 1825, als eine gewaltige Sturmflut die meisten von ihnen

### MAL EHRLICH

#### ABGESCHIEDEN AUF DER HALLIG HOOGE?

Auf Hallig Hooge kann es an manchen Sommertagen ganz schön eng werden. Bis zu 1000 Besucher, die mit Pferdekutschen die Sehenswürdigkeiten abfahren, wurden schon auf dem 5,6 Quadratkilometer kleinen Eiland gezählt. Da freuen sich die anderen Urlaubsgäste, wenn am späten Nachmittag das letzte Ausflugsschiff wieder abgelegt hat und auf der Hallig Ruhe einkehrt. Denn eigentlich ist die Abgeschiedenheit inmitten des Wattenmeers doch der besondere Reiz eines Halligaufenthalts.

zerstörte. Schließlich war der Untergrund der Marschinseln auch nicht sehr stabil, bestand, anders als bei den großen Nordfriesischen Inseln, nicht aus einem eiszeitlichen Geestkern, sondern allein aus abgelagerten Sedimenten und Schlick. Nur fünf der zehn noch bestehenden Halligen sind bewohnt: Langeneß und Hooge, Gröde-Appeland, Oland und Nordstrandischmoor. Die Hamburger Hallig, schon seit 150 Jahren mit einem Straßendamm zum Festland verbunden, ist streng genommen keine Insel mehr. Die winzige Hallig Habel darf als Vogelschutzgebiet von Menschen nur mit Sondergenehmigung betreten werden. Sie gehört mit den kleinen, unbewohnten Halligen Südfall, Süderoog und Norderoog zum Nationalpark Schleswig-Holsteinisches Wattenmeer. Auch heute sind die Lebensbedingungen auf den kleinen Halligen nicht einfach. Doch im 17. bis 19. Jahrhundert war das Leben auf den Nordfriesischen Inseln so mühsam, dass viele der männlichen Bewohner sogar auf Walfängern oder Handelsschiffen anheuerten, um mit dem gefährlichen Job auf See den Lebensunterhalt für ihre Familien zu verdienen.

## Hallig Langeneß

Wer sich den Halliginseln frühmorgens mit der Fähre nähert, kann Theodor Storm verstehen, den ihr Anblick 1853 in seinem Gedicht »Meeresstrand« zu den Versen verführte: »Wie Träume liegen die Inseln im Nebel auf dem Meer«. Ruhe, Abgeschiedenheit und ein weiter Horizont machen den Urlaub auf einer der Halligen zum besonderen Erlebnis. Auf der rund zehn Kilometer langen und nur einen Kilometer breiten Hallig Langeneß leben auf 18 Warften nur rund 120 Menschen. Der Nachbau einer Bockwindmühle auf der Ketelswarf zeigt, wie die Menschen früher das hier angebaute Getreide geschrotet und gemahlen haben. Das Kapi-

*AUTORENTIPP!*

**RINGELGANSTAGE**

Ringelgänse, wegen ihrer »Rott-rott-rott«-Rufe auch Rottgänse genannt, sind am schmalen, weißen Ring um den dunkel gefiederten Hals gut zu erkennen. Bis zu 150 000 der kleinen Gänse machen im Frühjahr auf dem Weg von ihren Winterquartieren im südlichen Westeuropa Station auf den Salzwiesen und Wattflächen um die Nordfriesischen Inseln und futtern sich die notwendigen Energiereserven für die letzte, 5000 Kilometer lange Etappe zu ihren Brutplätzen auf der riesigen nordsibirischen Taimyrhalbinsel an. Die Halligen feiern während der Ringelganstage mit einigen Dutzend Veranstaltungen auf mehreren Inseln das spektakuläre Ereignis des Vogelflugs. Zu erleben gibt es Ringelgansbeobachtungen und Wattwanderungen, Vorträge zur Vogelwelt, Theaterstücke oder »Gottesdienst mit Gänseeinlage«.

**Ringelganstage.** April/Mai, www.ringelganstage.de

AUTORENTIPP!

**HAND GEGEN KOJE**
Eine neue Projektidee auf der Hallig Hooge ist »Hand gegen Koje«. Unter Seglern ist das Prinzip für günstiges Mitsegeln gegen aktive Unterstützung bei den Arbeiten an Bord nicht unbekannt. Dass es auch auf einer Insel funktioniert, macht Hooge nun vor. Täglich vier bis sechs Stunden muss man schon als Arbeitszeit einkalkulieren, tagsüber, wenn viele Tagesbesucher mit den Ausflugsschiffen kommen. Es geht darum, den »Halligtaler«, eine Art Kurtaxe, zu kassieren, leichte Büroarbeit wie Internetrecherche zu erledigen oder das Inselarchiv zu aktualisieren. Auch Bänke streichen, Rasen mähen oder Unkraut zupfen kann anfallen. Gegen diese ehrenamtliche Tätigkeit (»Hand«) gibt es eine unentgeltliche Unterkunft (»Koje«) in einer Gemeindewohnung. Die muss man sich wie in einer WG mit maximal zwei weiteren Mitstreitern teilen. Für den Antrag an das Touristikbüro der Hallig Hooge müssen Bewerber mindestens 20 Jahre alt sein und einen Aufenthalt von nicht weniger als zwei Wochen einplanen.

Hooge mit seinem Königspesel ist die meistbesuchte Hallig von allen.

tän-Tadsen-Museum präsentiert ein völlig restauriertes Kapitänshaus aus dem Jahr 1741, ebenfalls auf der dicht bebauten Ketelswarf, ausgestattet mit Schweifgiebel, wunderbaren Deckenmalereien und 1600 holländischen Wandfliesen. Das Infozentrum der Schutzstation Wattenmeer auf der Rixwarf sowie das Wattenmeerhaus auf der Peterswarf informieren über Flora und Fauna des Nationalparks Wattenmeer.

## »Halligkönigin« Hooge

Hooge, Die »Königin der Halligen«, wird von vielen Ausflugsschiffen angefahren. Entsprechend hoch ist die Zahl der sommerlichen Tagesbesucher. Fast alle zieht es zum berühmten »Königspesel«, heute ein Museum. Wer es früher von der gefährlichen Reise an Bord der Segelschiffe wieder nach Hause geschafft hatte, konnte nicht nur viel erzählen, sondern hatte auch einige Mitbringsel im Gepäck. Im »Königspesel« der Hanswarft von Hooge sind viele dieser Kostbarkeiten ausgestellt. Die Wände sind mit wunderbar gearbeiteten Delfter Fliesen gekachelt, einige davon mit Bibelversen dekoriert. Zudem sind ein barocker Linnenschapp aus den Niederlanden zu sehen sowie eine prunkvolle Standuhr mit Uhrwerk und Gehäuse aus England und goldig schimmernden Einlegearbeiten aus dem Japan des 17. Jahrhunderts. Alabasterfiguren aus Italien stehen nordfriesischem Hausgerät gegenüber. Nach einem Besuch des dänischen Königs Friedrich VI. 1825, der wegen einer Sturmflut hier übernachten musste, wurde die gute Stube im etwa 1760 errichteten Kapitänshaus, der Pesel, zum Königspesel geadelt.

Auf der Hanswarft zeigt das Sturmflutkino in einem Kurzfilm, was von der Insel bei »Land unter« noch zu sehen ist, wie die einzelnen Gehöfte auf den Warftkronen aus der kochenden See gerade noch

# Übersichtsplan

**A Langeneß** – Langeneß ist zehn Kilometer lang und zwei Kilometer breit. Das Kapitän-Tadsen-Museum zeigt ein restauriertes Kapitänshaus auf der dicht bebauten Ketelswarf.

**B Hooge** – Die »Königin der Halligen« wird von vielen Ausflugsschiffen angefahren. Den kostbar ausgestatteten »Königspesel« auf der Hanswarft lässt sich keiner entgehen.

**C Gröde-Appeland** – Nur 17 ständige Bewohner zählt Gröde-Appeland, die kleinste Gemeinde Deutschlands. Trotzdem kommt einmal im Monat ein Pastor zum Gottesdienst auf die Hallig.

**D Oland** – Keine Geschäfte, Post oder Bank, aber glücklicherweise eine Motorlore, mit der das Wichtigste regelmäßig vom Festland hergebracht wird.

Rund 100 Mal im Jahr werden die kleinen Halligen von der Nordsee überflutet.

**Oben:** Oland ist über einen Lorendamm mit dem Festland verbunden. **Unten:** Auf der Hallig Oland drängen sich alle Gebäude auf einer Warft.

herausragen. Die Halligkirche von St. Johannis aus dem 17. Jahrhundert kann bis auf montags täglich besichtigt werden. Ein Heimat- und Halligmuseum auf der Hanswarft zeigt die Kultur der Seefahrer des 18. Jahrhunderts, alte friesische Lebensart und Wattfunde von untergegangenen Warften.

## Gröde-Appeland, Oland und Nordstrandischmoor

Gröde-Appeland beherbergt die mit 17 ständigen Einwohnern kleinste Gemeinde Deutschlands. Zur kleinen Margarethenkirche schafft es der Pastor aus Langeneß etwa einmal im Monat, um hier zu einer überschaubaren Zahl von Gläubigen zu predigen.

Die Insel Oland bietet weder einen Geldautomaten noch eine Bank. Das ist deshalb nicht so schlimm, weil es auch nur wenige Möglichkeiten gibt, Geld auszugeben. Rund fünf Kilometer ist das Eiland vom Festland entfernt. Lebensmittel, Post und viele Urlaubsgäste werden mit einer offenen Motorlore über einen Steindamm auf die Hallig transportiert. Rund 30 Insulaner leben in den 17 Häusern auf der einzigen Warft, auf der auch noch eine kleine reetgedeckte Kirche Platz findet. Ungewöhnlich: Auch der kleine Leuchtturm von Oland hat ein Reetdach.

Ist Oland die kleinste Gemeinde, kann das auch »Lüttmoor« genannte Nordstrandischmoor auf die mit drei Schülern kleinste Schule der Republik verweisen, die sich auf der Schulwarft bis zur neunten Klasse eine Lehrkraft teilen. Ein Sturmflutpfahl vor der Schule markiert mit Messingtafeln die Wasserstände von der »Groten Mandränke« 1634 bis heute. Etwa 30 Mal im Jahr heißt es auf der kleinen Hallig »Land unter«.

# Infos und Adressen

## ESSEN UND TRINKEN

**Friesenpesel.** Traditionsgaststätte auf Hooge mit nordfriesischen Spezialitäten. Tgl. ab 11 Uhr, Backenswarft 6, 25859 Hallig Hooge, Tel. 04849/250, www.friesenpesel.de

Große Hotels gibt es auf den Halligen wie der Hamburger Hallig nicht, aber dafür Privatzimmer.

## ÜBERNACHTEN

**Frerks Buernhus.** Mehrere Gästezimmer und Appartements nicht weit vom Meer, mit Terrasse, Bar und Sauna. Lorenzwarft, 25859 Hallig Hooge, Tel. 04849/254, www.hallighotel.de

**Anker's Hörn.** Komfortable Herberge mit Restaurant, das herzhafte und leichte, abwechslungsreiche Gerichte serviert. Mayenswarf 2, 25863 Langeneß, Tel. 04684/291, www.ankers-hoern.de

## VERANSTALTUNGEN

**Biikebrennen.** Am 21. Februar lodert es auch auf den Halligen.

## AKTIVITÄTEN

**Hooger Speeldeel.** Veranstaltung mit Theater und Musik im »Uns Hallig Hus«. In den Sommermonaten, 25859 Hallig Hooge, Tel. 04849/91 00, www.hoogerspeeldeel.de

## INFORMATION

**Touristbüro Hallig Hooge.** Mo–Fr 9–15 Uhr, Hanswarft, 25859 Hallig Hooge, Tel. 04849/91 00, www.hooge.de

**Tourismusbüro der Halligen Langeneß und Oland.** Anreise nach Langeneß mit der Autofähre ab Schlüttsiel (www.faehre.de), nach Oland mit der »Rungholt« ab Schlüttsiel (www.halligmeerfahrten.de). Eine offene Motorlore verbindet die Inseln über einen Steindamm mit Dagebüll auf dem Festland. Mo–Fr 9–12 Uhr, Ketelswarf 1, 25863 Hallig Langeneß, Tel. 04684/217, www.langeness.de

**Hallig Gröde.** Anreise mit der »Rungholt« ab Schlüttsiel (www.halligmeerfahrten.de). Claudia Mommsen, Knudswarft, 25869 Hallig Gröde, Tel. 04674/302, www.groede.de

**Hallig Nordstrandischmoor.** Anreise mit der Motorlore ab Lüttmoorsiel. Ruth Hartwig-Kruse, 25845 Nordstrandischmoor, Tel. 04842/373, www.nordstrandischmoor.de

Auch die Schafe müssen bei »Land unter« auf eine Warft flüchten, wie hier auf Nordstrandischmoor.

Die Hallig Oland aus der Luft.
Links verläuft der Lorendamm.

**Oben:** Die Insel Pellworm mit Weiden und Rapsfeldern aus der Luft. **Unten:** Die Nordermühle stammt von 1777, statt Korn gibt es hier heute Ferienwohnungen.



# 44 Pellworm
## Kühe, Schafe und grüne Strände

**Als die zweite »Große Mandränke« 1634 die alte Insel Strand zerriss, blieb neben Nordstrand auch die 37 Quadratkilometer große Insel Pellworm, auf Friesisch »Pälweerm«, zurück. Hohe Deiche schützen heute ihre 1200 Bewohner und die nur knapp unter dem Meeresspiegel gelegenen Weiden und Rapsfelder. Der hohe Leuchtturm im Süden hat sich als romantischer Hochzeitsort einen Namen gemacht.**

»Dahin will ich noch mal. Grenzenlose Einsamkeit! Mitten im Meer« beschreibt Detlev von Liliencron das Eiland, auf dem er 1882, als preußischer Beamter versetzt, kurze Zeit als »Königlicher Hardesvogt und Strandhauptmann« agierte. Tanzbaron nannten sie ihn hier, weil er das Freizeitvergnügen in den Gaststätten erlaubte und die Sperrstunde abschaffte. Auf der Insel entdeckte der Nordseeromantiker seine Passion zum Schreiben. Zum Leben auf der Insel hatte von Liliencron ein zwiespältiges Verhältnis. Die Ruhe und Abgeschiedenheit faszinierten und langweilten ihn gleichzeitig.

## Alte »Neue Kirche« und andere Sehenswürdigkeiten

Die »Neue Kirche St. Crucis« ist eigentlich schon recht alt. Im Jahr 1517 auf dem adligen »Gut Seegard« als Privatkapelle erbaut, erhielt sie 1622 ihren heutigen Standort im Großen Koog inmitten der Insel. Die Westfassade präsentiert sich seit 1867 im neugotischen Stil. Der Altar im alten Saalbau stammt von 1520, der Taufstein von 1587. In der Neuen Kirche sind diverse Teile des

Inventars aus Kirchspielen aufgehoben, die in der Großen Flut von 1634 untergingen. Auf dem »Friedhof der Namenlosen« sind die angespülten Opfer dramatischer Schiffsunglücke auf der Nordsee bestattet.

Doch die »Alte Kirche« an der Westküste der Insel wurde im 11. Jahrhundert errichtet und ist damit deutlich älter. Ihre Turmruine dient als Seezeichen, doch Pellworm verfügt mit dem Leuchtturm, der vor über 100 Jahren seinen Betrieb aufnahm, auch über ein modernes Leuchtzeichen für den Schiffsverkehr. Dessen Hauptfeuer strahlt aus 38 Metern Höhe rund 42 Kilometer nach Südwesten in das Fahrwasser des Heverstroms. Das neunte Deck des rot-weiß gestreiften Turms hat sich in den vergangenen Jahren bei Brautpaaren zu einer der beliebtesten Heiratsdestinationen Schleswig-Holsteins entwickelt. Das Büro des Tourismusservice Pellworm sorgt bei rechtzeitiger Voranmeldung für die notwenigen Formalitäten.

Ebenso ist das Hybridkraftwerk, eines der größten Europas, nicht weit vom Hafen, eine Sehenswürdigkeit. Schon seit den frühen 1980er-Jahren gewinnen die Pellwormer aus den regenerativen Energiequellen Wind, Sonne und Biomasse doppelt so viel Energie wie die Insel selbst benötigt. Ein Seekabel schafft den überschüssigen Strom zum Festland.

## Inselgeschichte zum Anfassen

Bis 1946 war die zu Beginn des Jahrhunderts nach holländischem Vorbild gebaute Vogelkoje, nicht weit von der nordwestlichen Inselküste, in Betrieb. Sie verleitete Wildenten zur Rast auf einem Süßwasserteich. Dort wurden sie gefangen und getötet. Heute kann man in dem einzigen Wäldchen der Insel rund um den See spazieren gehen und die alten Fangeinrichtungen besichtigen.

AUTORENTIPP!

**ALTE KIRCHE**

Ganz im Westen Pellworms ragt eine Turmruine über den nahen Seedeich. Im Jahr 1611 stürzte der Turm ein. Der feuchte Marschboden konnte das Bauwerk nicht in der Vertikalen halten. Als Seezeichen dienen die Überreste des uralten Turms der Alten Kirche St. Salvator aus dem 11. Jahrhundert noch immer. Schon lange ist er das Wahrzeichen der Nordseeinsel Pellworm. Die Kanzel wurde um 1600 gefertigt, der Altar und die Taufe stammen aus der Zeit um 1470, das Gestühl aus dem 17. und 18. Jahrhundert. Doch den größten Kirchenschatz birgt die Empore: eine kostbare Orgel, die 1711 der berühmte Orgelbauer Arp Schnitger schuf und auf der schon Johann Sebastian Bach gespielt hat. In den Sommermonaten finden wöchentlich am Mittwochabend Orgelkonzerte namhafter Künstler aus ganz Europa bei Kerzenschein auf dem historischen Instrument statt, der einzigen Arp-Schnitger-Orgel Schleswig-Holsteins.

**Oben:** Kaffee und Kuchen gibt's im Strandcafé direkt am Strand Schütting.
**Unten:** Im 38 m hohen Leuchtturm von Pellworm kann auch geheiratet werden.

Die kleine maritime Ausstellung im Schifffahrtsmuseum, das im alten Dampferschuppen am Hafen untergebracht ist, zeigt die harte und gefährliche Arbeit der Pellwormer Fischer und Seeleute. Eine Sonderausstellung stellt die Gefahren der Seenotrettung und die Arbeit der »Deutschen Gesellschaft zur Rettung Schiffbrüchiger« beeindruckend dar.

Der Heimatforscher und Hobbyarchäologe Hellmut Bahnsen hat in seinem kleinen »Rungholtmuseum« einige Fundstücke der rund um Pellworm untergegangenen Siedlungen zusammengestellt. Sie zeigen, wie die Menschen hier auch vor den verheerenden Fluten des Mittelalters gelebt haben. Eine zweite Ausstellung befasst sich im Haus des Kur- und Tourismusservice mit der Entstehungs-, Siedlungs- und Kulturgeschichte der Insel Pellworm. Ein Schubladensystem im Inselmuseum bietet auf kleinem Raum viel Wissenswertes und »Geschichte zum Anfassen«.

Die Schutzstation Wattenmeer betreibt auch auf der Nordseeinsel Pellworm ein Informations- und Erlebniszentrum. Interessierte können im Wattenmeerhaus am Klostermitteldeich viel zu diesem ganz besonderen Biotop erfahren. In mehreren Aquarien sind heimische Meeresbewohner zu sehen, deren Fütterung bei kleinen und großen Besuchern zum Höhepunkt eines Besuchs gehört.

# Infos und Adressen

## ESSEN UND TRINKEN

**Gasthaus Hooger Fähre.** In der Traditionsgaststätte von 1907 gibt es täglich frischen Fisch in vielen Variationen und Fleischgerichte von nordfriesischen Rindern. Do–Di 11.30–14 Uhr, tgl. 17.30–21 Uhr, Hooger Fähre 5, 25849 Pellworm, Tel. 04844/99 23 23, www.gasthaus-pellworm.de

**Fischrestaurant Nordseeblick.** In der gemütlichen Gaststube und auf der Terrasse mit Hafenblick werden fangfrische Heringe und Steinbuttfilet aus der Pfanne serviert. Tgl. 11.30–14 und 17.30–20 Uhr, Tammensiel 4, 25849 Pellworm, Tel. 04844/211, www.ferienwohnung-nordseeblick-pellworm.de

Ganze Schwärme von Austernfischern sind auf Pellworm keine Seltenheit.

## ÜBERNACHTEN

**Hotel Friesenhaus Pellworm.** Gemütliches Hotel unter Reet mit Zimmern und Appartements, dazu ein ordentliches Restaurant. Zum Strand sind es 200 Meter. Kaydeich 17, 25849 Pellworm, Tel. 04844/99 04 90, www.hotel-friesenhaus-pellworm.de

**Friesenhof Schulze-Warft.** Zwei moderne Ferienwohnungen auf einem Uthlande-Hof des 18. Jahrhunderts. Parlament 10, 25849 Pellworm, Tel. 04844/99 09 33

## VERANSTALTUNGEN

**Biikebrennen.** Am 21. Februar um 18 Uhr am Leuchtturm

**Ringreiten.** Traditionelle Veranstaltung. Ende Juni/ Anf. Juli auf der Festwiese bei der »Hooger Fähre«

**Pellwormer Hafenfest.** Shantychor, Trachtentänzerinnen, Kunsthandwerker, Flohmarkt, Spiel- und Schlemmermeile. Am dritten Juliwochenende

## AKTIVITÄTEN

**PelleWelle.** Hallenbad mit Sauna, Fitnessbereich und langer Spaßrutsche. Mo 10–16 Uhr, Di–So 14–20 Uhr, Uthlandestr. 6, 25849 Pellworm, Tel. 04844/99 04 49, www.pelle-welle-freizeitbad.de

**Schutzstation Wattenmeer Pellworm.** Die Nationalparkstation bietet Wattwanderungen, Exkursionen und Vorträge an. Tgl. 10–12 und 15–17 Uhr, Klostermitteldeich 14, 25849 Pellworm, Tel. 04844/760, www.schutzstation-wattenmeer.de

## INFORMATION

**Kur- und Tourismusservice Pellworm.** Mo–Fr 10–16 Uhr, Uthlandestr. 2, 25849 Pellworm, Tel. 04844/189 40, www.pellworm.de

**Anreise.** Fährverbindung über die Nachbarinseln Nordstrand und Pellworm. Reederei N.P.D.G., Tel. 04844/753, www.faehre-pellworm.de

Anleger Pellworm: Die Fähre zum Festland stoppt schon in Nordstrand.

# 45 Nordstrand

## Seeheilbad mit Reizklima

**Landwirtschaft spielt eine große Rolle, wie schon die vielen Schafe auf den Deichen und Wiesen und die Rapsfelder zeigen. Doch die Bedeutung des Tourismus nimmt kontinuierlich zu, schließlich ist Nordstrand ein anerkanntes Seeheilbad mit Kurzentrum und wohltuender Wirkung durch die reine Luft und das besondere Meeresreizklima. Wie auf der Nachbarinsel Pellworm sind auch hier die Badestrände grün, mit sandigen Ausnahmen wie am »Holmer Siel«.**

Eigentlich ist Nordstrand schon lange keine Insel mehr. 1907 verband es ein erster Damm mit dem Festland, der 1935 zu einer knapp vier Kilometer langen Straße ausgebaut wurde. Die Eindeichung des Beltringharder Kooges schließlich, heute ein geschützter Rast- und Brutplatz für Wasservögel, machte Nordstrand 1987 endgültig zur Halbinsel.

Die St.-Vinzenz-Kirche musste auf ihrer Warft nie den Fluten weichen.

## Kampf mit den Fluten

Viele Jahrhunderte wurde Nordstrand von den Kräften der Natur gebeutelt. Das Drama der untergegangenen Orte schon der ersten »Großen Mandränke« 1362 inspirierte den Dichter Detlev von Liliencron zu den Versen »Heut bin ich über Rungholt gefahren, die Stadt ging unter vor sechshundert Jahren …« in seiner Ballade »Trutz, blanke Hans«. Die Fluten der zweiten »Großen Mandränke« rissen im Oktober 1634 zwei Drittel der wohlhabenden Insel Alt-Nordstrand für immer ins Meer und töteten zwei Drittel der 9000 Bewohner. Übrig blieben Pellworm, Nordstrandischmoor und das heutige Nordstrand. Der Herzog von Schleswig heuerte nun holländische Deichbauern aus dem katholischen Brabant an, die ab 1652 damit begannen, gegen Zusicherung der Religionsfreiheit und Besitz und Rechten auf der Insel, diese mit Deichen gegen kommende Fluten zu sichern. So erklärt sich, dass in der Ortschaft »Süden« die protestantische St.-Vinzenz-Kirche, der alt-katholische St.-Theresia-Dom und die katholische St.-Knud-Kirche in direkter Nachbarschaft koexistieren. Eine Skulptur mit sieben hölzernen Fahnen erinnert am Ende des Nordstrander Damms an die Eindeichung von sieben Nordstrander Kögen, die nun wieder landwirtschaftlich genutzt werden konnten. Auch heute ist die Landwirtschaft für viele der rund 2200 Bewohner die wichtigste Erwerbsquelle.

## Die Kirchen von Nordstrand

Die evangelische St.-Vinzenz-Kirche in Odenbüll stammt aus dem 13. Jahrhundert. Die Sturmfluten hat sie auf ihrer Warft alle überstanden. Zu den Kostbarkeiten im Inneren gehören der mehr als 500 Jahre alte, dreiflügelige Schnitzaltar, ein spätgotisches Kruzifix an der Südwand von 1400, die 1605 gestiftete Kanzel mit einer plattdeutschen Inschrift am Sockel und ein achteckiges Taufbecken aus dem 15. Jahrhundert. Das Äußere wurde 1889 in neugotischem Stil umgestaltet.

St.-Theresia-Dom nennt sich die alt-katholische Kirche, die von den Deichbauern aus dem niederländischen Brabant 1662 auf den Osterdeich gesetzt wurde. Rund 200 Jahre später musste das baufällig gewordene Gotteshaus der nach ihrer Abspaltung vom Vatikan unabhängigen, traditionellen Gemeinde erneuert werden.

Die römisch-katholische St.-Knud-Kirche wurde erst 1866 vollendet. Namenspatron ist der heilig-

AUTORENTIPP!

**PHARISÄER**

Nachdem er die Tochter Helene Patria des Bauern Peter Johannsen aus Nordstrand getauft hatte, war der gestrenge Pastor Georg Bleyer, in dessen Gegenwart Alkohol verpönt war, noch zum Kaffeetrinken eingeladen. Die Taufgesellschaft wurde immer lauter und lustiger. Pastor Bleyers aufkeimender Verdacht wurde zur Gewissheit, als er an der Tasse seines Tischnachbarn nippte. Unter einer dicken Sahneschicht verborgen und nicht zu riechen, hatte Bauer Petersen den Kaffee, natürlich mit einer Ausnahme, durch einen kräftigen Schuss Karibikrum veredelt. »Oh ihr Pharisäer!«, so der zornige Ausruf des Gottesmannes. Damit hatte das gehaltvolle Heißgetränk seinen Spitznamen, das besonders an kalten Tagen den Umsatz im »Pharisäer-Café« ankurbelt. Denn hier soll am 12. Oktober 1872 bei der denkwürdigen Taufe das Nationalgetränk der Nordfriesen erfunden worden sein.

**Oben:** Schwäne können eine Flügelspannweite bis zu 240 cm haben.
**Mitte:** Über den Süderhafen auf Nordstrand wurden früher Güter nach Husum verladen.
**Unten:** In der 1888 erbauten Engelmühle werden heute Kaffee und Kuchen serviert.

gesprochene dänische König Knud, der 1086 von Aufständischen in der Kirche von Odense erschlagen worden war. Bei einer Renovierung wurde 1929 der heutige Turm hinzugefügt.

## Das Grüne Herz des Wattenmeers

Nationalparkgemeinde nennt sich Nordstrand, das vom UNESCO-Weltnaturerbe Nationalpark Schleswig-Holsteinisches Wattenmeer umgeben ist. Die ausgedehnten Salzwiesenvorländer, vor allem zwischen dem Nordstrander Damm und dem Süderhafen, dienen unterschiedlichen See- und Zugvögeln als Rast- und Brutgebiete. Die Schutzstation Wattenmeer bietet Wattwanderungen auch zur Hallig Nordstrandischmoor und naturkundliche Watterkundungen an. Besucher können an Vogelexkursionen am Holmer Siel teilnehmen oder an vogelkundlichen Radtouren. Von April bis September gibt es Salzwiesenführungen am Süderhafen entlang eines Lehrpfads durch das Schutzgebiet. Wie auf den anderen größeren Nordfriesischen Inseln wurden früher auch auf Nordstrand im großen Stil Wildenten in Vogelkojen gefangen, deren Fleisch auf Föhr zu Konserven verarbeitet wurde. Eine Anlage im Alten Koog ist von Schilf befreit und wieder hergerichtet, aber als Kulturdenkmal und zur Beobachtung von heute ungefährdet auf dem Süßwasserteich schwimmenden Vögeln.

# Infos und Adressen

## ESSEN UND TRINKEN

**Am Heverstrom.** Gediegene Gemütlichkeit und ein weiter Blick über das Wattenmeer, dazu kreative Regionalküche. Mit elf komfortablen Zimmern. Mi– Mo 11.30–14 und 17.30–21 Uhr, Heverweg 14, 25845 Nordstrand, Tel. 04842/80 00, www.am-heverstrom.de

**Pharisäer-Café.** Hier wurde der Kaffee mit Schuss erfunden. Es gibt auch Kaffee ohne Rum, hausgebackenen Kuchen und selbst gemachtes Eis. Tgl. 11–18 Uhr, Elisabeth-Sophien-Koog 3, 25845 Nordstrand, Tel 04842/353 www.pharisaerhof.de

## ÜBERNACHTEN

**Hotel-Restaurant England.** Inselherberge mit zehn Doppelzimmern und maritimem Restaurant direkt auf dem früheren Seedeich. England 46, 25845 Nordstrand, Tel. 04842/10 75, www.hotel-england.de

**Ferienhaus-Vermietung Englmann.** Rund 50 Ferienwohnungen und -häuser auf Nordstrand. Am Kurhaus 2, 25845 Nordstrand, Tel. 04842/12 00, englmann-nordstrand.de

## EINKAUFEN

**Süderhafen-Töpferei.** Moderne Keramik, die Deiche, Watt und Meer als Inspirationsquellen nutzt. Tegelistraat 22, 25845 Nordstrand, Tel. 04842/587, www.suederhafentoepferei.de

## VERANSTALTUNGEN

**Biikebrennen.** Am 21. Februar am Südstrand

**Nordfriesische Lammtage.** Hier dreht sich alles ums Lamm: Lammkönigin, Lämmerball, Schafschurwettbewerb und köstliche Lammgerichte auf vielen Speisekarten. Mai–Juli, www.lammtage.de

**Ringreiten.** Im Sommer finden mehrere Turniere statt. Ende Juni–Anf. Aug.

## AKTIVITÄTEN

**Kutschfahrten zur Hallig Südfall.** Anmeldung erforderlich! Mai–Sept., Werner Andresen, Tel. 04842/300

**Wattwanderung zur Hallig Südfall.** Dauer ca. 5,5 Stunden, Länge ca. 14 km. Tel. 04842/90 30 93 oder thomas@kluge-nordstrand.de

## INFORMATION

**Kurverwaltung und Zimmervermittlung**.Tgl. 8–12 Uhr, Mo–Do 14–16 Uhr, Schulweg 4, 25845 Nordstrand, Tel. 04842/454 oder 194 33, www.nordstrand.de

**Anreise.** Man kann ab Wobbenbüll auf dem Festland über den Damm (Pohnshalligkoogstr.) fahren.

Den Geflügelten Strandflieder kann man auch am Mittelmeer finden.

Das Haus mit Atelier ließen sich Ada und Emil Nolde auf einer Warft errichten.

# 46 Nolde-Museum Seebüll

## Farben zwischen Himmel und Meer

**Er war für seine Farben berühmt, für seine ausdrucksstarken Bilder. Emil Nolde (1867–1956) zählt zu den wichtigsten Künstlern des Expressionismus, der neben Landschaften auch Figurenbilder geschaffen hat, religiöse Motive aufgriff, Impressionen seiner großen Südseereise verarbeitete. Seine farbenfrohen Werke zeigen die Verbundenheit mit der Natur.**

Von weither grüßt das ehemalige Wohn- und Atelierhaus von Ada und Emil Nolde, das die beiden gegen Ende der 1920er-Jahre auf einer leerstehenden Warft nahe Neukirchen anlegen ließen und Seebüll tauften. Aus Utenwarf in der Nähe von Tønder waren sie umgezogen, als nach einer Volksabstimmung die deutsch-dänische Grenze nach dem Ersten Weltkrieg wieder nach Süden verlegt wurde und Noldes Geburts- und Wohnort erneut zu Dänemark gehörte. Seine dänische Staatsbürgerschaft legte er jedoch nie ab.

Nolde, der Sohn eines friesischen Bauern und einer Schleswigerin, benannte sich nach seinem Geburtsdorf einige Kilometer östlich von Tønder. Nach einer Ausbildung zum Schnitzer und Zeichner arbeitete er für Möbelhäuser in München, Berlin und anderen Städten. Später verlegte er sich ganz aufs Zeichnen und Aquarellieren, begann eine Ausbildung in Dachau und später an einer Kunstakademie in Paris. Um die Jahrhundertwende verschlug es ihn nach Kopenhagen, wo er die Schauspielerin Ada Vilstrup (1879–1946) kennenlernte. Man heiratete und zog auf die Ostseeinsel

Alsen, lebte aber im Winter meist in Berlin. Als Mitglied einer Reisegruppe des Reichskolonialamts erkundete er mehrere Monate lang die Südsee, bis der Erste Weltkrieg ausbrach.

## Leben und arbeiten in Seebüll

Die Noldes lebten in einem selbst entworfenen, modernen Wohnhaus mit Flachdach und Atelier in Anlehnung an den Bauhausstil. Hier entstanden zahlreiche Werke, die Emil Nolde zunehmend in Widerspruch mit dem herrschenden Naziregime brachten, obwohl er zunächst aus seiner antisemitischen Haltung keinen Hehl machte. Bilder von ihm fanden sich schließlich in der nationalsozialistischen Propagandaausstellung »Entartete Kunst«, 1941 wurde er mit einem Malverbot belegt. In dieser Zeit entstand eine Serie kleinformatiger Aquarelle, die »Ungemalten Bilder«, die bei Bedarf schnell versteckt werden konnten. Viele übertrug Nolde nach dem Krieg auf große Ölgemälde.

Der Staudengarten, den Ada und Emil Nolde am Haus anlegten, war mit seiner Farbenfülle Noldes Inspiration, nicht nur für seine Blumen- und Pflanzenbilder. Noch heute blüht der Bauerngarten nach dem überlieferten Bepflanzungsplan im Lauf der Jahreszeiten. Auch die Gestaltung der Gartenwege, die die Buchstaben A (Ada) und E (Emil) bilden, stammt noch aus den 1930er-Jahren.

## Das Museum heute

Im Erdgeschoss sind einige Wohnräume erhalten, das frühere Atelier zeigt Bilder mit religiösen Motiven, in kleinen Kabinetten hängen diverse grafische Werke des Künstlers. Ein moderner Anbau dokumentiert das Leben Noldes. Garten und Wohnhaus stehen unter Denkmalschutz, seit 1957 ist das Haus als Künstlermuseum öffentlich zugänglich.

## Infos und Adressen

### ESSEN UND TRINKEN

**Restaurant Seebüll.** Leichte moderne Küche, mittags und abends, farblich inspiriert vom typischen Nolde-Himmel. Serviert wird auch von Auszubildenden des Berufsbildungswerks Husum. Tgl. 11–19 Uhr, 25927 Neukirchen, Tel. 04664/98 39 70, www.nolde-stiftung.de

### ÜBERNACHTEN

**Gästehaus Seebüll.** Fünf in dezenten Tönen eingerichtete Doppelzimmer zu moderaten Preisen im reetgedeckten Dreikanthof des Gästehauses der Nolde-Stiftung. 25927 Neukirchen, Tel. 04664/98 39 70, www.nolde-stiftung.de

### EINKAUFEN

**Museumsshop Seebüll.** Der gut sortierte Laden bietet allerlei zu Leben und Werk des Malers Emil Nolde und als besonderes Mitbringsel Wildmirabellenmarmelade und Dahlienblütenlikör aus Noldes Garten. Tgl. während der Öffnungszeiten des Museums bis 18 Uhr

### AKTIVITÄTEN

**Nolde-Exkursion.** Ein halbtägiger Ausflug führt zu Stätten in Noldes Leben in der Umgebung, nach Burkal, Utenwarf, Rutebüll und Seedorf. Anmeldungen über den Besucherservice der Nolde-Stiftung Seebüll, Tel. 04664/98 39 30

### INFORMATION

**Nolde-Museum.** Anf. März–Anf. Dez. tgl. 10–18 Uhr, Seebüll 31, 25927 Neukirchen, Tel. 04664/98 39 30, www.nolde-stiftung.de

Die bronzene »Tine« am Marktplatz gehört zu den Wahrzeichen Husums.



# 47 Husum

## »Graue Stadt« mit Blütenwunder

**Wer an Husum denkt, hat gleich Theodor Storms Vers von der »Grauen Stadt am grauen Meer« im Kopf. Dabei ist das muntere Städtchen an einer tief eingeschnittenen Meeresbucht alles andere als eine »graue Maus«. Am Hafen geht es bunt zu, vor allem in der warmen Jahreszeit und am Markt sowieso, rund um die bronzene »Tine«, die als Wahrzeichen Husums selbstbewusst den Marktbrunnen dominiert.**

Wenn Ende März rund vier Millionen lila Krokusse den Schlosspark in ein Blütenwunder verwandeln, hat der Winter aufgegeben. Busse bis aus Berlin und Süddeutschland reisen zum Krokusblütenfest in die Nordseestadt. Doch auch sonst lohnt Husum einen Besuch.

### MAL EHRLICH

**TECHNIKMESSE »WINDENERGY«**

Husum kämpfte mit Elan gegen einen mächtigen Gegner und konnte seine Interessen am Ende doch nicht voll durchsetzen. Es geht um die Windenergie, aber nicht um die vielen Hundert Windräder, die sich auf der Marsch oder offshore drehen. Die Hamburger Konkurrenz wird nun alle zwei Jahre eine internationale Windenergiemesse ausrichten, und die erfolgreich gewachsene »WindEnergy« in Husum in den ungeraden Jahren dazwischen ist zu einer nationalen Messe reduziert. Einige wittern nun Verrat – oder ist Husum mit seiner Infrastruktur an Hotels und Restaurants vielleicht doch zu klein für eine Technikmesse von weltweiter Bedeutung?

Den Marktplatz säumen alte Bürgerhäuser mit eindrucksvollen Giebelfronten. Im Haus Nr. 9 am Marktplatz wurde 1817 Theodor Storm geboren, dessen Novellen und Dichtungen meist vom Leben an der Nordseeküste handeln. Der Rechtsanwalt musste wegen seiner Unterstützung der Unabhängigkeitsbewegung von der dänischen Herrschaft Husum verlassen. Nach einer Tätigkeit in preußischen Diensten kehrte er nach der Niederlage Dänemarks im Krieg gegen den Deutschen Bund zurück, wurde Husumer Landvogt und Amtsrichter. Parallel zu seiner juristischen Karriere entstanden Werke wie *Immensee*, *Die Stadt*, *Pole Poppenspäler* und seine berühmteste Novelle *Der Schimmelreiter* vom Deichgrafen Hauke Haien, der an seiner Selbstbezogenheit und dem Aberglauben der Dorfbewohner tragisch scheiterte und fortan als gespenstischer Schimmelreiter bei drohender Sturmflut das Unglück ankündigte.

## Rathaus, Brunnen, Kirchen

Das frühere Rathaus an der Nordseite des Marktplatzes stammt von 1601, doch der Backsteinbau wurde immer wieder umgebaut, den Anforderungen der jeweiligen Zeit entsprechend. Seit 1902 steht »Tine« auf dem Sockel des Marktbrunnens, eine Fischerfrau, die eigentlich Anna Catharina Asmussen hieß und zusammen mit ihrem Cousin August Woldsen Mitte des 19. Jahrhunderts eine wohltätige Stiftung für die Kinder von Husum begründete. Die Bronzestatue gilt als ein Wahrzeichen der Stadt. Die Marktkirche stammt von 1833. Der klassizistische Bau ersetzte die spätgotische Marienkirche an gleicher Stelle. Die Großstraße im Westen führt an einigen gestaffelten Giebelhäusern vorbei, in denen früher Kaufleute ihre Waren lagerten. Nach Osten erreicht man über die Straße Osterende schnell den Klosterkirchhof, auf dem 1888 Theodor Storm in der

AUTORENTIPP!

**KROKUSBLÜTE**

Wer im Frühling nach Husum reist, wird sich die Augen reiben. Eine »Graue Stadt am grauen Meer«, wie Theodor Storm in seiner berühmten Liebeserklärung *Die Stadt* 1852 Husum beschreibt, ist die nordfriesische Kreisstadt nun wirklich nicht. Doch vielleicht war der Dichter selbst gerade in einer Novemberstimmung, denn die Krokusse blühen schon einige Hundert Jahre im Park vor dem Husumer Schloss. Grob geschätzte vier Millionen Blüten sollen es sein, die jedes Jahr je nach Wetterlage Ende März bis Anfang April aus dem Boden sprießen. Gezählt hat sie zwar noch keiner, doch für die Husumer ist der Winter endgültig vorbei, wenn sich der Schlosspark in einen lila Blütenteppich von überirdischer Schönheit verwandelt. Auch wenn es über die Herkunft der eigentlich aus Südeuropa stammenden Pflanze unterschiedliche Versionen gibt, das Krokusblütenfest wird mit Krokusblütenkönigin und einem großen Frühlingsfest gefeiert.

**Oben:** Das alte Hafenbecken im Zentrum hat sich zur Flaniermeile entwickelt.
**Unten:** Die kleinen Traufenhäuser der Stadt wurden früher von Handwerkern bewohnt.

Familiengruft bestattet wurde. An der Süderstraße, in deren kleinen Traufenhäusern einst Handwerker wohnten, war früher das Haus der Husumer Schützengilde. In deren Obergeschoss legte Storm die Handlung der Novelle *Pole Poppenspäler*.

## Husumer Hafenpromenade

Nachdem die Nordsee bei der berüchtigten Sturmflut von 1362, der ersten »Großen Mandränke«, weit ins Landesinnere vorgedrungen war, entstand an der neuen lang gezogenen Meeresbucht ein Hafen, um den sich Husum mit heute 22 000 Einwohnern entwickelte. Der alte Werfthafen ist längst zu einer Flaniermeile umgestaltet, an der die Ausflugsschiffe anlegen. Frachtschiffe findet man weiter draußen am Außenhafen, dessen hohe Getreidesilos die Husumer Skyline bestimmen. Anstelle der früheren Schiffswerft am alten Hafenbecken ist das neue Rathaus entstanden, die Gebäude an der Schiffsbrücke stammen überwiegend aus der Mitte des 19. Jahrhunderts. Die Markierungen auf einem Sturmflutpfahl zeigen, wie stark Sturmfluten die Stadt bedrohten.

Das Nationalpark-Haus in der Hafenstraße 3 informiert umfassend über den Nationalpark Schleswig-Holsteinisches Wattenmeer und seine tierischen Bewohner. Allein eine Million Küstenvögel brüten während des Frühlings in den salzigen Marschwiesen und Dünen, dazu kommen rund 10 Millio-

## Stadtrundgang

**Ⓐ Storm-Haus** – An Theodor Storm kommt man hier nicht vorbei. Am Marktplatz steht sein Geburtshaus – ein guter Startpunkt für einen Rundgang.

**Ⓑ Tine-Brunnen** – Das Wahrzeichen Husums auf dem Markt erinnert an Anna Catharina Asmussen, eine Stifterin und Wohltäterin der Stadt.

**Ⓒ St.-Marien-Kirche** – Die in klassizistischem Stil gehaltene Kirche (1833), ebenfalls beim Markt, hatte eine romanische Vorgängerin.

**Ⓓ Süderstraße** – In der Süderstraße wohnten einst viele Handwerker, die hier oft auch Lager hatten. Hierher verlegte *Storm* seine Novelle *Pole Poppenspäler*.

**Ⓔ NordseeMuseum** – Das Museum rekonstruiert in seiner Ausstellung das sagenhafte untergegangene Rungholt. Es thematisiert auf anschauliche Weise die Herausforderungen des Lebens an der stürmischen Nordsee.

**Ⓕ Hafenpromenade** – Aus dem früheren Werfthafen ist längst eine attraktive Promenade geworden, mit Geschäften und Cafés. Die Frachtschiffe legen inzwischen am Außenhafen an.

**Ⓖ Husumer Schloss** – Die größte Attraktion rund um das Stadtschloss ist die Blüte von mehreren Millionen Krokussen im Frühling. Dann sieht der Boden des Schlossparks aus, als wäre er von einem lila Teppich bedeckt.

Rund um das alte Hafenbecken laden Cafés und Restaurants zur Pause ein.

AUTORENTIPP!

**NORDSEEMUSEUM**

Die Wirkung von Ebbe und Flut sowie die im Lauf der Geschichte immer wiederkehrenden, zerstörerischen Sturmfluten haben den Verlauf der Nordseeküste geprägt und verändert. Der sagenumwobenen Siedlung Rungholt, die 1362 bei einer verheerenden Flutkatastrophe unterging, ist im NordseeMuseum besonderes Augenmerk gewidmet. Doch das Museum zeigt auch, wie der Mensch sich bemühte, mit Deichbau, Landgewinnung und Küstenschutz den Herausforderungen des Meeres zu begegnen. Wie haben die Menschen auf dem Festland, den nordfriesischen Halligen und Inseln unter diesen harten Bedingungen gelebt? Wie haben sie ihre ganz besondere Küstenkultur entwickelt? Auch Tiere und Pflanzen wurden durch das Trockenfallen des Wattenmeers, den Westwind, den Flugsand und das Salzwasser geprägt und mussten sich anpassen.

**NordseeMuseum.** Di–So 11–17 Uhr, Herzog-Adolf-Str. 25, 25813 Husum, Tel. 04841/2545, www.museumsverbund-nordfriesland.de/nordseemuseum

nen Watt- und Wasservögel, die auf ihrem Weg von der Arktis nach Süden oder in umgekehrter Richtung in den Wattlandschaften zwischen den Niederlanden und Dänemark eine Rast einlegen. Der Weltladen im Nationalpark-Haus hält Bücher, Poster und andere Informationen zum Nationalpark, aber auch diverse fair gehandelte, internationale Produkte von Biowurst bis zu Räucherstäbchen bereit. Am alten Hafen besteht kein Mangel an Cafés, Restaurants und kleinen Geschäften, auch nicht in der parallel zur Hafenstraße verlaufenden, kopfsteingepflasterten Fußgängerzone.

Das NordseeMuseum im Ludwig-Nissen-Haus lohnt allemal einen kurzen Abstecher. In einer interaktiv aufgebauten Ausstellung geht es um Leben und Kultur an den Nordseeküsten und den Kampf gegen die Naturgewalten. Der nach New York ausgewanderte Husumer Ludwig Nissen begründete als zu Wohlstand gekommener Diamantenhändler eine Stiftung, die Gründung und Betrieb des Museums ermöglichten.

## Husumer Schloss mit Park

Bewaldete Rasenflächen umgeben das »Schloss vor Husum« einige Schritte weiter nördlich vom alten Hafen. Im Frühling präsentiert sich der Schlosspark wie ein lila Teppich von Krokusblüten. Die Büste Theodor Storms im Schlosspark wurde vom Husumer Bildhauer Adolf Brütt gefertigt, der um die Wende zum 20. Jahrhundert auch die »Tine« auf dem Marktplatz schuf. Das Schlossgebäude aus dem 16. Jahrhundert gehört mit seinen hohen Giebeln und Zinnen zu den Wahrzeichen der Stadt. Treppenhaus, Rittersaal, Schlosskapelle und mehrere Empfangsräume sind zur Besichtigung geöffnet. Durch das Gässchen Schlossgang ist der Marktplatz schnell erreicht.

## Infos und Adressen

### ESSEN UND TRINKEN

**Fisch-Schleger.** Das Fischgeschäft am Markt macht die besten Krabbenbrötchen in der Stadt. Besonders lecker und frisch gibt es Fisch und mehr beim Mittagstisch »De Köök« in der Siemensstraße. Mo–Fr 8–18 Uhr, Sa 8–14 Uhr, Markt 18, 25813 Husum, Tel. 04841/621 89 und Siemensstr. 1, 25813 Husum, Tel. 04841/756 66, www.fisch-schleger.de

**Zum Krug.** Schon seit 1707 bewirtet der Krug seine Gäste mit frischen Produkten aus der Region. Mi–So 18–22 Uhr, Alte Landstr. 2a, 25875 Schobüll bei Husum, Tel. 04841/615 80, www.zum-krug.de

### ÜBERNACHTEN

**Altes Gymnasium.** 22 luxuriös ausgestattete Zimmer, dazu das Genießerrestaurant »Eucken« und die »Alte Schule« mit frischer Regionalküche. Süderstr. 2–10, 25813 Husum, Tel. 04841/83 30, www.altes-gymnasium.de

**Hotel & Spa Rosenburg.** Von außen mit unscheinbarem Rotklinker, innen mit blassroten Tönen verschiedener Nuancen dekoriert und gleichzeitig bestens ausgestattet. Das ausgezeichnete Restaurant heißt passend »Abendrot«, dazu nettes, kleines Spa. Schleswiger Chaussee 65, 25813 Husum, Tel. 04841/960 50, www.hotel-rosenburg.de

**Jugendherberge Husum.** Großzügige Anlage mit 173 Betten, Liegewiese und Bolzplatz, direkt am Watt gelegen. Schobüller Str. 34, 25813 Husum, Tel. 04841/27 14

### VERANSTALTUNGEN

**Husumer Wintermarathon.** »Endlose einsame Geraden, stille Dörfer, häufig nasskaltes Wetter, immer Wind.« So wird der beliebte Lauf von den Veranstaltern selbst beschrieben. Ende Feb./Anf. März

**Internationales Figurentheater-Festival.** In Zusammenarbeit mit dem Poppenspäler Museum und auf den Spuren von Theodor Storm. Mit Puppenspielergruppen aus nah und fern. Zehn Tage im Sept., www.pole-poppenspaeler.de

**Husumer Krabbentage.** Ein ganzes Wochenende widmet die Hafenstadt Husum den leckeren Meeresfrüchten mit Schlemmereien, viel Musik und Showprogramm. Mitte Okt.

### AKTIVITÄTEN

**Radfahren.** Drei Fernradwanderwege führen durch die Husumer Bucht: der Nordseeküstenradweg mit Blick auf das weite Wattenmeer, der Eider-Treene-Sorge-Radweg vorbei an Wiesen und Flusslandschaften, norddeutschem Landleben, und schließlich der Wikinger-Friesen-Weg von der Husumer Bucht Richtung Ostsee. www.nordseetourismus.de

### INFORMATION

**Tourist Information Husum/Husumer Bucht.** Mo–Fr 9–17 Uhr, Sa 10–16 Uhr, Norderstr. 15, 25813 Husum, Tel. 04841/898 70, www.husum-tourismus.de

Hausfassaden im Jugendstil sind in der ganzen Stadt zu finden.

# 48 Rømø

## Europas größte Sandkiste

**Der breite Strand von Rømø ist seine größte Attraktion. An einigen Stellen darf er mit dem Auto befahren werden. Die rund 130 Quadratkilometer große Insel gleich nördlich von Sylt gehört zum dänischen Königreich. Anders als bei den südlichen deutschen Nachbarinseln waren hier nicht Friesen, sondern der Volksstamm der Jüten zu Hause. Heute nehmen Urlauber, vor allem aus Dänemark und Deutschland, die Insel im Sommer in Beschlag.**

An der westlichen Nordsee erstreckt sich ein schier endloser Strand, in Europa einmalig. Zu verdanken ist er den skandinavischen Gletschern, die hier nach ihrem Rückzug in der letzten Eiszeit Unmengen Sand hinterließen. Die Inselorte befinden sich (bis auf Lakolk) an der Wattenmeerküste im Osten. Der Anleger bei Kongsmark war bis zum Bau des Straßendamms 1948 Anlaufpunkt der Fähren ab Ballum.

**Oben:** Der riesige Strand entlang der Westküste ist einmalig in Europa.
**Unten:** Kiefernwäldchen gedeihen auf dem sandigen Untergrund von Rømø.

## MAL EHRLICH

### SYLT ODER RØMØ?

Was hat sie, was ich nicht habe? Die beiden Nachbarinseln Rømø und Sylt sind sich sehr ähnlich und doch trennen sie Welten. Strände entlang der Westküste gibt es auf beiden Inseln, weite Heidegebiete im Inselinneren, sogar einige Bäume, die »Berge« sind rund 20 Meter hoch. Selbst deutsche Wehrmachtsbunker aus dem Zweiten Weltkrieg findet man auch auf Rømø. Hier fehlen jedoch Nachtleben (fast), Glamour und Trubel. Dafür ist der Strand bis zu 2,5 Kilometer breit. Für viele ein wichtiger Grund, nach Rømø zu fahren.

## Strandparadies für jedermann

An der Westküste verbreitert sich der 14 Kilometer lange Sandstrand mehrmals auf mehr als zwei Kilometer – ein Paradies für Badeurlauber und Strandsportler. Bei Lakolk kann man einen kurzen Abschnitt mit dem Auto befahren, sollte sich allerdings von der Wasserlinie fernhalten, um nicht im feucht-weichen Untergrund stecken zu bleiben. Windsurfer sind meist südlich von Lakolk zu finden, ganz im Süden, am Sønderstrand, ist ein Abschnitt für Dune Buggys, Strandsegler und Kitebuggys freigegeben. Verleiher bieten Kurzkurse an, denn ohne Kenntnisse und Erfahrung kann eine Spritztour schnell mit einem Crash enden. Die Nordspitze mit ihrem besonders breiten Strand ist militärisches Gebiet der dänischen Streitkräfte, deren Übungen man von einer Plattform aus beobachten kann. Betreten verboten!

## Entlang der Ostküste

Im Waldgebiet von Tvismark nördlich von Kongsmark findet man deutsche Relikte aus dem Zweiten Weltkrieg. Rund 50 Bunkeranlagen hatte die deutsche Wehrmacht in das Gelände gepflanzt, teilweise mit Laufgräben oder Tunneln verbunden. Überwiegend sollten sie der Aufklärung des Luftraums dienen und waren mit Radaranlagen bestückt. Einige der nach dem Krieg oft mit Sand zugeschütteten Anlagen können inzwischen im Rahmen von geführten Touren besichtigt werden.

Der Kommandørgaarden in Toftum nördlich des heutigen Rømø-Damms, eines Erbhofs von 1749, gehörte einer Kapitänsfamilie. Mit biblischen Motiven bemalte Holzdecken und Türen sowie mit Delfter Kacheln ausgestattete Wände dokumentieren den Wohlstand der Walfangkapitäne. Gleich daneben in der winzigen Toftum Skole (1784) wurden 90 Jahre lang bis zu 40 Schülerin-

AUTORENTIPP!

**DRACHENFESTIVAL RØMØ**

Jedes Jahr laden der Dänische Drachenflieger Klub und die Rømø Tourist Association traditionell zum Internationalen Drachenfestival ein. Der Ort ist gut gewählt. Dank der Lage direkt an der Nordseeküste sind Flauten kaum zu befürchten, darf man im Gegenteil mit beständigen Westwinden rechnen. Rund 50 000 Fans, Experten und Neugierige versammeln sich am superbreiten Traumstrand von Lakolk, um Hunderte bunte und meist fantasievolle Flug- und Lenkdrachen zu bestaunen, von denen einige so groß wie Einfamilienhäuser sind. Die staatliche Luftaufsichtsbehörde sorgt dafür, dass in dieser Zeit keine Flugzeuge über Rømø hinwegfliegen. Jeder, der einen Drachen dabeihat, darf teilnehmen, für Wettbewerbe ist eine Anmeldung erforderlich. Der Zutritt zum Festivalstrand ist kostenlos.

**Drachenfestival.** Am ersten Septemberwochenende.

**Oben:** Die ältesten Mauerteile der St.-Clemens-Kirche stammen aus dem 12. Jh.
**Unten:** Fischkutter im Gewerbehafen von Havneby im Süden der Insel Rømø.

nen und Schüler aus ärmeren Verhältnissen gleichzeitig unterrichtet.

Eine Ausstellung in einer Scheune informiert über die Walfangzeit auf Rømø. Zu Hochzeiten des Walfangs war die Insel mit knapp 2000 Einwohnern vergleichsweise dicht bevölkert. Heute leben noch rund 650 Menschen dauerhaft auf Rømø. Der Tourismus ist längst der wichtigste Wirtschaftszweig der Insulaner, die Zahl der Gästeübernachtungen übersteigt regelmäßig die Millionenmarke. Seit 1948 ist Rømø durch den gut neun Kilometer langen »Rømødæmningen« mit dem Festland verbunden, über den täglich rund 2900 Autos rollen.

## Havneby, die Inselmetropole

Im eher nüchternen Gewerbehafen von Havneby, dem wichtigsten Ort im Südosten des Eilands, hat nicht nur die Syltfähre nach List ihren Heimathafen, die mehrmals am Tag das Lister Tief bis nach Hörnum  überquert; von hier laufen auch noch Fisch- und Krabbenkutter aus. In der St.-Clemens-Kirche stehen »Lister Stühle«. Die Sitzplätze waren für die Kirchgänger im Norden von Sylt reserviert, die wie die Bewohner des Sønderlandet, des südlichen Teils von Rømø, bis zum Deutsch-Dänischen Krieg 1864 zur reichsdänischen Enklave Listland zählten. In dieser Zeit gehörte der Inselnorden von Rømø, Nørrelandet, zum Schleswigschen Herzogtum. Die Kirche wurde im 16. und 17. Jahrhundert auf den Fundamenten eines Vorgängerbaus aus dem 12. Jahrhundert ausgebaut. Sie ist dem Heiligen Clemens, Schutzpatron der Seefahrer, geweiht. Während der Sommermonate finden in der Kirche kostenlose Konzerte statt. Die Kommandeursgrabsteine auf dem Kirchfriedhof von Havneby erzählen die Geschichten der Inselkapitäne, vor allem aus der großen Zeit des Walfangs.

# Infos und Adressen

## ESSEN UND TRINKEN

**Otto & Ani's Fisk.** Dem Fischladen am Gewerbehafen mit seinem guten Angebot ist auch ein Imbiss angeschlossen, der zwei Dutzend Fischgerichte, von der geräucherten Makrele bis zum Seewolf serviert. Tgl. 10–17 Uhr, Havnepladsen 6, 6792 Havneby, Tel. 0045/74 75 53 06

**Café & Restaurant Vadehavet.** Skandinavische Küche im Wandel der Jahreszeiten mit vielen Produkten aus der Region. Dazu beste Aussicht über Marsch und Wattenmeer. Tgl. ab 11 Uhr, Hjemstedvej 60, 6780 Skærbæk, Tel. 0045/ 21 40 59 55, www.vadehavet.eu

## ÜBERNACHTEN

**Hotel Lakolk.** Der moderne Flachbau mit Zimmern und Appartements liegt direkt am Dünenstreifen, am superbreiten Lakolk Strand. Lakolk 150, 6792 Rømø, Tel. 0045/74 75 51 45, www.hotel-lakolk.dk

**Ferienhäuser.** Rund 800 Ferienhäuser und Appartements haben die drei großen Ferienhausvermittler im Angebot: Sonne und Strand, www.sonneundstrand.de, DanCenter, www.dancenter.de, und Novasol, www.novasol.de

**Lakolk Strand Camping.** Große Anlage, gleich beim breiten Strand. Lakolk 2, 6792 Rømø, Tel. 0045/74 75 52 28, www.lakolkcamping.dk

## AUSGEHEN

**Beach N Boogie.** Partystimmung mit DJs vor allem in den Sommermonaten. Tgl. 22–3 Uhr, Lakolk Butikscenter 12, 6792 Rømø

## EINKAUFEN

**Mellem ebbe og flod.** Galerie mit Grethe Lunds interessanten Werken. Gewebtes, Getöpfertes oder Gestricktes, aber immer in unverwechselbarem Stil. Mi–Mo 10–17 Uhr, imWinter auf Anfrage, Skansen 4, 6792 Rømø, Tel. 0045/24 43 53 15, www.mellemebbeogflod.dk

## VERANSTALTUNGEN

**Biker-Treffen.** Traditionell treffen sich zu Pfingsten einige Hundert Biker auf Rømø.

**Jazz-Festival.** Am ersten Wochenende im Juni

## AKTIVITÄTEN

**Rømø Cykler.** Hier kann man nicht nur Fahrräder aller Art ausleihen, sondern auch noch Tretmobile, Kiteboards und -buggys. April–Okt. tgl. 10–18 Uhr, übriges Jahr auf Anfrage, Havnebyvej 60, 6792 Kongsmark, Tel. 0045/22 34 13 85, www.romocykler.dk

## INFORMATION

**Rømø Turistbureau.** Mo–Sa 9–16.30 Uhr, So 9–12 Uhr, Nørre Frankel 1, Havneby, 6792 Rømø, Tel. 0045/74 75 51 30, www.romo.dk

Rauschbeeren ähneln Blaubeeren, können aber nach dem Verzehr Unwohlsein hervorrufen.

Patrizierhäuser in Tønder zeigen den Wohlstand der Kaufleute im 18. Jh.



# 49 Tønder

## Idyllische Kleinstadt mit langer Geschichte

**Das Städtchen nur wenige Kilometer nördlich der deutschen Grenze gilt als älteste Stadtgründung Dänemarks. Gleichzeitig gibt es eine deutschsprachige Minderheit in der dänischen Region Sønderjylland. Das Folkmusik Festival im Sommer und der Weihnachtsmarkt locken besonders viele Besucher in die Stadt, die früher über den Fluss Vidå mit der Nordsee verbunden war und einen Hafen besaß.**

Wer durch das Zentrum von Tønder schlendert, wird sich auf den gemütlichen Plätzen und in den munteren schmalen Gassen wohlfühlen. Zahlreiche Cafés haben in der warmen Jahreszeit entlang der zentralen Fußgängerzone in der Vester-, der Store- und der Østergade Tische und Stühle nach draußen gestellt. In kleinen Seitenstraßen wie der entzückenden Spikergade und der Uldgade zwischen Storegade und dem Flüsschen Vidå sind noch zahlreiche Häuschen mit »Utluchten« erhal-

### MAL EHRLICH

#### DEUTSCH-DÄNISCHES GRENZGEBIET

Lange schlugen die Emotionen im deutsch-dänischen Grenzgebiet hoch. Die dänische Minderheit in Südschleswig pochte auf ihre Rechte, der Bund Deutscher Nordschleswiger auf die Interessen der »deutschen Nordschleswiger«. Inzwischen ist die Zeit der Konfrontation vorbei. Beide nationalen Minderheiten sind in die jeweiligen Nationen integriert und verstehen sich als Brückenbauer zwischen Deutschen und Dänen.

ten, erkerartigen Fenstervorbauten, durch die Bewohner schnell sehen konnten, wer vor ihrer Haustür stand und über die sie sich auch untereinander gut von Fenster zu Fenster verständigen konnten. Wie der dem deutschen Wort Speicher entlehnte Straßenname Spikergade erkennen lässt, wurden hier auch Waren gelagert, in den eher kleinen Wohnungen lebten viele Handwerker.

Die heutige »Hauptstadt des Marschenlands« wurde 1017 erstmals in einem Dokument genannt, schon 1241 erhielt Tønder den Titel einer Handelsstadt, allerdings nach Lübischem Stadtrecht. Der Verkehr mit Waren, Korn und Vieh nahm schnell zu, auch Franziskaner- und Dominikanermönche sahen ein Betätigungsfeld für ihre Missionsbestrebungen.

## Patrizierhäuser im Zentrum

Die mit schmucken Giebeln versehenen Patrizierhäuser aus dem 16. bis 18. Jahrhundert zum Beispiel in der Vestergade und am Marktplatz zeigen, dass die Kaufleute in dieser Zeit zu Wohlstand gekommen waren. Im barocken »Drøhses Hus«, einem bestens erhaltenen Bürgerhaus aus dem Jahr 1672 im Zentrum, lässt sich in einer Ausstellung mit feinen Stücken der berühmten Tønderklöppeleien die Geschichte des Klöppelhandwerks nachvollziehen. Auch wenn Schiffe von der Nordsee schon seit 100 Jahren die Stadt nicht mehr erreichen konnten, war Tønder noch im Fernhandel engagiert und betrieb, unterstützt von königlichen und herzoglichen Privilegien, Spitzenklöppelei nach Brüsseler Art und dazu Silberschmiedehandwerk, das den fein aus Silberdraht gefertigten Trachtenschmuck der nordfriesischen Frauen herstellte. Mit der Verbreitung von industriell und kostengünstig hergestelltem Tüll im 19. Jahrhundert war die Ära der Spitzenklöppelei in Tønder dann schnell beendet.

AUTORENTIPP!

**TØNDER FESTIVAL**

Zu einem der wichtigsten Folk- und Roots-Festivals in Europa reisen Gruppen aus Skandinavien, Irland, Schottland, Deutschland, dem Baltikum, den USA und Kanada an. Sie spielen auf neun Bühnen in der Stadt und auf dem Festivalgelände vor jeweils bis zu 2700 Zuschauern. Traditionelle und moderne Folkmusik steht auf dem Programm, doch im Lauf der Jahre ist das Musikspektrum weiter geworden, mit Jazz und Blues bis zum Folkrock. Mit zwei kleineren, dreitägigen Folkarrangements, organisiert von Studenten der örtlichen Pädagogischen Hochschule, hatte im Juni und September 1974 alles angefangen. Inzwischen hat die dänische Prinzessin Marie das Festival mit ihrer Schirmherrschaft geadelt, und es werden jährlich fast 25 000 Tickets verkauft.

**Tønder Festival.** Ende Aug., Festivalkontor, Hagge's Musik Pub, Vestergade 80, 6270 Tønder, Tel. 0045/ 74 72 44 49, www.tf.dk

Im alten Gildehaus von 1520 am Marktplatz ist heute ein Café untergebracht.

**Oben:** Der »Kagmand« symbolisiert die Staatsgewalt. Hier stand einst der Pranger.
**Unten:** In der Tønder Kristkirke gibt es auch Gottesdienste in deutscher Sprache.

Die Kristkirke wurde 1592 noch im spätgotischen Stil aus Backsteinen auf dem Fundament einer älteren Kirche errichtet, von der noch der 48 Meter hohe Turm mit achteckiger Spitze stammt. Die Christuskirche entfaltet ihren Reiz vor allem im Inneren mit einer großen Zahl von Epitaphien, geschnitzten und bemalten Andachtsbildern, die Angehörigen damaliger Patrizierfamilien gewidmet waren.

Die Figur des streng blickenden Kagmand, des städtischen Gerichtsdieners, auf dem zentralen Marktplatz erinnert daran, dass hier einst der Pranger stand. Gesetzesbrecher wurden an den Pfahl gekettet und vom Scharfrichter ausgepeitscht. Im früheren Rathausgebäude gegenüber residiert heute das Touristbüro von Tønder. Das spätgotische Giebelhaus am Torvet 11, heute ein Café, war einst ein Gildenhaus. Markant ist der von zwei steinernen Löwen bewachte Eingang zur früheren »Gamle Apotek«, der Alten Apotheke, an der Ecke zur Østergade. In den verwinkelten Räumen, in denen einst Pillen gedreht und Pülverchen gemischt wurden, wartet inzwischen ein großes Angebot von skandinavischen Designaccessoires auf Käufer.

## Zeitgenössische Kunst und Kultur

Das Tønder-Museum am südlichen Rand der Innenstadt gibt Einblicke in die Kulturgeschichte der Stadt und bezieht dabei das dekorative Torhaus des schon 1750 abgerissenen Stadtschlosses ein, mit Sammlungen von Möbeln, Silberarbeiten, Kacheln, Fayencen und Textilien, speziell Klöppelarbeiten.

Der 1902 erbaute, 40 Meter hohe Wasserturm direkt neben dem Museum erlaubt einen fantastischen Überblick über Tønder und die Marsch.

Auf dem Weg nach oben erhalten Wasserturmbesucher einen Einblick in dänisches Stuhldesign. Die umfassende Ausstellung des 1914 in Tønder geborenen Designers und Architekten Hans Jørgen Wegner demonstriert, warum skandinavisches Design als Verbindung von Handwerk und Kunst weltweite Bedeutung erlangen konnte. Direkt in der Nachbarschaft befindet sich das Kunstmuseum der Kommune. Es zeigt in einem modernen Bau die größte Kunstsammlung der Region, mit einem Schwerpunkt auf der nordischen Kunst des 20. und 21. Jahrhunderts.

Lange war das heutige Grenzgebiet von Dänemark und Deutschland ein Zankapfel zwischen beiden Mächten. Bis 1864 wurde Sylt durch das Amt und den Amtmann von Tønder verwaltet. Ab 1867, nach dem verlorenen Krieg Dänemarks gegen den Deutschen Bund, war Sylt dann Teil der preußischen Kreisverwaltung Tondern. Bei der Volksabstimmung 1920 schließlich gelangten Stadt und Umgebung von Tønder wieder zum dänischen Königreich, während der südliche Teil des Landgebiets von Tondern, Sylt eingeschlossen, bei Deutschland verblieb. Heute versteht sich die Kommune von Tønder in Kooperation mit der Region Flensburg/Schleswig als Teil der deutsch-dänischen Kulturbrücke in Europa, mit zahlreichen, auch von der EU geförderten, grenzüberschreitenden Aktivitäten und Projekten.

## Die Weihnachtsstadt Dänemarks

Die Vorweihnachtszeit ist in Tønder schon etwas Besonderes. Sie beginnt bereits im November mit einem Umzug der Weihnachtsmänner am zweiten Samstag des Monats. Und die Dekorationen, Verkaufsstände und -hütten im Zentrum und besonders das geradezu überwältigende, verführerisch duftende und in allen Farben blinkende

AUTORENTIPP!

**MØGELTØNDER**

Wie ein Museumsdörfchen erscheint das sieben Kilometer westlich von Tønder gelegene Kirchspiel auf den ersten Blick. Die breite, von Linden bestandene und kopfsteingepflasterte Slotsgade säumen alte, spitzgiebelige Häuser, einige mit Reetdächern. Ein Schlosskrug serviert traditionelle dänische Gerichte auf hohem Niveau, und mit Schackenborg Slot gibt es sogar ein richtiges Schloss. Das hat früher dem Grafen Schack gehört, einem Feldherrn des dänischen Königs, und ist heute Wohnsitz von Prinz Joachim, dem jüngeren Sohn der dänischen Königin Margrethe II. Nicht das Schloss, nur der Park darf zuweilen besichtigt werden. Diese Einschränkung besteht bei der wuchtigen Kirche St. Nikolaus nicht, die besonders bei Orgelkonzerten einen Besuch lohnt.

**Oben:** Einfach gemütlich: Hauseingang mit Rosen und Sitzbank in Tønder.
**Unten:** Kaufmannshaus in Tønder. Jede Haustür ist anders gestaltet.

Angebot an Weihnachtsartikeln in der »Gamle Apotek« locken Besucher bis aus Hamburg hierher. Bei Kindern besonders beliebt: der hier untergebrachte Postschalter des Weihnachtsmanns, bei dem man seine Geschenkewünsche aufgeben kann. Kein Wunder, dass die Stadt den inoffiziellen Titel als führende »Weihnachtsstadt Dänemarks« trägt.

Ein lohnenswerter Abstecher führt ins knapp 18 Kilometer nördlich gelegene Løgumkloster, zu den Überresten eines mittelalterlichen Zisterzienserklosters. Von der imposanten frühgotischen Anlage sind im Wesentlichen ein Teil des Ostflügels mit Sakristei, Bibliothek und Kapitelsaal sowie die imposante basilikale Backsteinkirche erhalten. Der Flügelaltar im Chor stammt von 1500, ein Reliquienschrein mit 16 fein geschnitzten Fächern ist vom Beginn des 14. Jahrhunderts und ein gotisches Triumphkreuz datiert etwa auf das Jahr 1300. Die Räume nutzt die dänische Volkskirche als Veranstaltungszentrum. Ein erst 1973 errichteter, frei stehender Glockenturm trägt 49 unterschiedliche Glocken. Mehrmals täglich ertönen, automatisch gesteuert, Melodien. An Wochenenden werden regelmäßig Konzerte gegeben.

# Infos und Adressen

## ESSEN UND TRINKEN

**Stigs Restaurant.** Beste Küche kommt auch ohne Internet und Werbung aus. Versteckt in einem Wohnhaus am südlichen Ortsausgang von Tønder. Zum täglich wechselnden Menü sollte man sich anmelden. Mi–So ab 19 Uhr, Sonderlandevej 3, 6270 Tønder, Tel. 0045/74720046

**Café Victoria.** Café, Bar und Bistro mit guter Stimmung und leckeren kleinen Gerichten, gleich im Zentrum. Mo–Do 11–22 Uhr, Fr und Sa 11–1 Uhr, So 13–22 Uhr, Storegade 9, 6270 Tønder, Tel. 0045/74720089, www.victoriatoender.dk

Schon im 18. Jh. wurde im heutigen Klostercafé von Tønder Brot gebacken.

**Schackenborg Slotskro.** Bodenständige Küche mit Niveau. Viele der verarbeiteten Produkte kommen von den Ländereien des dänischen Prinzen Joachim. Tgl. 12–14 und 18–20.30 Uhr, Slotsgaden 42, 6270 Tønder, Tel. 0045/74738383, www.slotskro.dk

## ÜBERNACHTEN

**Hotel Bowler Inn.** Modernes, ordentliches Mittelklassehotel mit Restaurant und Bowlingbahn nördlich vom Zentrum. Ribelandevej 56, 6270 Tønder, Tel. 0045/74720011, www.hotelbowlerinn.dk

**Hotel Tønderhus.** Gute Lage gegenüber vom Kunstmuseum. Geräumige Zimmer, gediegenes Restaurant. Jomfrustien 1, 6270 Tønder, Tel. 0045/74722222, www.hoteltoenderhus.dk

**Danhostel Tønder.** Gut ausgestattete Wanderer- und Jugendherberge im Grünen mit 30 Zimmern. Sønderport 4, 6270 Tønder, Tel. 0045/74723500, www.danhostel-tonder.dk

## EINKAUFEN

**Ecco Sko Lagersalg.** Lagerverkauf zu günstigen Preisen am Ort des Firmensitzes des großen dänischen Schuhfabrikanten. Storegade 20, 6261 Bredebro, Tel. 0049/74710028, global.ecco.com

## VERANSTALTUNGEN

**Julemarket.** Sechs Wochen vor Heiligabend wird Tønder zur Weihnachtsstadt mit dem schönsten Weihnachtsmarkt des Nordens.

## INFORMATION

**Tønder Turistbureau.** Mo–Sa 9–16.30 Uhr, So 9–12 Uhr, Torvet 1, 6270 Tønder, Tel. 0045/74721220, www.visittonder.dk

Mit Liebe zum Detail: Eingang eines Patrizierhauses in Tønder.

**Oben:** Der Dom zu Ribe ist in der Marschlandschaft von Weitem zu sehen.
**Unten:** Auf alte Fachwerkgebäude trifft man in Ribes Zentrum allenthalben.



# 50 Ribe

## Eine der ältesten Städte Dänemarks

**Die gemütliche Kleinstadt mit gut 8000 Einwohnern gehört zu den ältesten befestigten Orten des Landes. Schon seit mehr als 1300 Jahren siedelten Menschen am Ufer des Flüsschens Ribe Å. Später bauten Wikinger den Ort zu einem Handelszentrum aus, im Mittelalter errichteten dänische Könige hier eine Residenz. Heute erfreuen sich Urlauber an den alten Gassen und Häusern und besuchen den mächtigen Dom inmitten der Stadt.**

Während der Sommermonate zieht in den Abendstunden ein Nachtwächter seine Runde durch die Gassen der Altstadt. Gekleidet in einen dunklen Umhang mit Messingknöpfen und bewaffnet mit einer Hellebarde erzählt er während seines 45-minütigen kostenlosen Spaziergangs – auch auf Deutsch – von der an dramatischen Momenten reichen Geschichte der Stadt. Vom lateinischen

### MAL EHRLICH

**WIKINGERERBE**

Für manche grenzt es an einen »Overkill«, die Vermarktung des Wikingererbes in Ribe. Ein Wikingermuseum, dazu das Wikingerzentrum, Wikingertage im Sommer, davor Lammtage im Wikingerstil, dann gleich die Sonnwendfeier, Reiten wie die Wikinger, Wikingerkämpfe gegen Friesen, gefolgt vom Wikingererntedankfest und einer Falknershow. Beim Überangebot kann sich bald ein Wikingersättigungsgefühl einstellen, auch wenn viele der Ausstellungen, Shows und Events mit Qualität präsentiert werden.

Wort für Ufer, »Ripa«, hat sie ihren Namen. Der Sturmflutpfahl an der Skipbroen zeigt die Höchststände vieler Sturmfluten, die Ribe im Lauf von Jahrhunderten heimgesucht haben. Die zweite »Große Mandränke«, die auch auf den Nordfriesischen Inseln so viele Opfer gefordert und Halligen zerstört hat, erreichte bei Ribe eine Markierung von sechs Metern über Normalnull.

Schmale und krumm verlaufende kopfsteingepflasterte Gassen streben dem Platz um die zentrale Domkirche zu, die sich schon seit dem 14. Jahrhundert imposant über die umliegenden Häuser erhebt. Eine Statue vor dem Dom erinnert an den dänischen Reformator Hans Tausen, der die letzten Jahre seines Lebens als Bischof in Ribe verbracht hat.

## Das historische Zentrum

Mehr als 100 Gebäude stehen im kleinen, historischen Zentrum unter Denkmalschutz: Wohn- und Kaufmannshäuser, Kirchen und Klöster, auch einige Fachwerkhäuser in leuchtendem Rot sind darunter. Gleich hinter dem Domplatz fällt am »Von Støckens Plads« das alte Rathaus ins Auge, im 15. Jahrhundert im gotischen Stil errichtet.

Die Porträts aller Bürgermeister seit dem 16. Jahrhundert sind hier versammelt. Im Seitenflügel sind der Gerichtssaal und im ersten Stock der Sitzungssaal des Stadtrats erhalten. Nach der Zusammenlegung mit der Stadt Esbjerg wird Ribe von dort regiert. Am nordwestlichen Rand des Zentrums umgibt ein rechteckiger Wassergraben die Überreste des »Riberhus«, einer einst weiträumigen Königsburg, von der aber nur noch die Reste einiger Ruinen erhalten sind. Eine Statue erinnert an die deutschstämmige Königin Dagmar, die Gemahlin von Valdemar dem Siegreichen.

AUTORENTIPP!

**DOM ZU RIBE**

Wer die 248 Stufen auf die 52 Meter hohe Plattform des Bürgerturms erklommen hat, wird mit einem weiten Blick über die Stadt bis zum Wattenmeer belohnt. Als Wacht- und Sturmglockenturm wurde der mächtige, aus dunklem Backstein errichtete Turm genutzt, der im 14. Jahrhundert als Ersatz für den eingestürzten Nordwestturm erbaut worden war. Für den zweiten Turm und die Kirche selbst hat man Tuffstein aus den deutschen Rheinlanden herbeigeschafft. Der einzige fünfschiffige Kirchenbau Dänemarks wurde um 1200 zunächst im romanischen Stil erbaut, später dann gotisch umgestaltet. Im Kircheninneren kontrastieren Kunstwerke wie die Kanzel von 1597, die Figuren vom Kampf St. Georgs mit dem Drachen oder ein Taufbecken aus dem 14. Jahrhundert mit der Apsis, die der dänische Maler Carl-Henning Pedersen (1913–2007), ein Mitglied der CoBrA-Künstlergruppe, in den 1980er-Jahren mit farbenfrohen Fresken, Buntglasfenstern und Mosaiken neu gestaltete.

## Am anderen Ufer

Gleich jenseits des Flüsschens Ribe Å präsentiert das Ribe Kunstmuseum in der Sct. Nicolaj Gade hauptsächlich dänische Kunst aus der Periode von 1750 bis 1950, darunter die Maler des »Goldenen Zeitalters« und Bilder der nationalen Künstlergruppe Skagenmaler.

Im ausgezeichneten Wikinger- und Mittelaltermuseum von Ribe am Odinsplatz wird die Geschichte von Ribe erzählt. Das Museum hat Tausende von Fundstücken zu bieten, ist aber keine langweilige Vitrinenausstellung. Die originalgetreue Rekonstruktion eines Marktplatzes beispielsweise erscheint wie eine Zeitreise, während die Besucher sehen, fühlen und sogar riechen können, wie sich das tägliche Leben in Ribe um das Jahr 800 abspielte. Ein anderes lebensechtes Szenario zeigt die Stadt an einem Septembertag des Jahres 1500: Ribe ist Bischofssitz und Handelsstadt, erblüht rund um den Dom, und der Fluss, der die Verbindung zum Meer garantiert, ist noch nicht versandet. Die Ausstellungen präsentieren anschaulich, wie die Bewohner des katholischen Ribe lebten. Der Protestantismus wurde 1536 in Dänemark eingeführt.

Zurück über den Fluss ist die Sct. Catharinæ Kirke am gleichnamigen Platz schnell erreicht. Zur Kirche gehörte ein um 1400 aus Backstein erbautes Dominikanerkloster. Besonders sehenswert sind die beiden restaurierten, übereinanderliegenden Kreuzgänge um den friedvollen Klosterhof. Nur dieser ist zugänglich. Nach der Reformation diente das Kloster als Hospital. Heute ist es mit neun Wohnungen zum Altersheim umgebaut. Sehenswert in der gotischen Kirche sind die Altartafel mit Gemälden vom Abendmahl, Christi Taufe und der Kreuzigung, die Chorstühle mit einem Graffito und die Kanzel, alles aus dem 16. Jahrhundert.

*AUTORENTIPP!*

**WIKINGER**

Schon um das Jahr 700 sollen die Wikinger an der Mündung der schiffbaren Ribe Å einen Marktplatz angelegt haben. Viele Hundert Ausgrabungsfunde belegen, dass der nordische Volksstamm hier einen seiner bedeutenden Handels- und Siedlungsplätze angelegt hatte, im Lauf der Zeit mehrfach mit großen Wallanlagen befestigt. Die Wikinger zeigten sich hier nicht als Eroberer, Plünderer und Zerstörer, wie in Hamburg, Paris oder Sevilla, sondern als Verteidiger, Bauern und Händler. Ribes Wikinger Museum erklärt mit eindrucksvoll gestalteten Szenarien vom Wikingeralltag in Ribe. Im Erlebnispark und Freilichtmuseum Vikinge-Center können Besucher die Wikingerzeit nacherleben. Die nordische Götterwelt mit Odin, Freya oder Thor existierte auch in Ribe lange parallel zum christlichen Glauben. Der Benediktinermönch und Erzbischof Ansgar soll in Ribe um 860 die erste Kirche Skandinaviens gegründet haben.

Eine Bronzefigur beim Riberthus erinnert an die legendäre Königin Dagmar.

## Stadtrundgang

Ⓐ **Dom zu Ribe** – Die mächtige Domkirche im Zentrum der Altstadt wurde um 1200 begonnen und später fünfschiffig ausgebaut. Im Inneren überraschen moderne Fresken des dänischen Malers Carl-Henning Pedersen.

Ⓑ **Støckens Plads** – Am Støckens Plads steht das alte Rathaus aus dem 15. Jahrhundert. In ihm hängen die Porträts aller Bürgermeister seit dem 16. Jahrhundert.

Ⓒ **Riberthus** – Von der früheren Königsburg ist außer dem Wassergraben nicht viel erhalten. Ein Denkmal erinnert an die legendäre schöne Königin Dagmar aus dem 12. Jahrhundert.

Ⓓ **Kunstmuseum** – Mit der Zeit von 1750 bis 1950 stehen zwei Jahrhunderte dänischer bildender Kunst im Mittelpunkt der Ausstellungen in Ribes Kunstmuseum.

Ⓔ **Wikinger- und Mittelaltermuseum** – Das Museum beschäftigt sich auf unterhaltsame Weise mit dem historischen Erbe der Stadt als einem Zentrum des Handels und wichtigen Siedlungsort dänischer Wikinger.

Ⓕ **Sct. Catharinæ Kirke** – Die Kirche war einst Teil eines Dominikanerklosters (14. Jh.), das heute als Stift genutzt wird. Die beiden übereinanderliegenden Kreuzgänge sind zugänglich.

**Oben:** Windmühle auf der Wattinsel Mandø, nicht weit von Ribe entfernt.
**Mitte:** Ribes Wikinger Museum bietet eine ausgezeichnete und anschauliche Ausstellung.
**Unten:** Die Geschichte der ältesten Stadt Dänemarks reicht bis ins 8. Jh. zurück.

## Am Rand der Stadt

Das Ribe VikingeCenter liegt gut zwei Kilometer südlich des Stadtzentrums: Gehöfte, Gebäude und Gewerbe, wie ein Schiffbauplatz wurden sie nach historischen Vorlagen im Stil eines Freilichtmuseums erbaut. Vor allem in den Sommermonaten brummt hier das Leben. Die Besucher können beim Brotbacken mitmachen oder ausprobieren, wie es ist, mit einem Langbogen zu schießen. Ein Falkner zeigt, wie der Raubvogel früher zur Jagd genutzt wurde. In der Ferienzeit demonstrieren Kunsthandwerker ihre Fertigkeiten. Besonders beliebt sind die Geschmacksproben aus der Wikingerküche.

Im Vadehavscenter, dem Wattenmeercenter, rund acht Kilometer südwestlich von Ribe und schon in Sichtweite der kleinen vor der Küste gelegenen Watteninsel Mandø, zeigt eine Ausstellung Natur und Kultur in Watt und Marsch. Eine Multimediashow über Sturmfluten vermittelt einen Eindruck über die ungeheuren Naturgewalten. Auch das Wattenmeer vor der südjütischen Küste ist seit 2010 ein Nationalpark. Die lediglich von wenigen Familien bewohnte Hallig Mandø lässt sich nur bei Ebbe über einen Schotterdamm mit »Mandøbussen«, von einem Trecker gezogenen Hängern, erreichen. Die touristische Infrastruktur besteht aus wenigen Ferienhäusern und einem kleinen Campingplatz.

# Infos und Adressen

## ESSEN UND TRINKEN

**Dagmar.** Im ältesten Hotel Dänemarks von 1851 mit seinen 48 Zimmern lässt sich im gleichnamigen Gourmetrestaurant auch bestens speisen. Besonders gut gelingen Fische und Schalentiere. Das informelle »Vægterkælderen« serviert Steaks, Scholle und frisch gezapftes Bier auch auf der Terrasse. Tgl. 12–22 Uhr, Torvet 1, 6760 Ribe, Tel. 0045/75 42 00 33, www.hoteldagmar.dk

Der Pfahl am Flüsschen Ribe Å markiert die Wasserstände der Sturmfluten.

**Restaurant Sælhunden.** Die Fischgerichte im gemütlichen »Seehund« schmecken einfach. Im Sommer wird auch draußen serviert, an der malerischen Schiffsbrücke. Tgl. 11–22 Uhr, Skibbroen 13, 6760 Ribe, Tel. 0045/75 42 09 46, www.saelhunden.dk

## ÜBERNACHTEN

**Ribe Byferie.** 94 Appartements unterschiedlicher Größe mit Hotelkomfort, dazu interessante Pauschalen. Am Rand des Zentrums. Damvej 34, 6760 Ribe, Tel. 0045/79 88 79 88, www.ribe-byferie.dk

**Ribe Camping.** Bestens ausgestatteter Campingplatz an einem Wäldchen, mit Pool und komfortablen Holzhütten für rustikale Übernachtungen. Nur einen Fußmarsch vom Ort entfernt. Farupvej 2, 6760 Ribe, Tel. 0045/75 41 07 77, www.ribecamping.dk

## VERANSTALTUNGEN

**Wikingermarkt.** Sieben Tage lang bevölkern »Wikinger« den Marktplatz. Dazu gibt es Wettbewerbe im Bogenschießen, Musik und vieles mehr. Anf. Mai, Lustrupvej 4, 6760 Ribe, Tel. 0045/75 41 16 11, ribevikingecenter.dk

## AKTIVITÄTEN

**Austernsafari im Wattenmeer.** Im Winter veranstaltet das Wattenmeercenter Touren zu den Muschelbänken im Wattenmeer (rund 27 €). Eine Watthose ist inklusive, den Rucksack für die gesammelten Austern bringt man mit. Vadehavscenter, Okholmvej 5, Vester Vedsted, 6760 Ribe, Tel. 0045/75 44 61 61, www.vadehavscentret.dk

## INFORMATION

**VisitRibe.** Mo–Fr 10–16.30 Uhr, Sa 10–14 Uhr, Torvet 3, 6760 Ribe, Tel. 0045/75 42 15 00, www.visitribe.dk

Auch im Zentrum von Ribe sind viele Hauseingänge sorgsam restauriert.

2
M

# REISEINFOS

**S. 266/267:** Zahllose Strandkörbe warten an der Küste auf Urlauber. **Oben:** Strandpromenade von Westerland mit dem »Hotel Miramar«. **Mitte:** Hochherrschaftlich: die Auffahrt des »Bene Diken Hof« in Keitum. **Unten:** Wasser, so weit das Auge reicht – bei List, an Sylts Nordende.

# Sylt von A bis Z

## Anreise mit dem Auto

Seit 1950 transportiert der DB-Autozug Sylt Shuttle zwischen Niebüll auf dem Festland und Westerland Pkw, Lkw und Motorräder. In beide Richtungen werden pro Jahr rund 900 000 Fahrzeuge gezählt. Aktuelle Preise und Fahrpläne bei der Deutschen Bahn unter www.syltshuttle.de oder Tel. 01805/93 45 67. Die Navi-Adresse für den Verladebahnhof in Niebüll lautet: Kurt-Bachmann-Ring 2, 25899 Niebüll.

Auch die Fährlinie Sylt Fähre (www.syltfaehre.de) transportiert seit 1963 täglich Fahrzeuge von der nördlichen Nachbarinsel Rømø. Im Jahr sind es etwa 100 000 Fahrzeuge. Die Fahrzeit dauert ca. 40 Minuten, in denen Fahrer und Beifahrer im Pkw sitzen bleiben.

## Anreise mit dem Zug

Die Deutsche Bahn verbindet Sylt mit zahlreichen Städten im Regional- und Fernverkehr. Westerland ist als IC-Bahnhof Endpunkt von Intercity-Verbindungen. Mehr unter DB Reiseservice, Tel. 0180/599 66 33, www.bahn.de

Die private Nord-Ostsee-Bahn verkehrt zwischen Hamburg-Altona und hält auf der Fahrt nach Westerland auch in Morsum und Keitum (Tel. 0180/101 80 11, www.nord-ostsee-bahn.de).

## Anreise mit dem Flugzeug

Der Sylter Flughafen, IATA Kürzel GWT, liegt zentral gleich östlich von Westerland und nördlich von Tinnum. Mehrere Linienflüge, vor allem im Sommer, verbinden Sylt mit deutschen und europäischen Metropolen. Zusätzlich wird der Flughafen auch von privaten Piloten angeflogen und ebenso als Segelflughafen (aeroclub-sylt.de) und als Standort einer Fallschirmspringerschule (www.seventhsky.de) genutzt. Taxis, Fahrrad- und Autovermietungen stehen zur Verfügung. Mehr unter Sylter Flughafen GmbH, Tel. 04651/92 06 12, www.flughafen-sylt.de

## Anreise mit dem Schiff

Anreise mit einem Frachtsegler ab Hamburg, Termine und Preise auf Anfrage bei der Reederei: Windjammer Shipping, Segelreederei Kapitän Hass, Fördepromenade 2, 24944 Flensburg, Tel. 0461/150 73 61, www.windjammer-shipping.de

Die Überfahrt mit der modernen »MF SyltExpress« vom Fährhafen Havneby im Süden der dänischen Insel Rømø bis nach List dauert 40 Minuten. Je nach Saisonzeit gibt es drei bis zehn Abfahrten täglich. Nach Rømø gelangen Autofahrer über einen Straßendamm vom süddänischen Festland. Mehr unter Sylt Fähre, Tel. 0461/86 46 01, www.syltfaehre.de

## Einkaufen und Shopping

Auf Sylt einzukaufen ist kein Problem, ganz egal, was man gerade braucht: Von Aldi bis Gucci ist alles vertreten. Bemerkenswert ist die Dichte an Edelmarken und Immobilienbüros in Kampen. In Westerlands Fußgängerstraßen wird alles mögliche feilgeboten, von exzellenten Sylter Teemischungen bis zur Friesenkachel oder Merchandise-Artikeln der »Sansibar«. Natürlich gibt es alles, was es auch woanders gibt, aber mit einem Sylt-Logo versehen, außerdem leckeren Inselhonig oder Sanddornsäfte. Auch »Gosch« hat in List einen Laden, in dem Gosch-Produkte, Fisch und mehr über den Verkaufstresen gehen.

**Oben:** Das Erlebniszentrum Naturgewalten in List liegt direkt am Ufer des Wattenmeers.
**Mitte:** Gern gekauftes Mitbringsel: Teebecher mit Sylter Motiv.
**Unten:** Im »Sylter Teekontor« fällt die Auswahl sehr schwer.

**Oben:** Bei »Dittmeyer« in List gibt es die frischesten Austern auf der Insel.
**Mitte:** Kiosk »Friesenpesel« am Bahnhof von Morsum, mit gutbürgerlicher Küche.
**Unten:** Der Fahrradweg entlang der alten Bahntrasse führt an Klappholttal vorbei.

## Essen und Trinken

Wurstbude oder Gourmetrestaurant, Fischbrötchen oder Friesenlokal: Sylt lockt mit kulinarischer Abwechslung auf engstem Raum. Dabei bietet die Insel für Feinschmecker die höchste Dichte von Spitzenköchen in der gesamten Republik. Dazu haben die vielen bodenständigen Lokale und Kult-Strandbuden wie die »Sansibar« am Strand von Rantum ihre Stammkundschaft. Wer Meeresfrüchte liebt, findet auf Sylt das Ziel seiner Träume, von zartschmeckend bis deftig. Empfehlungen für Restaurants und Bars sind bei den jeweiligen Orten aufgelistet.

## Fahrradverleih

Fast 5000 Fahrräder stehen auf der Insel zum Verleih. Mehr als 200 Kilometer Straßen und Wege sind für Fahrräder reserviert, darunter die umgestaltete, rund 40 Kilometer lange Trasse der früheren Inselbahn zwischen List und Hörnum. Fahrräder lassen sich in 32 über die gesamte Insel verstreuten Stationen entleihen. Darüber hinaus stellen viele Hotels ihren Gästen Fahrräder gegen eine Gebühr (oder oft auch unentgeltlich) zur Verfügung.

Inzwischen kann man auf Sylt auch E-Bikes leihen (oder kaufen). Mietpreise ca. 20 Euro pro Tag oder ca. 105 Euro pro Woche. Verleihstationen sind z. B.:
Infopavillon der Sylter Verkehrsgesellschaft, Bahnhofsvorplatz, 25980 Westerland, Tel. 04651/836 10 25

Erlebniszentrum Naturgewalten in List, Hafenstr. 37, 25992 List, Tel. 04651/83 61 90

Sylt Tourismus in Keitum, Gurtstig 23, 25980 Keitum, Tel. 01805/55 79 58

Sylt Tourismus von Rantum, Strandweg 7, 25980 Rantum, Tel. 04651/8070

## Festkalender und Feiertage

Saisonzeiten und Feste gehören auf Sylt zusammen. Im Winter herrscht um Weihnachten und Neujahr Hochsaison, ebenso zum Biikebrennen am 21. Februar. Hochbetrieb ist auf der Insel auch zu Ostern.

Am **1. Januar** ist traditionelles **Neujahrsbaden** in Wenningstedt bei Wind und Wetter.

In der **zweiten Januarhälfte** steigt das **Gourmet-Festival Sylt** mit Spitzenköchen und Winzern auch vom Festland.

Am **21. Februar** geht es beim **Biikebrennen** heiß her. Ist das Feuer niedergebrannt, geht es in den Gasthof zum Grünkohlessen »mit alles«.

Der **Petritag** am **22. Februar** gehört traditionell den Inselkindern, mit Petritanz und Disco.

**Mitte März** versammeln sich Läufer von nah und fern, um beim **Syltlauf** eine 33 333 Meter lange Strecke von Hörnum bis nach List zurückzulegen. Rund 1300 Einzel- und Staffelläufer nehmen jedes Jahr teil.

Zu **Ostern** gehören **Eierwerfen** und **Eierlaufen** zu den alten Traditionen und wiederbelebten Vergnügungen. Der weiteste Eierwurf, wie z. B. am Keitumer Kliff, bei dem die Schale nicht zerbricht, ist der Gewinner. Auch **Osterfeuer** werden abgebrannt, z. B. in Hörnum und an der Buhne 16 von Kampen. Hier steigt auch der legendäre Ostereierlauf den Strönwai entlang. Übrigens: Pflichtbekleidung für die Kampener Gastronomen ist ein Hasenkostüm.

**Oben:** Die früher sandigen Wanderdünen sind heute mit Strandhafer bewachsen.
**Mitte:** Windsurfer am Strand von Norddorf auf Amrum.
**Unten:** Dramatisch: Wenn bei Kampen die Sonne im Meer versinkt.

**Oben:** Im Lister Hafen liegen Fischkutter, Freizeitboote und ein Seenotrettungskreuzer.
**Mitte:** Blick auf die Blidselbucht bei List, in der die Austernbänke liegen.
**Unten:** Auf dem Geestrücken der Insel gibt es ausgedehnte Heideflächen.

Im **April** steigt das **Golfturnier Privatopen** auf drei Sylter Golfplätzen und dem Platz auf Föhr.

In der **ersten Maihälfte** reist die Elite der Windsurfer an, um **beim Euro-Windsurf-Cup** vor Westerland die Europameisterschaften auszutragen.

Zum **Internationalen Tag der Museen Mitte Mai** bieten das Heimatmuseum und das Altfriesische Haus in Keitum eine Zeitreise ins Vorgestern an.

An **Pfingsten** ist der Oststrand von Hörnum Schauplatz des **Beach Polo World Cup** mit internationalen Teams.

**Mittsommernacht**, die kürzeste Nacht des Jahres am **21. Juni**, wird auch auf Sylt gefeiert, mit Strandpartys in Wenningstedt bei »Wonnemeyer« und in Kampen bei Buhne 16, mit einer Wanderung um die Odde und einem Lagerfeuer am Oststrand in Hörnum.

Von **Juni bis August** ermitteln die Ringreiter bei Turnieren die Besten ihrer Zunft. Die Herren treten in fünf Männerclubs, die Damen in drei Amazonenriegen gegeneinander an, und zwar in neun **Ringreitturnieren** in Keitum, Morsum und Archsum.

**Anfang Juli** kämpfen die Kiter beim **Kitesurf Weltcup** mit spektakulären Sprüngen vor Westerland um Punkte für die WM-Wertung. Zur gleichen Zeit pflügen vor Hörnum Katamarane bei der Ranglistenregatta **Super Sail Sylt** durch die Nordsee.

Im **Juli und August** geben sich Musiker und Literaten beim **Kampener Literatur- und Musiksommer** zu Aufführungen und Lesungen die Klinke in die Hand. Auch das **Meerkabarett** unterhält in dieser Zeit mit Musikern, Kabarettisten und

Comedians Urlauber und Einheimische in der Sylt-Quelle von Rantum.

**Ende Juli** treffen die besten Polo-Teams beim renommierten German Polo Masters Sylt in Keitum aufeinander.

Zum traditionellen **Hafenfest** am **ersten Augustwochenende** in Hörnum werden die besten »Krabbenpuler« ermittelt, das Musikprogramm reicht von friesischen Shantys bis zum Reggae.

**Mitte September** treffen sich die Spezialisten zu Europas einzigem **Longboardfestival**, mit extralangen Surfbrettern, wie sie einst auf Hawaii üblich waren.

Bei steifen Winden **Ende September/Anfang Oktober** sind die weltbesten Könner beim **Windsurf World Cup Sylt** vor mehreren Tausend Zuschauern im Wasser.

In der Weihnachtszeit und um Silvester geht es auf Sylt familiär zu, doch traditionell stürzen sich am **26. Dezember** rund 150 Unerschrockene beim **Weihnachtsbaden** ins kalte, nur 3 bis 5 Grad Celsius warme Wasser der Nordsee, direkt vor der Westerländer Strandpromenade.

Zu **Silvester** füllt sich die Westerländer Strandpromenade zur großen **Open-Air-Silvester-Party** mit gigantischem Feuerwerk über der Nordsee. Die Kliffmeile Wenningstedt bietet mehrere Tage lang ein Riesenprogramm und macht mit dem Feuerwerk Westerland Konkurrenz.

## Fremdenverkehrsämter

**Sylt Marketing.** Stephanstr. 6, 25980 Westerland, Tel. 04651/820 20, www.sylt.de

**Oben:** Schmucker Hauseingang. Die Immobilienpreise auf Sylt sind spitze.
**Unten:** Kunst am Bau: silbriges Stillleben in Westerland.

**Tourismusservice Hörnum.** Rantumer Str. 20, 25997 Hörnum, Tel. 04651/962 60

**Tourismusservice Kampen.** Hauptstr. 12, 25999 Kampen, Tel. 04651/469 80, www.kampen.de

**Kurverwaltung List.** Landwehrdeich 1, 25992 List, Tel. 04651/952 00, www.list-sylt.de

**Tourismusservice Wenningstedt-Braderup.** Dünenstr. 17, 25996 Wenningstedt-Braderup, Tel. 04651/44 70

**Touristinformation Wenningstedt-Braderup.** Westerlandstr. 3, 25996 Wenningstedt-Braderup, Tel. 04651/98 90 00, www.wenningstedt.de

**Sylt-Ost Tourismusservice.** Gurtstig 23, 25980 Keitum, Tel. 04651/99 80, www.keitum.de, www.munkmarsch.de, www.archsum.de, www.morsum.de, www.tinnum.de

**Sylt Tourismusservice.** Strandweg 7, 25980 Rantum, Tel. 04651/99 80, www.rantum.de

**Insel Sylt Tourismusservice.** Strandstr. 35, 25980 Westerland, Tel. 04651/99 80, www.westerland.de

## Geld

Viele Geschäfte, Restaurants und Unterkünfte akzeptieren Kredit- oder EC-Karten. Geldautomaten sind breit über die Insel gestreut und sorgen für die notwendige Liquidität.

## Gesundheit und Wellness

Auf Sylt praktizieren Allgemein- und Fachärzte diverser Richtungen. Mit der Asklepios Nordsee-

**Oben:** Westerland hat dank seiner Hotel- und Appartementbauten eine kleine Skyline.
**Mitte:** In der Nebensaison können die Strände zuweilen menschenleer sein.
**Unten:** Brandungsbaden, in jedem Fall ein erfrischendes Erlebnis.

klinik verfügt Sylt auch über eine renommierte Klinik: Norderstr. 81, 25980 Westerland, Tel. 04651/840, www.asklepios.com/sylt.

Die meisten der größeren Hotels auf Sylt bieten diverse Wellness- und Beautyanwendungen, viele auch Thalassotherapien. Die Heilkraft des Meeres wird auch im Syltness Center von Westerland (www.syltnesscenter.de) genutzt. Ebenso weitere ambulante Kuranwendungen bei Rheuma, Haut- und Atemwegserkrankungen, Packungen und Massagen werden dort offeriert. In der Trinkkurhalle von Westerland gibt es Meerwassergetränke, dort verkauft man zudem Biomaris-Produkte.

Zwischen Juni und September bieten viele Strände an der Nordsee Strandgymnastik zum Mitmachen an (siehe Touristinformationen). Sylt ist zudem ein Zentrum für Nordic-Walking, mit 26 Routen von insgesamt 220 Kilometern Länge. Informationen zu Kursen und Karten gibt es bei den Touristenbüros. Ein detaillierter Routenplaner kostet 3,50 Euro.

Saunagänge mit Abkühlung in der Nordsee bieten insgesamt fünf Strandsaunen in List, Kampen, Rantum und Hörnum.

## Infos im Internet

Die Webseite der Sylt Marketing Gesellschaft ist eine Fundgrube, von der man auch diverse Spezialbroschüren herunterladen kann: www.sylt.de. Die Webseite www.sylt-tv.com versorgt mit diversen Clips zum Inselleben, aktuellen News und Hintergrundgeschichten. Die *Sylter Rundschau*, eine Lokalausgabe des Schleswig-Holsteinischen Zeitungsverlags, informiert zu aktuellen Inselthemen: www.shz.de. *Just Sylt* nennt sich eine Online-Zeitung mit vielen Informationen, die auch

**Oben:** Rad- und Nordic-Walking-Wege durchziehen die Insel.
**Mitte:** Wegweiser zur Ferienhaussiedlung im Friesenstil, gleich südlich von List.
**Unten:** Die »Sylter Schokoladenmanufaktur« produziert dekorativ verpackte Leckereien.

**Oben:** Zum Sundowner lädt die Terrasse bei »Gosch am Kliff« in Wenningstedt ein.
**Mitte:** Golf gehört zu den beliebten Freizeitvergnügen auf Sylt.
**Unten:** Fleißige Bienen schwärmen während der Rapsblüte aus.

Übernachtungsangebote und Immobilien vermittelt: www.justsylt.de. Als unabhängige Sylt-Information kann auch der abwechslungsreiche Sylt-Blog www.sylt-blog.de dienen. Eine Übersicht über die registrierten WLAN-Hotspots auf der Insel hält die Webseite www.sylt-wlan.de bereit.

## Inselrundfahrten und -rundflüge

Die Sylter Verkehrsgesellschaft (SVG) bietet in den Sommermonaten unterhaltsame dreistündige Inselrundfahrten ab dem Bahnhof Westerland an. Von hier geht es über Wenningstedt und Kampen nach List und über Braderup, Munkmarsch, Keitum, Tinnum nach Rantum und Hörnum, bevor erneut Westerland angesteuert wird. Sylter Verkehrsgesellschaft SVG, Tel. 04651/83 61 00, www.svg-sylt.de, www.svg-busreisen.de

Sylt Air bietet Inselrundflüge für Einzelpersonen und Gruppen an, ebenso Taxiflüge auf die Nachbarinseln. Sylt Air, Flughafen Sylt, Tel. 04651/78 77, www.syltair.de

## Klima und Reisezeit

Sylt liegt direkt im Einflussgebiet des Atlantiks und seiner vorherrschenden West- und Nordwestwinde. Nur sehr selten wird es daher im Sommer schwül und drückend. Auch im Winter wirkt das Meer ausgleichend, es werden kaum Temperaturen unter dem Gefrierpunkt gemessen. Der Wind trägt viele Wolken schnell über die Insel hinweg. Die Gesamtniederschlagsmenge beträgt im Jahr rund 745 Millimeter, die Zahl der Sonnenstunden im gleichen Zeitraum immerhin 1750.

Im Juli/August liegt die tägliche Durchschnittstemperatur bei gut 16 Grad Celsius, sie sinkt gleichmäßig bis auf 1 Grad Celsius im Februar. Die höchsten Niederschlagsmengen werden von September bis November gemessen. Die durchschnittliche Wassertemperatur beträgt von Juli bis September zwischen 15 und 17 Grad Celsius, sie sinkt bis auf rund 3 Grad Celsius im kältesten Monat Februar.

Im Frühling blüht auch im Osten der Insel der gelbe Raps auf den Feldern, Frühlingsblumen und frische Gräser duften. Zeit für Wanderungen am Strand oder eine Radtour durch die Dünen.

Sommerzeit ist Hochsaison, mit langen lauen Abenden, herrlichen Sonnenuntergängen, Badespaß in der Nordsee, Wandern im Watt, Picknick am Strand, Partys, Sportevents und viel Kultur.

Der Herbst bringt der Insel eine Verschnaufpause vom Sommeransturm. Stürme lassen die Nordseebrecher an den Strand krachen. Die Bronchien erfreuen sich an der gesunden Luft. Mutige baden noch im schon kühleren Wasser. Surfer und Kiter drehen richtig auf.

Der Winter ist die ruhigste Zeit auf Sylt. Wieder locken Strandspaziergänge und danach ein heißer Tee oder Grog. Zu Silvester leuchtet der Himmel über Westerland vom Feuerwerk, zu Biike lodern die Feuer an vielen Orten auf der Insel.

## Literatur

Krimifreunde finden inzwischen auch mehrere Regionalkrimis, die auf der Insel spielen und sich gut als Strandkorblektüre eignen, wie z. B. *Engel sterben* von Eva Ehley, Fischer Verlag, Frankfurt 2012. Auch Gisa Pauly schreibt Sylt-Krimis, z. B. *Kurschatten*, Piper Taschenbuch, München 2013. Silke von Bremen berichtet in *Gebrauchs-*

**Oben:** In Kampen und anderen Gemeinden sind Reetdächer vorgeschrieben.
**Unten:** In List werden die frisch geernteten Austern mit Süßwasser abgespült.

**Oben:** Zur Sonne ausgerichtet: die Strandkörbe an der Westerländer Strandpromenade.
**Mitte:** Wasserwatthüttchen am Strand von Westerland.
**Unten:** Köstliche, selbst eingekochte Marmelade gibt es auf Sylt zum Verkauf an der Straße.

*anweisung für Sylt* (Piper Verlag, München 2011) Amüsantes und Typisches über die Insel. Vom Rantumer Biologen Lothar Koch stammt der Naturerlebnisführer *Natürlich Sylt*, Feldhaus Verlag, Hamburg 2012.

Harry Kunz und Thomas Steensen verfassten ein Kompendium zu allen möglichen Aspekten der Inselgeschichte und des Insellebens: *Sylt Lexikon*, Wachholtz Verlag, Neumünster 2007

## Mietwagen

Diverse Anbieter konkurrieren mit Angeboten vom Smart bis zum Porsche Cayenne, je nach Geldbeutel. Die meisten mit Abholstationen beim Bahnhof und am Flughafen von Westerland.

Syltmietwagen. Angebote ab 19 Euro pro Tag. Friedrichstr. 37, 25980 Westerland,
Tel. 04651/889 26 60, www.syltmietwagen.de.
Sixt, Industrieweg 2/Ecke Trift, 25980 Westerland,
Tel. 0180/525 25 25, www.sixt.de

Sylt Car, Bahnweg 31-33, 25980 Westerland,
Tel. 01802/25 28 20, www.syltcar.com.
Angebote ab 29,50 Euro pro Tag

Europcar, Trift 2, 25980 Westerland,
Tel. 04651/71 78, www.europcar.de

## Notrufnummern

Feuerwehr: Tel. 112

Polizeinotruf: Tel. 110

Krankenwagen: Tel. 112

Asklepios Nordseeklinik: Tel. 04651/840

Polizei/Kriminalpolizei: Tel. 04651/704 70

Wasserschutzpolizei (List): Tel. 04651/87 04 60

Telefonseelsorge: Tel. 0800/111 01 11

Kinder- und Jugendtelefon:
Tel. 0800/111 03 33

Seetier-Rettung: Tel. 04651/704 70

## Öffentlicher Nahverkehr

Die Linienbusse der Sylter Verkehrsgesellschaft (SVG) pendeln zwischen allen Inselorten. Spezielle Gepäckträger am Heck der Busse ermöglichen den Transport von Fahrrädern. In Westerland gibt es zudem innerörtliche Buslinien, die im Stundentakt verkehren. Sylter Verkehrsgesellschaft SVG, Tel. 04651/83 61 00, www.svg-sylt.de, www.svg-busreisen.de

## Öffnungszeiten

Die Öffnungszeiten der Geschäfte auf Sylt werden in der Bäderordnung geregelt, erlaubt ist in der Hochsaison der Verkauf an Werktagen rund um die Uhr und an Sonn- und Feiertagen von 11 bis 19 Uhr. In der Praxis haben die meisten Geschäfte natürlich nachts zu, die meisten sind von Montag bis Freitag bis 18 oder 19 Uhr geöffnet und an Samstagen häufig bis 14 Uhr.

## Trinkgeld

Auf Sylt werden, wie anderswo in Deutschland auch, Trinkgelder vor allem in Restaurants, bei Taxifahrten oder im Hotel gegeben. Rund zehn Prozent auf den Rechnungsbetrag im Restaurant sind üblich, bei schlechtem oder besonders gutem

**Oben:** In Munkmarsch mangelt es nicht an Adressen zum Einkehren.
**Mitte:** Persönlicher Service bei »Gosch«.
**Unten:** Altes Backsteinhaus in Møgeltønder, gleich westlich der Stadt Tønder.

**Oben:** Der Sylt-Shuttle der Deutschen Bahn fährt mehrmals am Tag.
**Mitte:** Von der Uwe-Düne kann man weit gucken. Am besten mit einem Fernglas.
**Unten:** Kite-Surfer bei steifer Brise vor Norddorf auf Amrum.

Service gibt man in der Regel entsprechend weniger oder mehr.

## Übernachten

Die Zahl der Übernachtungen auf Deutschlands beliebtester Ferieninsel schwankte in den letzten Jahren zwischen sechseinhalb und knapp sieben Millionen. Die durchschnittliche Aufenthaltsdauer der Gäste betrug rund acht Tage. Aus diesen Zahlen ergibt sich eine Gesamtsumme von rund 850 000 Urlaubsgästen im Jahr. Auf Westerland mit seinen Hotels, Pensionen, Privatunterkünften und Ferienwohnungen mit rund 25 000 Betten entfallen davon allein rund drei Millionen Übernachtungen.

Gastgeberverzeichnisse der Inselorte sowie ein gesamtinsulares Verzeichnis der Sylt Marketing GmbH listen alle Unterkünfte vom Pensionszimmer bis zur Luxussuite auf. Die Online-Plattform www.sylt.de ermöglicht zudem gezieltes Suchen nach bestimmten Kriterien. Generell gilt: Schnäppchenangebote sind auf Sylt eher selten, besser ist es, sich rechtzeitig um eine Unterkunft zu bemühen, vor allem in der Hauptsaison.

Für Familien oder auch für kleinere Gruppen empfiehlt es sich, eine Ferienwohnung oder ein Ferienhaus ins Auge zu fassen. Touristinformationen und spezialisierte Agenturen offerieren ein preislich breites Angebot:

fineline Ferienagentur, Kirchenweg 10,
25980 Westerland, Tel. 04651/995 90 56,
www.fineline.ag

SyltScout, Keitumer Chaussee 15, 25980 Westerland, Tel. 04651/836 45 00, www.syltscout.de. Auch exklusive Mietwagen.

Sylter Appartment Service, Berthin-Bleeg-Str. 4, 25996 Westerland, Tel. 04651/410 62, www.sas-sylt.de

Wedell Sylter Ferien, Bahnhofstr. 12, 25980 Keitum, Tel. 04651/333 33, www.wedell-sylt.de

Camping: Sieben öffentliche Campingplätze in Hörnum, Kampen, Morsum, Rantum, Tinnum, Wenningstedt und Westerland bieten zusammen mit dem Jugendzeltplatz Dikjen Deel (ebenfalls in Westerland) mehr als 1700 Stellplätze für Zelte, Wohnwagen und Campingmobile. Wildes Campen oder Wohnmobilübernachtungen auf Parkplätzen sind nicht erlaubt. Zusammen verzeichnen die Campingplätze mehr als 300 000 Übernachtungen im Jahr.

Jugendherbergen: Die drei Jugendherbergen der Insel befinden sich in Hörnum, List und Westerland. Sie verfügen zusammen über mehr als 600 Betten. Der Westerländer Jugendherberge ist der Jugendzeltplatz Dikjen Deel angegliedert. Jugendherberge und Kinderheime kommen auf ungefähr 360 000 Übernachtungen im Jahr.

DJH Jugendherbergen in Deutschland. www.jugendherberge.de

Jugendherberge Hörnum, Friesenplatz 2, 25997 Hörnum, Tel. 04651/88 02 94

Jugendherberge List-Mövenberg, Mövenberg, 25992 List, Tel. 04651/87 03 97

Jugendherberge Westerland Dikjen Deel mit Jugendzeltplatz, Fischerweg 36-40, 25980 Westerland, Tel. 04651/83 57 825

**Oben:** Auch auf der Nösse-Halbinsel wurden Friesen- zu Ferienhäusern umgebaut.
**Mitte:** Im Kapitänszimmer des »Hotels Noge« schläft man unter Seekarten.
**Unten:** Putzig: Teekannensortiment im »Sylter Teekontor« in Westerland.

# Sylt für Kinder und Jugendliche

## ACTION

**Kinderclubs.** Schließlich kann man sich nicht immer um die Eltern kümmern. Ab und zu geht es daher in einen Kinderclub. Der Ort kann wechseln, ebenso das Programm, von Pizza backen über Schießen mit Pfeil und Bogen bis zu Schatzsuche am Strand, Bastelaktionen und Piratenfesten.
Kampino Kinderclub. Hauptstr. 12, Kampen, Tel. 04651/469 80.
Confetti Kinderclub. Neues Schützenhaus, Westerland, Tel. 04651/85 04 44

Faszinierende Ausstellung im Erlebniszentrum Naturgewalten in List.

**Inselzirkus.** Der Circus Mignon veranstaltet jedes Jahr in Wenningstedt einen Inselzirkus mit großen Shows, einem Flohzirkus und einem Mitmachzirkus für Kinder ab drei Jahren. Zwischen 80 und 120 Kinder machen während einer Sylter Zirkuswoche mit. Jugendliche können im Filmworkshop einen Film drehen. Wer mindestens elf Jahre alt ist, kann mit den »Young Stars« kreativ den Mitmachzirkus gestalten, ab 16 können Jugendliche als Trainer, Techniker oder beim Einlass Mitglieder des Inselzirkusteams werden. Ende Juni–Aug., www.inselcircus.de

**Villa Kunterbunt.** Sie gehört zwar nicht Pippi Langstrumpf, aber bunt und lustig ist es dort allemal. In den Dünen, direkt bei der Westerländer Promenade, bietet das Kinderparadies Bastelvergnügen und Geisterstunden, T-Shirt-Bemal-Aktionen und Röhrenrutsche. Superprogramm für Kinder zwischen drei und 13 Jahren, begleitet von erfahrenen Betreuern. Nov.–April Mo–Fr 9.30–15 Uhr, Mai–Okt. Mo–Fr 9-17 Uhr, Obere Promenade, Westerland, Tel. 04651/99 82 75, www.insel-sylt.de/villa-kunterbunt.html

## MUSIK

**Musicalsommer Hörnum.** Musikalische, spaßige Workshops für kleine Nachwuchskünstler zwischen fünf und 16 Jahren. Das Piratenmusical mit Gesang und Tanz wird gemeinsam geprobt und mit viel Elan auf die Bühne gebracht. Auch an Kostüme und Requisiten wird Hand angelegt. Außerdem Aufführungen von Comedy-Musicals im Saal des Tourismusservice mit maximal 70 Zuschauern. Ende Juni–Anf. Aug., Tourismusservice Hörnum, Rantumer Str. 20, Hörnum, Tel. 04651/962 60, www.hoernum.de

**Teeniedisco in Kampen.** In Kampen gehören die Nachtclubs nicht nur den Erwachsenen, sondern auch den Kindern. Zumindest, wenn sie zwischen acht und 13 Jahre alt sind und im Juli oder August auf die Insel kommen. Eltern dürfen ihre Kids zwar um 18 Uhr bringen und später wieder abholen, aber natürlich nicht bleiben. Wozu hat man im »Pony« oder dem »Roten Kliff« schließlich Türsteher? In der elternfreien Zone gibt es Softdrinks, coole Musik und Spaß. Info über Tourismusservice Kampen, Hauptstr. 12, 25999 Kampen, Tel. 04651/46 98 21, www.kampen.de

## NATUR

**Wattwanderung für Kinder.** Auge in Auge mit 1000 Würmern, bei einer Wattführung für Kinder im Nationalpark mit Rangern der Schutzstation Wattenmeer. Es wird gezeigt, was da wurmt, krebst und muschelt. Es gibt auch Wattführungen, bei denen Eltern mit dabei sein dürfen. Treffpunkte und Informationen bei der Schutzstation Wattenmeer oder den Touristbüros: www.schutzstation-wattenmeer.de

**Kinder-Uni.** In den Sommermonaten ist der kunst:raum der Sylt-Quelle Veranstaltungsort für die Kinder-Uni Sylt (www.die-kinder-uni.de), die hier gemeinsam mit Mitarbeitern des Instituts für Polar- und Meeresforschung in List kurzweilige Veranstaltungen zur Meeresbiologie anbietet. Sylt-Quelle, Hafenstr. 1, 25980 Rantum, Tel. 04651/92033, www.kunstraum-syltquelle.de

## SPASS IM MEER

**Baden und Strandvergnügen.** Die breiten Strände der Insel sind ideale Sandkisten, in denen die Kleinen nach Herzenslust buddeln oder auch Skulpturen und kleine Landschaften aus Muscheln, Seetang und Steinen gestalten können. An der Westküste sollten die Kinder wegen der Brandung und Strömungen nur unter Aufsicht ins Wasser gelassen werden, an der Wattseite, beispielsweise bei List, Rantum oder Hörnum, ist die See deutlich ruhiger. Vorsicht ist aber natürlich überall geboten!

**Piratenfahrt auf der Gret Palucca.** In der Sommerzeit legt der Kutter regelmäßig zur Piratenfahrt im Hafen von List ab. An Bord Kinder und Jugendliche, verwegen und von richtigen Seeräubern kaum zu unterscheiden. Eine Schatzsuche gibt es natürlich auch. Adler-Schiffe, List, Tel. 01805/12 33 44, www.adler-schiffe.de

Die gefährdeten Dünenlandschaften sollten nur auf den markierten Wegen durchquert werden.

## TIERE

**Tierpark Tinnum.** 400 Tiere auf einem Naturgelände von 30 000 Quadratmetern: u. a. Papageien, Pfaue, Kraniche, Pferde, Rehe und sogar Alpakas. Kinder und Jugendliche unter 18 Jahre müssen in Begleitung eines Erwachsenen sein. Mai–Okt. tgl. 10–19 Uhr, Ringweg 100, 25980 Tinnum, Tel. 04651/32 601, www.syltmail.de/tierpark_tinnum

Kinderclubs, Zirkus, Villa Kunterbunt – das Kinderprogramm auf Sylt ist vielfältig.

**Ponyreiten für Kinder.** Gleich mehrere Reiterhöfe bieten Ponyreiten für Anfänger und Fortgeschrittene an. Dazu gehören auch Ausritte, zum Beispiel ans Wattenmeer. Empfehlenswert ist etwa Bodil's Ponyfarm. Terpwai 14, 25996 Wenningstedt-Braderup, Tel. 04651/424 44, www.bodils-landhaus-sylt.de

## ZUBEHÖR

**Kinderland-Verleihservice.** Kann ja sein, dass etwas nicht mehr ins Reisegepäck gepasst hat oder schlicht vergessen wurde. Wer Buggys, Reisebetten, Hochstühle, Kinderwagen, Rücken- oder Bauchtragen, Autositze, Treppengitter oder Ähnliches braucht, ist im Kinderland des Secondhand-Kaufhauses mit seinem Verleihservice goldrichtig. Kinderland, Mo–Fr 10–18 Uhr, Sa 10–14 Uhr, Mittelweg 5, 25980 Tinnum, Tel. 04651/99 56 30, www.sylt-kinderland.de

# Kleiner Sprachführer

## ALLGEMEIN

**Ailön** Insel
**Apteek** Apotheke
**Baariforkiir** Fremdenverkehr
**Bēr** Bett
**Biike** Zeichen/Seezeichen
**blö** blau
**Bocht** Bucht
**Brening** Brandung
**Brir** Braut
**Brirman** Bräutigam
**Büür** Bauer
**Diken** Deich
**Dreeng** Junge
**Dünemer** Düne
**Dütsklön** Deutschland
**Eeb** Ebbe
**ek** nicht
**Emen** Bienen
**Faaðer** Vater
**Faarwel** Auf Wiedersehen
**Flāg** Flagge
**Flör** Flut
**Foriining** Vereinigung
**Fügel** Vogel
**Füürtoorner** Leuchttürme
**Füürwiar** Feuerwehr
**Haawen** Hafen
**Hārevst** Herbst
**Haur** Kopf
**Heef** Wattenmeer
**Hemel** Himmel
**Hiio** Heide
**Hingster** Pferde
**Hoog** Hügel
**Hün** Hund
**Jööl** Weihnachten
**Kiar/Müür** Teich
**Kimming** Horizont
**Kööken** Küche
**Kööv** Zimmer/Stube
**Koptain** Kapitän
**Liren** Leute
**Miarswin** Schweinswal
**Mö** Möwe
**Mooter** Mutter
**Niijaarsinj** Silvester
**Nuurðfriislön** Nordfriesland
**Piisel** Gute Stube
**Plaanten** Pflanzen
**Puask** Ostern
**Rait** Reet
**Rochelsnoter** Quallen
**Rööfstiin** Bernstein
**ruar** rot
**rüm** weit
**Sērk** Kirche
**Sal'ig** Seehund
**Sjip** Schaf
**Skair** Löffel
**Söl** Sylt
**Sölring** Sylter Friesisch
**Somer** Sommer
**Sönbaank** Sandbank
**Storemflör** Sturmflut
**Strönkorev** Strandkorb
**Tērp** Dorf
**Tial** Märchen/Sage
**Tinem** Tinnum
**Uurs** Frühling
**Wai** Weg
**Weðer** Wetter/Klima
**Weelen** Fahrräder
**Weesterllön** Westerland
**Woningstair** Wenningstedt
**Wüfen** Frauen
**Wunter** Winter

## ESSEN UND TRINKEN

**Aapel** Apfel
**Aast** Käse
**Aier** Eier
**Blöskelen** Miesmuscheln
**Fesken** Fische
**Hopkrāben** Krabben
**Iarterbels** Kartoffeln
**iit** essen
**Jeringer** Heringe
**Kual** Kohl
**Naachtert** Abendessen
**Skelen** Muscheln
**Skolen** Schollen
**Skruken** Austern
**Staal** Tisch
**Weeter** Wasser

## WOCHENTAGE

**Mondai** Montag
**Tiisdai** Dienstag
**Winjsdai** Mittwoch
**Türsdai** Donnerstag
**Friidai** Freitag
**Seninj** Samstag
**Sendai** Sonntag
**Wykein** Wochenende

## ZAHLEN

**1** jen
**2** tau
**3** trii
**4** fjiuur
**5** fif
**6** soks
**7** soowen
**8** aacht
**9** niigen
**10** tiin
**11** elev
**12** twelev
**13** trötain
**14** fiuurtain
**15** fiftain
**16** sokstain
**17** soowentain
**18** achtain
**19** niigentain
**20** twuntig
**30** dörtig
**40** fiartig
**50** föftig
**60** söstig
**70** sööwentig
**80** tachentig
**90** neegentig
**100** hönert
**1000** düüsent

**Produktmanagement:** Claudia Hohdorf, Stephanie Iber
**Lektorat:** Daniela Hansjakob, München
**Korrektorat:** Anke Höhne, München
**Layout:** Dagmar Hennicke, Roman Bold & Black, Köln
**Umschlaggestaltung:** Ulrike Huber, www.uhu-design.de, Kolbermoor
**Repro:** Repro Ludwig, Zell am See
**Kartografie:** Kartographie Huber, Heike Block, München
**Herstellung:** Bettina Schippel
Printed in Slovenia by Korotan, Ljubljana

Alle Angaben dieses Werkes wurden vom Autor sorgfältig recherchiert und auf den aktuellen Stand gebracht sowie vom Verlag geprüft. Für die Richtigkeit der Angaben kann jedoch keine Haftung übernommen werden. Für Hinweise und Anregungen sind wir jederzeit dankbar. Bitte richten Sie diese an:
Bruckmann Verlag
Postfach 40 02 09, 80702 München,
E-Mail: lektorat@verlagshaus.de

**Bildnachweis:**
Alle Bilder des Innenteils und des Umschlags stammen von Michael Pasdzior, Hamburg, außer: Christoph Bornewasser, Friesoythe: S. 72 u.; Bildagentur Huber, Garmisch-Partenkirchen: S. 29 o. (Huber, H.), 100/101 (Mader, F.); Fotolia, www.fotolia.de: S. 239 (Butch), 283 o. (dp@pic), 74 u. (druckingenieur); Glow Images, München: S. 126 u. (Dietrich, M.), 126 o. (Fischer, H.), 250 o. (Humbert, J.), 76 o. (Lubenow, S.), 238 (Niehoff, U.); PantherMedia (www.panthermedia.de): S. 23 o., 261, 262, 264 o., 265 o., 265 u. (Bach, F.), 5 M. (Bakker, A.), 169 o. (Bautsch, C.), 173 (Berg. M.), 152 (Deuringer, A.), 145 (Erdbeer, A.), 189 (Gissel, D.), 246 u. (Glatz, A.), 82, 153 (Härtwig, G.), 264 u. (Hu, B.), 196 u. (Köppler, S.), 231 o., 280 o. (Knol, I.), 65, 67, 78/79, 158/159, 162 o. (Lindert-Rottke, A.), 237 o. (Mades, O.), 251 (Niedermayer, K.), 249 (Penning, I.), 260 u. (Pohl, K.), 229 (Randriamanampisoa, P.), 197 u. (Raspe, P.), 226 (Reimann, S.), 204 u. (Richter, F.), 28 u. (Ritter-Wolff, O.), 157, 231 u. (Rossian, J.), 194 u. (Rusch, A.), 245 (Salimi, F.), 264 M. (Seemann, A.), 260 o. (Sonne, A.), 146 o., 228 (Starosczik, E.), 5 u. (Vopel, S.), 205 (Weber, S.), 224/225 (Wolf, K.); Picture Alliance, Frankfurt a.M.: S. 120 o., 172 o. (Bernhart, U.), 236 o. (Bildagentur Huber), 110 (Bildagentur Huber/ Gräfenhain), 206 o. (dpa/ dpaweb), 109 u. (Dumont Bildarchiv/Freyer, R.), 240 M. (Dumont Bildarchiv/ Lubenow, S.), 36 u. (Dumont Bildarchiv/Schwarzbach, H.), 21, 232/233, 234 o. (euroluftbild.de/ Launer, G.), 242 (Hurek, M.), 141 u. (rtn/Strait, U.), 240 u.; Restaurant Vogelkoje, Kampen: S. 106 u.; Sylter Welle, Westerland: S. 40 o., 40 u., 41 u.; Sylter Shanty Chor e.V.: S. 52 u.; Shutterstock (www.shutterstock.com): S. 204 o. (AndreAnita), 252 o. (Bach, F.), 207 u. (Biedermann, R.), 230 o., 230 u. (bluecrayola), 240 o. (Borisov, B.), 131 u. (Bruijne, C.), 207 o., 150 o. (clearlens), 131 o. (Enders, B.), 127 (elxeneize), 200 u. (hfuchs), 147 o. (iSIRIPONG), 193 (Kruck, W.), 241 (Lopatkin, O.), 99 o. (Lukich, A.), 1 (Lange, P.), 4 o., 130 u., 149 (Matzen, S.), 250 u., 252 u., 253 (Neumann, R.), 202 (O.M.), 156 u. (P72), 204 M. (Petersen, E.), 128 (pixelnest), 234 u., 236 u., 237 u., 246 o., 247, 248 (Rauch, V.), 227 (Schaefer, M.), 134 u. (Speliers Ufermann, N.), 130 o. (Taliun, D.), 11 u., 12 u., 154, 155 (Weiss, K.), 244 (Zwanzger, W.); Söl'ring Foriining e.V., Keitum: S. 104 u., 172 u.

**Umschlag:**
Vorderseite:
Oben: Strandhafer auf einer Sanddüne (Shutterstock/ Weber, J.).
Mitte links: In der Alten Bootshalle am Hafen in List wird fangfrischer Fisch angeboten (Bildagentur Huber/Lubenow, S.).
Mitte rechts: Häuser und Leuchtturm von Hörnum.
Unten: Strandidylle am Roten Kliff bei Kampen (Bildagentur Huber/Gräfenhain).

Rückseite:
Links: Friesische Wohnkultur in Keitum (Panther Media/Lindert-Rottke, A.).
Rechts: Spaß am Strand – auf Sylt gehört das zum Alltag! (Shutterstock/Matzen, S.)

Die Deutsche Nationalbibliothek verzeichnet diese Publikation in der Deutschen Nationalbibliografie; detaillierte bibliografische Daten sind im Internet über http://dnb.d-nb.de abrufbar.


ISBN 978-3-7654-6162-0